W0285842

Ilona Ostner arbeitet im Sonderforschungsbereich 101 der Universität München in einem Projekt über Frauen und Beruf mit.

Arbeiten aus dem Sonderforschungsbereich 101
der Universität München

Ilona Ostner

Beruf und Hausarbeit

Die Arbeit der Frau in unserer Gesellschaft

Campus Verlag
Frankfurt/New York

Die Arbeiten aus dem SFB 101 werden herausgegeben von dem durch die Deutsche Forschungsgemeinschaft geförderten Sonderforschungsbereich „Theoretische Grundlagen sozialwissenschaftlicher Berufs- und Arbeitskräfteforschung" (SFB 101) der Universität München, Projektbereich A (Institut für Soziologie/Arbeitsbereich Prof. Dr. K. M. Bolte), Hohenzollernstr. 81, 8000 München 40, Tel.: 089/3 78 14 11

CIP-Kurztitelaufnahme der Deutschen Bibliothek

Ostner, Ilona
Beruf und Hausarbeit : d. Arbeit d. Frau in unserer Gesellschaft. - 1. Aufl. - Frankfurt/Main, New York: Campus Verlag, 1978.
(Arbeiten aus dem Sonderforschungsbereich 101 (hunderteins) der Universität München)
ISBN 3-593-32276-5

ISBN 3-593-32276-5

Produktion: Buchteam Frankfurt
Umschlaggestaltung: Eckard Warminski, Frankfurt/Main
Druck: Fotokop, Darmstadt
Bindung: Junghans, Darmstadt
Printed in Germany

Inhaltsverzeichnis

Seite

1. Einleitung und Problemstellung

weibl. Arbeitsvermögen - aus Reproduktionsarbeit zu erklären

Diese Arbeit entstand im Zusammenhang mit der Frage nach der Eigenart weiblicher Berufstätigkeit. In dieser Gesellschaft existieren typisch weibliche Formen der Auseinandersetzung mit betrieblichen Strukturen und mit Strukturen der Berufe selbst: Wie erklären sich die spezifisch weibliche Berufswahl und eine Berufspraxis, die sich in Qualifikationsniveau und -kombination, in Mobilität und Karriereorientierung, in Kontinuität und Entlohnung etc. signifikant von männlicher Berufswahrnehmung und -praxis unterscheidet?

Die Konstitution einer typisch weiblichen Berufspraxis und eines weiblichen Arbeitsvermögens soll hier durch eine nähere Bestimmung der Eigenart weiblicher Reproduktionsarbeit und in Abgrenzung dieser Arbeitsweise zur Berufsarbeit entwickelt werden. Die analytische Konfrontation von Haus- und Berufsarbeit liefert ein Interpretationsschema für Formen der Auseinandersetzung mit beruflichen Anforderungen - nicht nur für Frauen, sondern für "berufliches bargaining", Berufsverhalten, mit all seinen Konflikten und Möglichkeiten überhaupt.

1.1. Problemstellung: Hausarbeit und Berufsarbeit als zwei verschiedene, dennoch komplementäre Formen gesellschaftlicher Arbeit

Mit dieser Arbeit wird versucht, die Eigenheiten und die wechselseitige Verschränkung von Hausarbeit und von Berufsarbeit herauszuarbeiten:

- Von Hausarbeit als unmittelbare Reproduktion der Arbeitenden durch die weibliche Arbeit ("psychische und materielle Reproduktion", Kontos/Walser 1975).

- Und von Berufsarbeit, die hier als "Arbeit für den Tausch", als Arbeit, die nur vermittelt über den Markt in Beziehung zu konkreten menschlichen Fähigkeiten und Bedürfnissen steht, definiert werden soll.

Diese unterschiedliche Zielsetzung beider Arbeitsformen - unmittelbar konkrete Lebensäußerungen/"Tausch" - bedingen nicht nur eine andere Konstitutiertheit des Arbeitsgegenstandes, andere Arbeitsmittel etc., sondern auch jene im Alltags- und Wissenschaftsverständnis vollzogene Trennung von "Privatsphäre" als Nichtarbeits-Bereich und eigentlichem Arbeitsbereich, der beruflichen Sphäre:
Eine Arbeit wie der Haushalt, die auf unmittelbare alltägliche Daseinsvorsorge ausgerichtet ist, die auf nicht ohne weiteres aufschiebbare, immer wiederkehrende Bedürfnisse eingeht, diesen gerecht werden muß, verlangt ein anderes "Milieu", andere Zeitstrukturen etc., als berufliche Arbeit und damit schließlich auch besondere Fähigkeiten der arbeitenden Frau.

Berufsarbeit dagegen kann als Arbeit begriffen werden, die nur mittelbar an konkreten Bedürfnissen orientiert und auf menschliche Fähigkeiten verwiesen ist. Als "Arbeit für Tausch", nach Prinzipien von Tausch, wie z. B. Zeit- oder Kostenökonomie, braucht Berufsarbeit ein "Milieu", in dem unmittelbare Lebensäußerungen und konkret inhaltliche Besonderheiten der Arbeitenden zurücktreten, verdrängt werden; sie verlangt zugleich auch andere als unmittelbar reproduktive Fähigkeiten und Verhaltensweisen.

Ich will mit dieser Arbeit versuchen, das Verhältnis von Beruf und Hausarbeit, von Arbeit im Wertbildungsprozeß und scheinbar unproduktiver Hausarbeit neu zu bestimmen. Meine These lautet: In der Hausarbeit werden überhaupt erst die Grundlagen für das Funktionieren beruflicher, d.h. primär an Wertvergrößerung, nicht an Bedarf orientierter Produktionsprozesse geschaffen. Vergleichbar dem Staat übernimmt die Familie in der privaten Reproduktionsarbeit Aufgaben, die sich einer beruflichen Bearbeitung entziehen, bzw. Berufsarbeit überhaupt erst ermöglichen. Wie realistisch diese These ist, zeigt der Generalstreik aller isländischen Frauen vor einigen Jahren: Wenn der Berufstätige streikt, stehen die Maschinen still, der Alltag jenseits von Beruf geht weiter; streikt aber die Frau in ihrer Familienarbeit, geht nichts mehr weiter. In Gesellschaftsformationen, die zwischen Berufs- und Hausarbeit trennen, in denen auf den ersten Blick Beruf als die alles beherrschende Form erscheint, bleibt die Arbeit in der Familie gesellschaftlich notwendige, zu Beruf komplementäre Arbeit. Mehr noch als Arbeit, die alltäglich auf unmittelbare, eigentlich nicht oder nicht mehr aufschiebbare Lebensäußerungen bezogen ist, beinhaltet private Reproduktionsarbeit jene primäre Form von Arbeit überhaupt, die jeder anderen Arbeitsform historisch und strukturell vorangeht. Meillassoux (1976) behauptet, daß Hausarbeit in Analogie zur Phase der ursprünglichen Akkumulation zu begreifen sei bzw. zum Verhältnis der dritten unterentwickelten Welt und entwickelten Industrienationen, zur mehr oder weniger gewalttätigen Aneignung des primär vorhandenen und geschaffenen Rohstoffs (auch Arbeitsvermögen) durch industrielle Produktionsprozesse. Ich möchte im Laufe der Arbeit versuchen, einige Aspekte der These einer "permanenten ursprünglichen Akkumulation" im Verhältnis von männlich tauschorientierter und weiblich unmittelbar reproduktiver (bedarfswirtschaftlicher) Arbeit nachzuzeichnen. In welcher Weise "alimentiert" die häusliche Produktion nach wie vor berufliche Arbeitsprozesse?[1]

Da Frauen nach wie vor wesentliche Trägerinnen solch unmittelbar reproduktiver Arbeitsprozesse sind, muß - so eine weitere These - weibliche Berufspraxis aus der Perspektive privater Reproduktionsarbei begriffen werden. Für die meisten Frauen dürfte die Auseinandersetzung mit Hausarbeit, ihrem Arbeitsgegenstand und ihren Arbeitsweisen, Fähigkeiten und Werthaltungen, Eigenschaften und Perspektiven bestimmen.

Thema meiner Arbeit ist die nähere Bestimmung von Beruf und Hausarbeit in ihrer historischen Entwicklung und unter bestimmten historischen Verhältnissen, die analytische Rekonstruktion des bereits angedeuteten Zusammenhanges von Beruf und Hausarbeit vor allem aus der Sicht der "hausarbeitenden" und berufstätigen Frau.

1.2. Grundbegriffe: Beruf und Warenproduktion; Arbeit; Hausarbeit und weibliche Kultur

Ich möchte zunächst die tragenden Begriffe der Arbeit in der Bedeutung, in der ich sie verwende, vorstellen.

Unter Berufsarbeit verstehe ich zunächst sehr abstrakt und allgemein jede bezahlte Arbeit, jede Arbeit für Geld, losgelöst vom unmittelbaren Bedarf und gemessen nach Zeit. Der Berufstätige tauscht sein Arbeitsvermögen gegen Geld, das ihm dann seinen Lebensunterhalt garantiert. Der konkrete Inhalt der Berufsarbeit erscheint vor allem unter dem "Geldaspekt", d.h. dem Ausmaß der mit ihm verbundenen Lebenschancen. Da jede Arbeit auf konkreten Fähigkeiten und Bedürfnissen aufbaut, auf "lebendigem Arbeitsvermögen" (Marx), kann man Berufe als "Warenform" dieser lebendigen Arbeitsvermögen verstehen (Beck/Brater/Tramsen 1975, 1976). Sie bündeln und schneiden menschliche Fähigkeiten für den Einsatz im beruflichen Arbeitsprozeß, vermitteln somit zwischen der Person des Berufstätigen und einem ausschließlich tauschbezogenen Arbeitsprozeß. Beruf wird damit für den einzelnen subjektiv bedeutsam, verleiht ihm Gesellschaftlichkeit im Sinne der Teilnahme am gesellschaftlichen Tauschgeschehen; die Individuen müssen an der Warenform ihrer Arbeitsvermögen interessiert sein, garantieren diese doch den Zugang zu Lebenschancen und "Identität"...

Die Berufskategorie an sich bleibt leer und sinnlos, solange man nicht die entsprechenden Arbeitsverhältnisse (Produktionsweise) thematisiert, die "Beruf" erst notwendig hervorbringen. Diese Produktionsweise soll hier "entwickelte oder fortgeschrittene (industrielle) Warenproduktion" genannt werden, - unter Berücksichtigung ihrer Vorformen.

Dieser Begriff gibt m. E. präziser als etwa die Bezeichnung "Industriegesellschaft", "bürgerliche", "technokratische" oder ebenso verkürzt "kapitalistische" Gesellschaft (Lefebvre 1972, S. 99 f.) das konstitutive und vermittelnde Moment dieses Gesellschaftstypus an: Es handelt sich hier - ungeachtet der Polemik zwischen Ost und West - um Gesellschaften, deren Zusammenhalt durch entwickelte Tauschprinzipien und deren Verinnerlichung - wenn auch auf der Basis unterschiedlicher Eigentumsformen - gestiftet wird.

Für diese Gesellschaft erweisen sich Aussagen über die strukturelle Eigenart von "Beruf", über konkrete Formen des Berufsverhaltens und Aussagen zur Qualität unmittelbarer Reproduktion (Hausarbeit), damit auch zu subjektiven und objektiven Bestimmungsmomenten weiblicher Berufstätigkeit verallgemeinerungsfähig und vergleichbar.

Typisch für solche Gesellschaften ist, daß Beruf nur eine Form der Sicherung des alltäglichen Lebens darstellt - aber die dominierende und übergreifende, private Reproduktionsarbeit - Hausarbeit im weitesten Sinn - ist die notwendig andere und zu Beruf kommende komplementäre Arbeitsform.

Mit "fortgeschrittener Warenproduktion" sind Gesellschaften angesprochen, die notwendig auf der Trennung von Produktion und Reproduktion mit Vorrang des Bereichs beruflicher Arbeit, als Arbeit für Tausch und Warenform des Arbeitsvermögens, beruhen. "Produktion" wird verengt auf Arbeit, die in direktem Zusammenhang mit der Herstellung, Weiterleitung etc. von Gütern (auch Wissen) für den Tauschverkehr steht; nur Arbeit mit dieser Zielsetzung gilt als "Arbeit" und wird bezahlt.[2]

Der Hausarbeit fehlt diese unmittelbare Tauschbezogenheit. Hausarbeit ist dennoch Arbeit, trotz Privatheit und Abhängigkeit der Reproduktionseinheit vom Lohn des Mannes (in der Regel zum überwiegenden

Teil). Sie muß schon deshalb als "Arbeit" begriffen werden, weil sie Dauer und Kontinuität besitzt, und weil sie besondere "Techniken", Fertigkeiten, Fähigkeiten, Verhaltensweisen und Interpretationen voraussetzt und hervorbringt.

Der Schwerpunkt der Hausarbeit hat sich mit der Herausbildung industrieller Warenproduktion eher auf den Bereich psychischer als materieller Reproduktion verlagert. Produktive Funktionen, wie sie einst für die Innenwirtschaft typisch waren, sind ausgegliedert. Dennoch bleibt der Arbeitsgegenstand der Hausarbeit der gleiche: Nicht aufschiebbare, immer wiederkehrende menschliche Lebensäußerungen.

Die Kategorie der "Hausarbeit", wie sie hier kurz entfaltet wurde, ist nicht parteiisch in dem Sinn, daß nur mittelbar oder unmittelbar mehrwertbildende Arbeit auch wirklich "Arbeit" genannt werden darf, wie der ausschließliche Vorrang von Tauschprinzipien nahelegen würde. (vg. dazu: Müller 1976, Secombe 1975). Es erscheint deshalb auch keineswegs gerechtfertigt, Kategorien der politischen Ökonomie aus ihrem unmittelbaren Kontext, für den sie kritisch entwickelt wurden - dem industriellen Produktionsprozeß - für dessen Kennzeichnung sie auch angebracht sind, herauszulösen und auf "Hausarbeit" auszudehnen, damit ihr dann vielleicht der Charakter von "Arbeit" zukommt. Hausarbeit ist Arbeit, aber nicht identisch mit Arbeit für Tausch, Arbeit als Arbeitszeit, wie sie in die Berufsarbeit eingeht. Als besondere Arbeitsform bleibt Hausarbeit von einer ökonomischen Theorie zwangsläufig vernachlässigt.

Die "Naturwüchsigkeit", d.h. nur schwer aufzulösende Naturabhängigkeit des Arbeitsgegenstandes privater Reproduktionsarbeit, die erforderlichen Fertigkeiten, Verhaltensweisen etc. und der Vorrang dieser Arbeit im Bewußtsein der Frauen bestimmt den weiblichen Arbeits- und Lebenszusammenhang (Prokop 1975), "weibliche Kultur".[3]

"Weibliche Kultur" beruht auf objektiven (geschlechtsspezifische Arbeitsteilung) und subjektiven (Fertigkeiten, Verhaltensweisen) Voraussetzungen zur Bewältigung der Reproduktionsarbeit. Sie ist zugleich ein identitätsstiftendes Moment: "history as herstory" (Mander/Rush 1974), lebensgeschichtliche Erfahrung der Frauen mit der historischen Herausbildung der geschlechtsspezifischen Arbeitsteilung und der Arbeit selbst, als unmittelbare Daseinsvorsorge und sich entwickelnde Tauscharbeit. In diese geschichtliche Aneignung gesellschaftlicher Wirklichkeit, in die Situationsdeutungen von Frauen sind immer auch schon Erfahrungen mit "außerhäuslicher" Arbeit, vor allem mit "Lohnarbeit" - Erfahrungen der partiellen Unvereinbarkeit von Sicherung psychischer und materieller Reproduktion und beruflichen Anforderungen - eingegangen (Jaerisch 1976).

Die typische weibliche Art, sich beruflichen Anforderungen zu stellen, verweist auf die Eigenart der Hausarbeit. Hinter dieser These steht die Überzeugung, daß der Mensch durch die Art, wie er lebt und d.h. sich seine Wirklichkeit aneignet und/oder schafft, wie er also arbeitet, geprägt ist.

Private Reproduktionsarbeit ist dann die Art, wie Frauen Wirklichkeit schaffen und aneignen. Sie ist eine Form gesellschaftlicher Arbeit unter anderen, sie ist "eine Art zu produzieren" (Lefebvre 1972, S. 50), deshalb auch "Kultur", d.h. u.a. auch eine "Quelle von ideologisch motivierten Handlungen und Tätigkeiten" (ebenda).

Arbeit wird hier nicht als irgendeine Tätigkeit gefaßt, sondern umfassend im Sinne Hegels ("als ein Grundgeschehen des menschlichen Daseins, als ein das ganze Sein des Menschen dauernd und ständig durchherrschendes Geschehen, ... als Tun des Menschen als die Weise seines Seins in der Welt ...") (Marcuse 1933, S. 262). Deshalb wird Arbeit hier eben nicht nur als Berufsarbeit begriffen, also unter Betonung der Produktion von Waren, als wesentlichen und spezifischen Aspekt der industriellen Produktion[4], oder nur als "zweckgerichtetes Handeln nach Maßgabe technischer Regeln" (Habermas).[5]

Die Reduktion von ARBEIT auf Berufsarbeit ist ein kritisches Moment entwickelter Warenproduktion. Beruf bleibt aber nur eine Art menschlicher Existenzsicherung. ARBEIT umfaßt in unserer Gesellschaft Beruf und Reproduktion - darunter Hausarbeit als unmittelbar reproduktive Arbeit der Frau - und Produktion im Sinne der Herstellung der notwendigen (Arbeits-)Voraussetzungen.

Arbeit ist auch mehr als ein Komplex anfallender Einzeltätigkeiten zur Sicherung des täglichen Lebens, mehr "Sorge", "Besorgen".[6] Arbeit ist als Produktion des menschlichen Seins durch es selbst im Laufe seiner geschichtlichen Entwicklung zu verstehen; sie ist geistige und materielle Produktion - und Produktion deren notwendiger Voraussetzungen (Rerpduktion), also auch der zwischenmenschlichen Beziehungen (Interaktion).

Gerade für den vorliegenden Text erschien es sinnvoll, die Begriffe Arbeit, Handlung, Verhalten, soziales Handeln ... gleichzusetzen. (Vgl. dazu Gleiss 1975 und Holzkamp 1975[2]). Erst wenn man die Art, wie die Menschen arbeiten, d.h. ihr Leben äußern, die Art, wie sie sich selbst begreifen, als verschiedene Momente einer bestimmten historischen Produktionsweise begreift, gelingt es, den Unterschied von "Beruf" und "Hausarbeit" in einundderselben Gesellschaft herauszuarbeiten. "Beruf" ist dann auch nur ein Aspekt gesellschaftlicher Arbeit unter Bedingungen von Warenproduktion - wenn auch der hervorstechendste.

1.3. Vorgehensweise

Auch wenn sich die vorliegende Arbeit als berufssoziologische begreift und formal ihren Ausgangspunkt bei der Frage nach "Beruf", seinen objektiven Voraussetzungen und Strukturmerkmalen nimmt, bleibt der wirkliche Ausgangspunkt die unmittelbar reproduktive Arbeit der Frau als Basis jeder Berufsarbeit. Jede Frage nach den Konstitutionsmerkmalen von "Beruf", nach seiner Entstehungsgeschichte und seinen Funktionsbedingungen, würde ohnehin auf dessen subjektive Bedingungen zurückverweisen, auf die Frage nach der jeweils historischen Ausbildung und Erhaltung von lebendigen Arbeitsvermögen. Diese Frage zielt auf die materielle Basis jeder Berufsarbeit, auf Bedürfnisse und Interessen, Fähigkeiten und Verhaltensweisen. Der Vergleich von Beruf und Hausarbeit soll schließlich zu einer näheren Bestimmung der weiblichen Arbeit, des weiblichen Arbeitsvermögens und des "Lebenszusammenhangs" der Frau führen. Er soll Grundlage für eine spätere empirische Untersuchung weiblicher Berufspraxis bilden. Die Eigenart und der Unterschied beider Arbeitsformen entspricht - auch historisch - der Eigenart und dem Unterschied zweier Produktionsweisen: Einer traditionell bäuerlichen bedarfsorientierten im "ganzen Haus" und einer markt-/tauschorientierten, später industriellen warenproduzierenden, die dann "Beruf" hervorbringt.

Deshalb wird im 2. Kapitel versucht, die Herausbildung und die Eigenart von Berufen als allmähliche Ablösung jener bedarfsorientierten Arbeitsweise durch eine zunächst zünftige, also immer noch bedarfs-kundenorientierte, aber schon warenproduzierende, dann durch die industrielle Warenproduktion darzustellen. Berufen kommt dann die Eigenart entwickelter industrieller Warenproduktion zu, mit ihrer widersprüchlichen Einheit von Gebrauchs- und Tauschdimension der Arbeit ...

Das 3. Kapitel geht nun genauer auf die besondere Qualität der unmittelbar reproduktiven Arbeit der Frau ein. Die Hausarbeit läßt sich in ihrer Eigenart bis zu einem gewissen Grad mit der traditionellen Arbeit im bäuerlichen "ganzen Haus" vergleichen.

Das 4. Kapitel stellt eine Relativierung des mit Warenproduktion scheinbar gegebenen Gegensatzes von Hausarbeit und Beruf dar. Ich möchte in diesem Kapitel zeigen, inwieweit Hausarbeit die für Berufsarbeit notwendig komplementäre Arbeitsform und Arbeitsweise darstellt, und wo Möglichkeiten und Grenzen der Herstellung und Wiederherstellung von Arbeitsvermögen durch private Reproduktionsarbeit liegen.

Im 5. Kapitel werden einige Thesen zur "Reproduktionsbezogenheit" weiblicher Berufsarbeit entwickelt. Im "Beruf" erfahren Frauen real den Unterschied von beruflicher Arbeit und Hausarbeit und die Schwierigkeit, beide Arbeitsweisen zu vereinbaren. Dabei beschränken sich die Thesen auf eine mögliche Affinität oder Distanz weiblicher Berufsarbeit zur Hausarbeit.

2. Die Eigenart von Berufsarbeit als Arbeit unter Tauschbedingungen

2.0. Eingrenzung der Frage nach "Beruf"

In der Literatur wird unter "Beruf" sehr Verschiedenes verstanden: Die Bedeutungen, die man "Beruf" unterschiebt, gehen so weit auseinander, daß einige gar nicht mehr von "Beruf" reden wollen.[1]

Für den einen taucht "Beruf" bereits im antiken Griechenland auf, für andere ist der Prototyp "Beruf" das Handwerk, vor allem das "zünftige"[2]. Fällt "Beruf" idealtypisch mit Handwerk zusammen, ist er sicher eine schwindende Kategorie.

Auch über die Weite des Berufsbegriffes herrscht keine Einigkeit: So wird oft jede Tätigkeit, die einen Menschen dauerhaft beschäftigt, als "Beruf" gefaßt; dann wären auch "Hausarbeit", traditionell bäuerliche Arbeit, Kunst und Poesie und viele andere, heute zum Teil unbezahlte Arbeiten "Beruf".[3] Uneinigkeit über den Berufsbegriff und Uneinigkeit über Berufsentstehung bedingen sich: Für einige ist das Problem der Entstehung von Berufen mit dem Hinweis auf das Ansteigen der "Komplexität" gesellschaftlicher Verhältnisse hinreichend erklärt. Bei "weiterer funktioneller Differenzierung" (Daheim 1969) der Gesellschaft wird eine naturwüchsige familiale Arbeitsteilung zu eng, Arbeit wird dann zunehmend beruflich organisiert.[4] So wird oft (Daheim, Goode, Moore, Parsons u. a.) eine berufliche Organisation von Arbeit als Folge fortschreitender Arbeitsteilung und als Folge der Auflösung der familialen Arbeitsteilung begriffen. "Beruf" entsteht also als Folge einer "Verkomplizierung" gesellschaftlicher Verhältnisse, ohne daß die Ursachen des Anwachsens von Komplexität hinreichend thematisiert werden.

Diese unterschiedlichen Definitionen von "Beruf" sind häufig Ergebnis unterschiedlicher wissenschaftlicher Fragestellungen und Erkenntnisinteressen: Denn "Beruf" kann - je nach Ausgangspunkt, Fragestellung und Forschungsziel - durch verschiedene Merkmale konstituiert sein.

Zielt man auf die Entwertung des Berufsgedankens im Zuge fortschreitender Rationalisierung aller Arbeits- und Lebensbereiche ab, werden für die Bestimmung von "Beruf" Merkmale wie "Eignung" oder "Neigung" [5], ein professionelles (Carr-Saunders 1928) nicht (zumindest nicht vordergründig)erwerbsbezogenes "Arbeitsethos" etc. relevant.

Interessiert gerade der "Industrieberuf", so tritt diese konkret berufliche Arbeitsweise, aufgelöst in ihre Elemente Arbeitsvollzug, Kooperation, Arbeitssituation und Leistungsanspruch in den Vordergrund.

Unter Arbeitsmarktgesichtspunkten wiederum interessiert vor allem die "Elastizität" der in Berufen eingebundenen Fähigkeiten: Erweisen sich diese "elastisch" genug, um unter sich permanent verändernden Verwertungsbedingungen (veränderte Technologie und Organisation) flexibel und gewinnbringend eingesetzt werden zu können? Welche beruflichen Fähigkeitsbündel erlauben einen hohen Transfer von einem bislang traditionellen Beruf zu neuen, z.B. aufgrund von Automationsprozessen entstandenen Berufen. "Beruf" erscheint in dieser Perspektive vor allem als Substitutions- und Flexibilitätsproblem - die Frage nach der sozialen Genese der jetzt problematischen Berufsschneidungen wird in der Regel nicht gestellt (Hofbauer 1971, Mertens 1968, 1973).

Unter dem Aspekt, daß "Beruf" ja erst durch die Person täglich immer wieder hergestellt wird, gehen in den Berufsbegriff vorwiegend "Dispositionen" der Berufstätigen selbst ein. Merkmale wie "Konkurrenz oder Kooperation", die "Verkoppelung von Gebrauchs- und Tauschwertorientierung" [6], auch Einstellung zur Arbeit, Arbeitszufriedenheit und Arbeiterbewußtsein, Berufsmentatlität, schließlich auch berufsabhängige Lebensführung definieren dann den subjektiven Aspekt der Berufskategorie.

Für die vorliegende Arbeit stellt sich die Frage nach der Bedeutung von "Beruf" weder unter einem technisch-funktionellen, noch unter einem arbeitsmarktpolitischen oder einem berufspädagogischen Aspekt. Berufsarbeit wird hier nur in Beziehung zur privaten Reproduktionsarbeit der Frau thematisiert. Theoretischer und methodischer Ausgangspunkt für die Frage nach Beruf ist deshalb der Vergleich zweier unterschiedlicher Wirtschaftsweisen in Gesellschaftsformationen mit entwickelter Warenproduktion: Einer auf den "Markt", auf "Tausch" und einer anderen auf "Eigengebrauch" bezogenen Wirtschaftsweise. Konstitutiv für Beruf ist dann der Gegensatz und die wechselseitige Verschränkung einer vom "ganzen Haus"[7] ausgehenden, an unmittelbarer Subsistenz orientierten, traditionell bäuerlichen Wirtschaftsweise und einer "marktorientierten", die

> " ... alle städtischen Wirtschaftszweige, Gewerbe und Industrie, Handel und Industrie ein-, aber die Landwirtschaft ausschließt." (Brunner 1968[2], S. 106)

"Beruf" wäre dann die soziale Organisationsform von Arbeit in einer marktorientierten Wirtschaftsweise. Ihre Grundprinzipien definieren auch Beruf.

"Hausarbeit" als private Reproduktionsarbeit unter gegenwärtigen Verhältnissen erinnert an die "alteuropäische Ökonomik" mit ihrer Orientierung an Selbstversorgung und Autarkie.

> "Die Ökonomik als Lehre von Oikos umfaßt eben die Gesamtheit der menschlichen Beziehungen und Tätigkeiten im Hause, das Verhältnis von Mann und Frau, Eltern und Kindern, Hausherrn und Gesinde und die Erfüllung der in Haus- und Landwirtschaft gestellten Aufgaben. Damit ist auch bereits die Einstellung zum Handel gegeben. Er ist notwendig und erlaubt, soweit er der Ergänzung der Autarkie des Hauses dient, er ist verwerflich, sobald er zum Selbstzweck wird, d.h., auf Gelderwerb an sich zielt." (Brunner 1968[2], S. 105)

"Beruf" als Erscheinungsform und Folge marktorientierter Warenproduktion - deren geschichtlicher Ort die Stadt ist - verweist auf eine Wirtschaftsweise, die den Gesichtspunkt der Selbstversorgung, die unmittelbare Orientierung am täglichen Lebensbedarf, ausschließt; Erzeugung und Verbrauch treten auseinander - die (berufliche) Arbeit wird vornehmlich "Gelderwerbsquelle", Ertragsquelle - der unmittelbare Naturbezug ist verloren gegangen.

Siehe dazu Sohn Rethel

Dies gilt unter industriellen (Waren-)Produktionsbedingungen auch für Erzeugung und Verbrauch (im übertragenen Sinn) des lebendigen Arbeitsvermögens, der Ware Arbeitskraft. Gerade deshalb wird für die marktorientierte Wirtschaftsweise die Rekonstruktion der Einheit von Erzeugung und Verbrauch, von Leben und Arbeit zum "Systemproblem". Sie bleibt von Formen unmittelbarer Subsistenzsicherung, also auch von einer Sicherung und Erhaltung konkret lebendiger Arbeitsvermögen, damit von nicht unmittelbar marktorientierten Arbeitsweisen abhängig.

Wie jede Arbeit, bleibt auch auch berufliche Arbeit auf ein materielles Substrat (Ritsert), auf konkrete menschliche Bedürfnisse und Fähigkeiten und deren Befriedigung bzw. Erhaltung angewiesen. "Als Bildnerin von konkreten Gebrauchswerten ist Arbeit zunächst ewige Naturnotwendigkeit" (Marx). Zugleich wird in der markt- bzw. tauschorientierten Wirtschaftsweise diese "Naturgebundenheit" von Arbeit tendenziell aufgebrochen; der "Gebrauchsaspekt" der Arbeit tritt hinter den Tauschaspekt zurück.

Unter der Perspektive "Hausarbeit" wird für Beruf vor allem ein Moment dann konstitutiv: Der verloren gegangene oder richtiger: Der verdrängte Naturbezug. Wie sich diese Vernachlässigung der natürlichen Voraussetzungen jeder Arbeitsweise für berufliche Arbeit konkret darstellt, ist Thema der nächsten Abschnitte.

Durch Beruf - Verdrängung des Naturbezuges

2.1. Beruf als Alltagsphänomen

Eigentlich ist heute Beruf etwas, was jeden in seiner ganzen Existenz betrifft; den Mann immer noch mehr, da er als Haupternährer einer bereits vorhandenen oder zukünftigen Familie angesehen wird - man beachte nur die ungleiche Behandlung von arbeitslosen Männern und Frauen in den Arbeitsämtern[8] oder im "Sozialplan" von Betriebsverfassungsgesetz und Rationalisierungsschutzabkommen. Die Frau ist mit Beruf zweifach konfrontiert: Durch eigene (voreheliche etc.)

Berufstätigkeit und - bei Familiengründung - durch die Abhängigkeit ihrer Existenz vom beruflichen Wohlergehen des Mannes.

Aber "Beruf" setzt viel früher und weniger offenbar an. Bereits die Erziehung der kleinen Kinder kann in Hinblick auf Beruf als sicher nicht konfliktfreie Verinnerlichung beruflicher Normen begriffen werden. Die Schule war nicht nur immer schon "Aufbewahranstalt" für noch nicht arbeits- bzw. richtiger: berufsfähige Kinder[9], sie diente vor allem in ihren unterschiedlichen Typen und Ausprägungen als Vorbereitung auf die jeweilige Art der Berufstätigkeit (Auslesefunktion der Schule).

Beruf ist also selbst dem Kind schon ein vertrautes Moment - auch wenn der konkrete Beruf des Vaters mystifiziert wird, auch wenn gerade für den Berufsanfänger zwischen den in den Beruf hineingenommenen verinnerlichten subkulturellen Interpretationen von Beruf und realer Berufstätigkeit Widersprüche auftauchen (Fürstenberg 1972, S. 287).[10] Wie sehr Beruf den ganzen Menschen durchdringen kann, zeigt das Verhalten des Berufstätigen bei Arbeitslosigkeit. Arbeitslosigkeit ist die Erfahrung, daß das, was ich kann, nichts wert ist, und daß dieses spezialisierte "nichtalltägliche" Berufskönnen für das Überleben im Alltag nicht ausreicht (Zeisl 1933).[11]

Im Alltagsverständnis ist Beruf ein Bündel von spezialisierten Fähigkeiten, Techniken etc., etwas, was nicht jeder kann, was man gelernt hat, womit man sich sein Geld verdient - möglichst kontinuierlich. Im Gegensatz zur vielschichtigen wissenschaftlichen Begriffsdiskussion dürfte für den Berufstätigen Beruf so lange selbstverständlich sein, wie er "Arbeit" hat, und wie diese ihm das Gefühl vermittelt, etwas "wert" zu sein.

Und das gros aller Befragten, Männer und Frauen, die in der Regel weder Marktgesetze kennt, weder um Zeit- und Kostenökonomie oder um die Differenz von Preis und Wert der Ware Arbeitskraft weiß, wird dann auch behaupten, daß "Hausarbeit" keine Arbeit sei, weil das ja jeder kann - Frauen das aber vielleicht besser könnten - und daß das, was jeder kann, auch nicht bezahlt zu werden braucht.[12] Beruf scheint erst da anzufangen, wo alltägliches Wissen aufhört und eine besondere

Einweisung, Ausbildung beginnt.

Im außerwissenschaftlichen Sprachgebrauch ist "Beruf" durch die Merkmale "Bezahlung" und "eigens ausgebildetes Spezialwissen" ausreichend gekennzeichnet. Auch in der Umgangssprache bleibt der Berufsbegriff sinnvoll als begrifflicher Gegenpart von "Hausarbeit": Diese basiert keineswegs auf einem beruflichen Sonderwissen.[13] Es wird also angenommen, daß keine besondere Ausbildung, Begabung etc. notwendig sei, damit eine Frau eine andere in ihrer Aufgabe ersetzen kann. "Hausarbeits-Wissen" ist also alltägliches Wissen von Frauen, ein Wissen (Fähigkeiten, Techniken etc.), das sich kaum als kontinuierliche Erwerbschance verwerten läßt, sich zudem einer quantifizierenden Betrachtung unter Lohngesichtspunkten entzieht.

So könnte man z. B. annehmen, daß eine Frau, die als Mutter ohnehin an den Umgang mit Kindern gewöhnt ist, ohne besondere Schwierigkeiten den Anforderungen der Kindergartenarbeit gewachsen ist. Dies auszuprobieren wird der Frau jedoch gesetzlich (gesellschaftlich) verwehrt - und sie verweigert sich im Geheimen selbst die Kompetenz. Das Wissen um den Umgang mit Kindern scheint in dem Moment anders strukturiert zu sein, in dem es sich nicht mehr um alltäglichen, sondern um beruflichen "Umgang" handelt.

Dieser strukturelle Ausschluß "alltäglichen" Wissens aus einer "kompetenten" Berufspraxis ist allerdings kein frauenspezifisches Phänomen. Weder Hobbykoch noch Hobbybastler können aus ihrer Liebhaberei einen Beruf machen.

Andererseits ist aber auch nicht gewährleistet, daß die "kompetente" Krankenschwester, der "kompetente" Lehrer, Ingenieur, Facharbeiter sich dann auch im alltäglichen nicht-beruflichen Umgang mit Menschen, mit Technik etc. als kompetent erweisen. Die berufliche Arbeitssituation ist wirklich anders als eine nicht-berufliche strukturiert, die Kompetenz ihr angemessen.

"Berufsarbeit" ist heute so sehr Alltagsphänomen, daß die Verschiedenheit der abverlangten Kompetenzen nicht auffällt. Sinnvoll erscheint auf den ersten Blick die Beibehaltung des Berufsbegriffes für jede Form bezahlter Arbeit, die auf einem spezialisierten, nicht-alltäglichen Wissen oder einer entsprechenden Leistung beruht. (Dabei kann das berufliche

Sonderwissen von minimaler betrieblicher Einweisung bis hinauf zur akademischen Ausbildung mit jahrelanger Berufserfahrung reichen).

"Nicht-alltäglich" soll ein Wissen (Fähigkeiten, Techniken etc.) genannt werden, das zwar eine Vervollkommnung seiner speziellen Besonderheit erreicht, diese Perfektionierung jedoch die Entwicklung anderer Fähigkeiten etc. abschneidet. Solch ein Wissen ist meist proportional zum "Unwissen" im Alltag, proportional zum Umgang des Berufstätigen mit sich selbst, seinem Körper, seiner Umgebung, mit anderen. Auch schützt nicht-alltägliches Wissen keineswegs vor Arbeitslosigkeit. Technische Veränderungen machen Fertigkeiten überflüssig oder leicht ersetzbar - die Einseitigkeit des beruflichen Spezialwissens, seine Bornierung, verhindert eher Veränderungsfähigkeit und -bereitschaft.

Aber in dieser beruflichen "Spezialität", in der Dauer ihrer Ausbildung, in ihrer Nachfragequalität, liegt ihre Marktchance, der Schlüssel für ihren Wert.

Das "alltägliche Wissen" ist zwar für alle Gesellschaftsmitglieder relevant - das berufliche Spezialwissen nützt ja zunächst seinem Träger und dem jeweiligen Abnehmer - keineswegs jedoch allen ohne weiteres verfügbar: Insofern ist der Begriff irreführend.

Alltägliches Wissen ist vor allem Wissen um die natürlichen Voraussetzungen und Grundlagen menschlicher Existenz, vor allem Wissen um die körperliche und psychische Beschaffenheit des Menschen und seine Abhängigkeit von seiner und der äußeren Natur. Als solches ist es allerdings heute schwindendes Wissen, keineswegs mehr allen und allgemein verfügbar; mit seiner Verberuflichung ist es unendlich aufgesplittert und als "Spezialität" einzelner Berufstätiger verselbständigt. In dieser verberuflichten Form kann es für das alltägliche Überleben kaum noch handlungsrelevant werden [14].

"Alltägliches" Wissen, Alltäglichkeit schlechthin, ist Wissen um und Handeln in Bezug auf das, was die innere und äußere Natur des Menschen unmittelbar und immer wiederkehrend (zyklisch) angeht, ist das, was man gemeinhin Banalitäten und "Trivialität" des Lebens (Lefebvre) nennt: Naturereignisse, wie Geburt und Tod, Krankheit, Hunger, Durst, Schlaf und Sexualität.

"Alltägliches" Wissen ist vor allem Erfahrungswissen, empirisches Wissen: Fähigkeiten, Fertigkeiten, Umgangsformen und Aneignungswesen, die im alltäglichen Umgang mit einem Material, einem Werkstück, Werkzeug, mit Kindern, Tieren, mit Natur etc. erprobt, erweitert und weitergegeben wurden.

Als empirisches Wissen geht alltägliches Wissen auch wesentlich in berufliche Arbeit ein - meist thematisiert unter dem Stichwort "extrafunktionales" Wissen. Alltägliches Wissen taucht dann umgewandelt auf in den Begriffen von technischer Sensibilität, Materialgefühl, technischer und praktischer Intelligenz, Intuition und Kreativität - Qualifikationen, die als "alltägliche" nicht oder nur geringfügig die Lohnzusammensetzung beeinflussen. Berufliche Arbeit bleibt auf dieses Wissen angewiesen - entlohnt es aber - als nicht eigens ausgebildetes - nicht.

Alles gewinnt seine Alltäglichkeit, auch der "Beruf".[15] Beruf ist so alltäglich, daß er den Schein einer Naturnotwendigkeit annimmt. Wie wenig Beruf Naturnotwendigkeit ist, zeigt sich da, wo "Beruf" aufhört, im Krieg, in der Rente, bei Arbeitslosigkeit, auch in der Freizeit.

Hier erweist sich das berufliche Wissen als wertlos im doppelten Sinn. Es enthält keine oder wenig Handlungsanweisungen für den außerberuflichen Umgang mit Menschen, Dingen, mit "Überleben" schlechthin. Viele Menschen (auch Frauen) versagen hier im einfachsten Umgang mit sich selbst, dem Partner, den Kindern, den Nachbarn, der Technik, der Umwelt. Mit Berufen hat eine Gesellschaft allgemeine Handlungskompetenz zugunsten einer hoch entwickelten Spezialkompetenz aufgegeben.

Das naturwüchsige Erfahrungswissen archaischer Gesellschaftsformationen ist borniert, weil sich eine rationale Naturerkenntnis erst vage abzeichnet. Das "Berufswissen" dagegen stellt eine Bornierung zweiter Stufe dar: Alltägliches Wissen wird durch "Geld", d.h. hier: durch das Heranziehen unterschiedlichster beruflicher Kompetenzen - erkauft - durch den Handwerker, Mechaniker, Arzt, Erzeihungsberater (vgl. dazu Beck/Brater 1976 b).

Man kann die Geschichte der modernen Gesellschaft, die ja zugleich die Geschichte der Berufsentwicklung beinhaltet, "unter anderem auch schreiben als Geschichte der Ablösung von Laienlösungen durch Formen rationaler Expertenlösungen von Problemen" (Luckmann/Spronden 1972, S. 15).

2.2. Die Wendung einer bedarfswirtschaftlich orientierten Wirtschaftsweise zum Markt - Beginn des Rationalisierungsprozesses der Arbeit

Auch wenn für viele Beruf und Expertentum natürlich erscheinen, stellt sich doch die Frage, wann jene Ablösung des Laienwissens durch Expertenlösungen beginnt.

2.2.1. Die mittelalterliche Stadt als geschichtlicher Ort der Berufsentstehung

Die Frage nach der Berufsentstehung fällt zusammen mit der Frage nach der Entstehung bzw. Durchsetzung einer ausschließlich marktorientierten Wirtschaftsweise.

Im Zusammenhang mit der Frage nach den Wurzeln des modernen Kapitalismus - entwickelte Warenproduktion als eine Variante marktorientierter Wirtschaftsweisen - beschreibt Max Weber den Typus der mittelalterlichen europäischen Stadt. Dieser Typus, nicht etwa der antike oder orientalische, enthält alle Voraussetzungen für die Entstehung und Ausbreitung beruflicher Arbeit, wie wir sie bis heute, wenn auch modifiziert (Industrie!) kennen, und für die Entstehung einer Vielfalt unterschiedlichster Berufe.

Sicher gab es bereits in der Antike und in verschiedenen archaischen Gesellschaftsformationen einzelne Handel- und Gewerbetreibende. Sie blieben aber Randerscheinungen und berührten die bäuerlich-agrarische Grundstruktur nicht. Diese spezialisierten Tätigkeiten stifteten - im Gegensatz zur mittelalterlichen Stadtgemeinde - nicht den Zusammenhalt der Gemeinschaft; ihnen kam keine synthetisierende Funktion in dem Sinn zu, daß nur und vor allem der "Bürger" war, der zumindest formal die Zugehörigkeit zu Handel oder Gewerbe nachweisen konnte. (So gehörte auch der englische König, wie etliche europäische Stadtherren, einer Gilde an.) Der antike "Bürger" aber war und blieb Grundbesitzer, Hausherr im bäuerlichen Sinn; gerade seine Verweigerung und Verachtung händlerischer oder gewerblicher erwerbsbezogener Arbeit [16] unterscheidet ihn vom Bürger im mittelalterlichen Sinn. Für antike und orientalische Stadt existierte noch keine Trennung von Stadt und Land, kein besonderes Stadtrecht gegenüber dem Land und schon gar keine Trennung zwischen "marktorientierter" und "bedarfsorientierter" Wirtschaftsweise.

Von Beruf soll deshalb erst da gesprochen werden, wo die ihm zugrunde-

Antike

liegende marktorientierte Wirtschaftsweise den Zusammenhalt der Stadt und der Bürger garantiert. Für die europäische mittelalterliche Stadt wird diese ausschließlich tauschbezogene Wirtschaftsweise und die entsprechende Organisationsform von Arbeit, für den einzelnen sichtbar in Zünften und Gilden gegliedert, zum tragenden Moment. In der Stadt wird mit der "bäuerlich-agrarischen Welt mit lokalen Märkten und einem oft gut entwickelten Haus- und Dorfgewerbe" (Brunner 1968[2], S. 214) das immer noch auf Selbstversorgung und alltäglichen Bedarf gerichtet ist, radikal gebrochen. Auch Weber definiert die Stadt (hier: Als Ort der Berufsentstehung) wesentlich aus der Dichotomie von marktorientierter und subsistenzwirtschaftlicher Arbeitsweise heraus: Das Wesen der Stadt sieht er im Gegensatz zu Leben und Arbeit im OIKOS, also im "ganzen Haus".

Diese Dichotomie läßt sich höchstens analytisch durchhalten und ist dann auch nur zur besseren Kennzeichnung der Typen gerechtfertigt. Empirisch besteht zwar ein Unterschied im Adressaten der Arbeit (Kunde bzw. bäuerliche Produktionseinheit selbst), z. B. zwischen Handwerk und traditionell bäuerlicher Arbeit; die Trennung zwischen "Leben" und "Arbeit", "Familie" und "Arbeit", ein wesentliches Merkmal von Berufsarbeit im modernen Verständnis, existiert noch nicht. In der mittelalterlichen Stadt, "der einfachen Warenproduktion", zeichnet sich "Beruf" in seiner modernen Form erst ab, das "Wort" entsteht noch lange nicht.

2.2.2. Funktionsbedingungen der städtischen marktorientierten Wirtschaftsweise

Die städtische marktorientierte Wirtschaftsweise beruht - sehr vereinfacht - auf einer über die Selbstversorgung hinausreichenden Produktivität der Naturalwirtschaft, die erst die Loslösung vereinzelter Produzenten von der bäuerlich-agrarischen Produktion ermöglicht; ferner auf der kontinuierlichen Chance, die in privater Produktion (oder Handel) hergestellten Güter abzusetzen - also auf einem funktionierenden "Markt" und auf der Vielseitigkeit der gehandelten und erzeugten Güter.

Weber (1956 II, S. 735 f.) begreift "Stadt" in Abgrenzung und im Gegensatz zum "ganzen Haus" und seiner Arbeitsweise: "Stadt" ist eine Ansiedlung, deren Bewohner zum überwiegenden Teil "vom Ertrag (!) nicht landwirtschaftlichen, sondern gewerblichen oder händlerischen Erwerbs leben". Diese ökonomische Eigenheit der Stadt bestimmt auch ihre politisch-rechtliche Organisation und Stellung gegenüber dem "platten Land" (ähnlich: Sombart 1931).[17] Weber spricht weiterhin von einer gewissen "Vielseitigkeit" der betriebenen Gewerbe.

Mit "Vielseitigkeit" werden zwei verschiedene, aber notwendig verbundene Merkmale von "Beruf" angesprochen: Zum einen eine - im Vergleich zum "organischen" Aufbau bäuerlich-agrarischer Arbeitsweise, in der das dörfliche Gewerbe eine sinnvolle Ergänzung, auch in der Auswahl der in Privatproduktion hergestellten Güter, darstellt - gewisse Unsystematik, zum anderen eine Abhängigkeit der Ausbreitung der unterschiedlichsten Gewerbe vom "Konsum", d.h. hier: vom "Luxus", Wohlstand der in der Stadt lebenden Grundherren und auch Bürger.

Die Umsystematik in der Vielseitigkeit und inhaltlichen Eigenart der ausdifferenzierten und "verberuflichten" (als Arbeit vereinzelter spezialisierter Produzenten) Tätigkeiten erklärt sich auf den ersten Blick daraus, daß die Inhalte in keiner unmittelbaren Beziehung zum lebensnotwendigen Bedarf stehen; und - was damit zusammenhängt - aus den Tauschvorteilen, die gerade aus dem Handel und der Produktion von Luxusgütern gezogen werden konnte. Sombart (1913) geht so weit, zu behaupten, daß gerade der steigende Bedarf an Luxusgütern nicht nur ein wesentlicher Motor der Berufsentwicklung, sondern der Herausbildung des modernen Kapitalismus überhaupt war.

Allgemein besteht die Unsystematik der entstehenden Berufe darin, daß diese "gesellschaftlich" (nach Tauschgesichtspunkten) und nicht inhaltlich (sozusagen unter Bedarfs-/Gebrauchsgesichtspunkten) organisiert sind. (Tramsen 1974)

Die Vielseitigkeit der Gewerbe, gehandelten Güter und Rohstoffe ergibt sich empirisch einmal aus jenem "Luxus", zum anderen aus der Tatsache, daß die "ortsansässige" Bevölkerung einen wesentlichen Teil ihres Alltagsbedarfs auf dem städtischen Markt deckt. Dieser Alltagsbedarf ist eigens für den Absatz auf dem (einheimischen) Markt erzeugt oder erhandelt (Weber ebenda, Bücher 1893, S. 51[18]), d.h., er ist immer weniger Tausch von Überschußprodukten einer Selbstversorgungswirtschaft im bäuerlichen Sinn.

Gerade in dem Maße, wie sich die Stadtherren (Fürsten etc.) nicht mehr überwiegend durch die Naturalabgaben ihres Grundbesitzes ernährten - im übrigen zunehmend von ihren Bauern Geld- statt Naturalabgaben forderten, diese also in die Abhängigkeit vom Geldverkehr, also vom städtischen Markt, zwangen - sondern ihren Bedarf durch Eintausch auf dem örtlichen (ihnen steuerpflichtigen) Markt deckten, tritt der Marktcharakter der Stadt und die Vielseitigkeit der Gewerbe deutlicher hervor.

Tatsächlich bleibt die Entwicklung der Stadt abhängig von einer agrarischen Überschußproduktion, die einige Landbewohner erst von unmittelbarer Subsistenzsicherung frei und zu Stadtbewohnern mit entsprechend spezialisierten Gewerben machen kann.

Diese "Mobilität" vom Land zur Stadt setzte zugleich eine besondere Beziehung zwischen "Herr" und "Abhängigen" voraus, wie sie z. B. in Hegels "Herr und Knecht" nur unzureichend erfaßt wird. Diese Beziehung konnte nicht wie in der asiatischen Produktionsweise auf Despotie und Leibeigenschaft oder wie in der Antike auf einem Rechtsverhältnis beruhen, wo Herr und Bauer und Bürger identisch, Handel und Gewerbe jedoch vom Bürgerrecht ausgeschlossen waren. Solch eine Beziehung, in der dem Bauern eine gewisse Eigenständigkeit zukam, ist in der auf wechselseitiger Verpflichtung beruhenden Lehnsverfassung des spezifisch europäischen Feudalismus zu suchen (Brunner 1968, 2. Aufl.). Stadt, Dorf, Land sind hier trotz des Gegensatzes der Wirtschaftsweise keine Antinomien. (Mit der Auflösung des Feudalismus zerfällt ja gerade die Autonomie der Stadt und deren ständische Ordnung (auch: Berufsordnung) - sie wird im "Staat" aufgehoben.)

Damit wären sehr vereinfacht die historischen Voraussetzungen der Stadt- und Berufsentwicklung umrissen, die ausserhalb Europas keine Parallele (es existierten im nicht-alteuropäischen Raum weder "Berufe" in unserem Sinn, noch Städte, auch deutete sich keine entsprechende Entwicklung an) hat: Eine Steigerung der Produktivität der Landwirtschaft

(Bolte/Kappe 1967, 3. Aufl. S. 24 f.), die Möglichkeit eines festen kontinuierlichen Marktes, Vielseitigkeit der Gewerbe, sowie der typisch europäische Feudalismus.

2.2.3. Die "Sicherung der Nahrung" als Politik von Stadt bzw. Zunft in der "einfachen Warenproduktion"[19]

Kann man einerseits von der marktbedingten und -bezogenen Eigenständigkeit der Stadt und von einem Gegensatz von Stadt und Land vor allem im Hinblick auf die fundamental verschiedene Wirtschaftsweise sprechen, so bleibt die Stadt doch abhängig von einer naturalwirtschaftlichen Produktion. Für jede nicht unmittelbar subsistenzbezogene Wirtschaftsweise, also auch für die städtische gilt diese Abhängigkeit von der Sicherung des alltäglichen Bedarfs.

Vielleicht ist bis hierhin eine Parallele Stadt/Land, Beruf/Hausarbeit, marktorientierte/gebrauchsorientierte Produktionsweise sichtbar geworden. Man könnte vielleicht von einer "historischen Analogie" zur Ausgangsthese einer wechselseitigen Verschränktheit einer eigentlich primären, naturgebundenen und der sekundären, tauschbezogenen Produktionsweise sprechen, als deren Ausdruck man einmal "Hausarbeit", dann "Beruf" begreifen könnte. Gerade mit der erzwungenen Einbeziehung der Naturalwirtschaft in den Geld(Waren-)verkehr wird die wechselseitige Abhängigkeit fixiert - wobei der ursprüngliche Vorrang einer Bedarfsproduktion hinter "Tausch" zurücktritt.

Die Bindung der mittelalterlichen marktorientierten Arbeitsweise an die Sicherung des alltäglichen Bedarfs läßt sich unter dem Stichwort "Sicherung der Nahrung(en)" abhandeln. Damit sind nicht nur und am wenigsten jene städtischen und grundherrlichen Verfügungen gemeint, die die bäuerlichen Produktionseinheiten in den Warenverkehr und in die Abhängigkeit vom Tauschgeschehen einbezogen: Die Sicherung der "Nahrung", d.h. eine "standesgemäße" - was für jeden Beruf (Handel und Gewerbe) standesgemäße Wohnung, Kleidung etc. war, wurde genau festgelegt - Lebensführung, daher auch Qualität der Arbeit zu sichern, konstituierte Stadt- bzw. Zunftpolitik.

Das städtische mittelalterliche Korporations, Gilden- und Zunftwesen kann als Vermittlungsinstitution zwischen vereinzelter, privater (Waren-)Produktion und privatem Verbrauch (durch den Kunden) begriffen werden. Die im Zunftwesen institutionalisierte Ausgewogenheit von Angebot an Gütern und Nachfrage, von unmittelbar kundenorientierter Warenherstellung (auf Bestellung in der Regel) und Warenabnahme, rekonstruiert für diese Zeit noch einmal die im "ganzen Haus" erhaltene Einheit von Erzeugung und Verbrauch; der Alltagsbedarf des Handel- und Gewerbetreibenden - die "Nahrung", was synonym zu "Beruf" damals zu begreifen ist - ist gesichert.

Die Eigenart der mittelalterlichen Gewerbe, ihre Tendenz zum kleinen, überschaubaren "Betrieb" und damit verbunden eine Arbeitsteilung, die sich am besten als "Berufsteilung" beschreiben läßt, kann aus dem "Nahrungsprinzip" heraus verstanden werden.

So betont Bücher,
" ... daß in der Regel der Handwerker nur auf Stückbestellung arbeitet und daß der ganze industrielle Umwandlungsprozeß, den ein Rohprodukt durchmachte, in einer Hand lag." (1893, S. 153).

Auf Vorrat zu arbeiten, also unter Abstraktion vom konkreten Kunden, vom Bedarf des Kunden - wie es für entwickelte industrielle Warenproduktion typisch ist - ist für das "zünftige" Gewerbe nicht üblich. Auf Vorrat zu arbeiten, setzt im übrigen angehäuftes, also Surplus-Kapital voraus; dies widerspricht zumindest formal dem "Nahrungsprinzip". Daß aber solch ein Surplus existiert hat im Verlagssystem und Lohnwerk, sich bei einigen Gewerben ausbildet und weiterentwickelt, ist bekannt.

"Im Mittelalter suchte man jedes gewerbliche Produkt möglichst lange in einem Betriebe festzuhalten, um möglichst viel Arbeit darin zu verkörpern ... (die Kapitalarmut) zwang zur Berufsteilung ... Wo ein Handwerk infolge des großen Umfangs seines Produktionsgebietes größeres Kapital erforderlich machte, da griff man nicht zum Großbetrieb mit Arbeitszerlegung, sondern zur Berufsteilung, durch welche das Kapitalerfordernis beschränkt, der Betrieb klein erhalten wurde" (ebenda).

Läßt man die unhistorische Begriffsverwendung - (Mittelalter mit dem Begriffsinstrumentarium des modernen Kapitalismus!) - und die allzu objektivistische Deutung des Handwerkerverhaltens beiseite, könnte man vielleicht unterstellen, daß der Arbeitende im zünftigen Gewerbe vielleicht in erster oder zweiter Generation bäuerlich -agrarischer Herkunft mit entsprechenden Verhaltensweisen etc. selbst noch einmal und immer wieder die mit Warenproduktion verloren gegangene Einheit von Erzeugung und Verbrauch/Arbeit und Leben herstellt: Gerade indem er den ganzen Werdegang eines Produkts in der Hand behalten, überblicken will.

Mit "ganzeinheitlich" ist hier eine Form der Arbeitsteilung gemeint, in der aus einem umfassenden Gewerbe - (heute würde man "Berufsfeld" sagen) - weitere "Nahrungen", also eigenständige Gewerbe, "Berufe" ausgegliedert wurden; diese bleiben jeweils einer Person zugeordnet, in einer Hand.

Man könnte sich als Gegenstand dieser "Berufsteilung", die noch voll auf dem "Nahrungsprinzip" beruht, z. B. den vollen Gewerbebetrieb eines Schmiedes vorstellen,

" ... der nach alter Art ebensowohl Hufeisen, Pflugscharen, Radreifen, als auch Messer, Riegel und Nägel anfertigt. Aus diesem umfänglichen Produktionsgebiete wird eine Art von Produkten ausgeschieden und ihre Erzeugung von einem besonderen Arbeiter übernommen, eben dem Nagelschmied, während (zunächst, I. O.) der Rest der Produkte auch fernerhin der Arbeit des Schmiedes verbleibt ... Das Arbeitsverfahren ist beim Nagelschmied kein kürzeres und kein weniger umständliches als beim Schmied: Jeder bewegt selbst den Blasebalg, schürt das Feuer, glüht das Eisen und schmiedet das Produkt aus. Nur das eine hat sich geändert, daß jeder dieses Verfahren auf eine geringere Art von Güterspezies anwendet." (Bücher, ebenda, S. 127-8).

Mit "Berufsteilung" ist auch ein wesentlicher Unterschied zwischen der Konstitution von "Beruf" in der "einfachen" und in der "entwickelten, industriellen" Warenproduktion angesprochen: "Berufsteilung" meint eine ganzheitlich orientierte Arbeitsteilung. Der Arbeitende behält noch selbst den Umwandlungsprozeß vom Rohmaterial bis zur "Genußreife" und Übergabe an den Kunden in der Hand. Demgegenüber bedeutet Arbeitsteilung unter industriellen Arbeitsbedingungen einmal "Arbeitszerlegung" im technisch-funktionellen Sinn, aber auch eine Aufteilung der Arbeit derart, daß der einzelne Berufstätige seine bornierte Detailfunktion nicht mehr ohne weiteres in den gesellschaftlichen Arbeitszusammenhang sinnvoll integrieren kann.

Die Tendenz zum kleinen überschaubaren Betrieb, die Konzentration eines ganzen Umwandlungsprozesses in einer Hand und "Berufsteilung" sind Ausdrucksformen des "Nahrungsprinzips".

Die Sicherstellung der "Nahrung" als Stadtpolitik kann auch dahin interpretiert werden, daß so etwas wie ein "Markt" in seiner liberalistischen Bedeutung gar nicht existierte. Ein "freier" Markt für Güter und Gewerbe jeder Art wurde gerade verhindert und dadurch das Auskommen, die ständische Lebensführung jedes einzelnen Kaufmanns, Handwerkers, Lohnwerkers etc. garantiert.

Zünfte und Gilden waren aber nicht einfach nur ökonomische Interessenverbände im modernen Sinn. Solch eine simplifizierende Interpretation würde gerade ihrem Vermittlungscharakter nicht gerecht werden. Sie garantierten nicht nur die unmittelbare Subsistenz der Städter, indem sie Anzahl und Vielseitigkeit der Gewerbe und Produkte auf das Maß beschränkten, dem der Markt gewachsen war; sie schalteten damit zugleich die für Warenproduktion eigentlich typische Konkurrenz zwischen den einzelnen Gewerben aus. Deren Interessenidentität, -homogenität blieb soweit gewahrt, daß sich ähnliche Gewerbe in der gleichen Straße etc. ansiedelten u. a. auch, um die gleiche Qualität der Produkte zu kontrollieren, zu wahren.

Diese Art der Sicherung der "Nahrung" durch das Zunft- und Gildenwesen - die Einschränkung, oft Schließung des Marktes und die absolute Garantie gleicher Qualität der Produkte einerseits, und Gleichheit durch Festschreibung standesgemäßer Lebensführung andererseits (Bolte u. a. 1967 a, S. 269 f.) - verhinderte Isolation und Konkurrenz, jene typischen Merkmale moderner Berufstätigkeit.

Das bedeutete für die "zünftige" Berufsarbeit, daß die Handwerksarbeit ...

"ebensowenig als bloßes Mittel zum Gelderwerb erscheinen (konnte) wie als Bedingung des Aufschwunges in höhere Gesellschaftsklassen. Ein jeder sollte ja, ... in dem Berufe und Stande verbleiben, für den ihn Gott bestimmt hatte. Stadt und Zunft hatten aber durch ihr Taxwesen dafür zu sorgen, daß dem Handwerker seine auskömmliche Nahrung, sein standesgemäßer Lebensunterhalt gesichert blieb. Im übrigen kam es darauf an, die Arbeit so gut zu leisten, als man irgend vermochte ... Der Handwerker, der nicht mehr für den eigenen Bedarf, sondern für seine Mitbürger arbeitete, stand unter einer weit strengeren Zensur (als unter Eigenbedarfsdeckung -I. O.). Leistete er Ungenügendes, so fühlte sich auch die Körperschaft, der er angehörte, durch ihn kompromitiert ... Wie sehr man sich von seiten der Korporationen und Obrigkeiten bemühte, gute Arbeit zu sichern, beweisen die genauen Anweisungen, die über Herstellungsart und Qualität ergingen ... (Grundriss der Sozialökonomik II,- Herkner 1914, S. 185; Fischer 1972).

Auch an diesem Beispiel zeichnet sich ab, daß das "zünftige" Gewerbe nicht gut Paradigma für unser modernes Berufsverständnis sein kann: Individuelles Leistungsstreben, Tüchtigkeit des einzelnen, Mobilität räumlich oder im Sinne von Umschulung, Substitution, oder von Karriere-und Aufstiegsorientierung waren dem ständischen Denken fremd. Dies schildert besonders eindrucksvoll Fischer (1955) für die beginnende Auflösung des "Handwerks-Ethos" zur Zeit der Frühindustrialisierung. Dieser Ethos vereinigte "Frömmigkeit und sittlichen Charakter, gute Herkunft und ein genossenschaftliches Verantwortungsgefühl, wie handwerkliche Zuverlässigkeit, aus der das ehrliche Auskommen resultierte, das die standesgemäße Lebensführung in einem festen Familienkreis ermöglichte". Aus diesen fünf Momenten löst sich eines heraus und setzt sich als das wichtigste vor die anderen: Das berufliche Können.

Die Betonung der Leistung in dem Wertgefüge "Ehrbarkeit" macht das Gruppenethos zu einem Persönlichkeitsethos. Der "ehrbare" Handwerker repräsentiert seinen Stand, der "tüchtige" tendiert ihm zu entwachsen. Der Handwerker, der sich aus der Gruppe seiner Standesgenossen heraushebt, indem er den Prozeß der Rationalisierung der Arbeit zu dem seinen macht, ist in hohem Maße "tüchtig", aber er verliert seine "Ehrbarkeit".

Die korporative genossenschaftliche Eigenart von Handel und Gewerbe in einer mittelalterlichen Stadt, deren Orientierung am Prinzip "Nahrung", die Einheit von Leben und Arbeit im Familienbetrieb, geschützt durch die Schließung eines Marktes, das besondere Ethos usw. rekonstruieren noch einmal einen quasi subsistenzwirtschaftlichen, unmittelbar gebrauchsorientierten Lebenszusammenhang für die Arbeitenden. Diese Einheit ist jedoch nicht mehr naturwüchsig und unmittelbar erwachsen aus der Eigenart gebrauchsorientierter Arbeit, sondern "künstlich", d.h. hier: institutionell hergestellt. Die Korporationen sind solche Institutionen. Gerade deshalb können sie nicht nur als ökonomische Zweckverbände begriffen werden.

Damit kommt aber der "zünftigen" Arbeit eine Qualität zu, die sie eindeutig von der gebrauchsorientierten naturgebundenen Arbeit im "ganzen Haus" und auch von der Arbeit unterscheidet, die im wissenschaftlichen und alltäglichen Gebrauch "Beruf" genannt wird. Der Zusammenhang von "Leben" und "Arbeit", "Familie" und "Arbeit", auch von Erzeugung und Verbrauch, wird institutionell rekonstruiert und garantiert; daß es sich bei der "zünftigen" Arbeitsweise bereits um Arbeit für Tausch (ausschließlich), damit um eine Vorform "beruflicher" Arbeit im modernen Sinn handelt, bleibt zunächst verborgen.

" Hier ist noch einmal auf die Zünfte als eine konkrete Organisationsform von Berufen einzugehen. Als Honorationenverbände reflektieren diese einen historischen Entwicklungsstand der Arbeit, in dem der konkrete Arbeitsprozeß weitgehend von den Handwerksmeistern selbst bestimmt und beherrscht wird und noch nicht durch die objektive Kombination der Arbeitsmittel vorgeschrieben ist. Die Gewähr für die Qualität ihrer Arbeit liegt noch nahezu ausschließlich in der persönlichen Existenz, den persönlich überlieferten Traditionen, Kenntnissen und Geschicklichkeiten, (Vgl. dazu das auffällige Fehlen jeder inhaltlichen Bestimmung der notwendigen Tätigkeiten und Fähigkeiten in den Ordnungen zum Lehrlingswesen ...). Gleichzeitig reflektieren die Zünfte mit ihrer Berufsideologie gesellschaftliche Verhältnisse, unter denen die Produzenten selbst Eigentümer ihrer Produktionsmittel waren und ihre Reproduktionsverhältnisse trotz der sich entwickelnden Warenproduktion weitgehend mit den unmittelbaren Arbeitsverhältnissen zusammenfielen (Einheit von Arbeit und Leben - I. O.). Umgekehrt läßt sich aber auch in der engen ideologischen Verbindung von Leben, Selbstverwirklichung etc. mit dem Beruf eine Arbeitssituation reflektiert sehen, die trotz der zunehmenden Konkurrenz noch nicht von dem unablässigen Arbeits- und Leistungszwang geprägt ist, wie etwa die des heutigen Lohnarbeiters ..." (Tramsen, 1974 a).

2.2.4. Die "zünftige" Arbeit als Arbeit innerhalb "einfacher Warenproduktion"

Vielleicht ist es im vorhergehenden Abschnitt deutlich geworden, daß die "zünftige" Arbeitsverfassung auf den ersten Blick recht wenig mit "Beruf" im modernen Sinn zu tun hat: Es fehlt die Trennung von "Leben" und Arbeit, Familie und Betrieb, es fehlt das Prinzip vereinzelter Leistung, individueller Tüchtigkeit (bargaining), es fehlen Isolation und Konkurrenz, wenn auch nur idealtypisch betrachtet und ohne Berücksichtigung der Arbeit im Verlagswesen oder Lohnwerk; es fehlt die Möglichkeit, ständische Barrieren zu überwinden, diese werden in der Regel nicht als Grenzen empfunden. Noch ist die Krisenanfälligkeit des Marktes außer Kraft gesetzt. In dieser Form erinnert die "zünftige" Arbeit an die Arbeit und Arbeitsweise im "ganzen Haus" agrarisch-bäuerlicher Wirtschaftsweise.

Tatsächlich jedoch ist mit der "zünftigen" Arbeit, die zugleich Ausgangsmoment für die Entstehung und Weiterentwicklung beruflicher Arbeit darstellt, die Trennung von jener agrarisch-bäuerlichen Wirtschaftsweise bereits radikal vollzogen.

Radikal hat sich vor allem die Arbeit der Frau im Haus geändert. Die geschlechtsspezifische Arbeitsteilung im "ganzen Haus" war hauptsächlich "Produktionsteilung"[20]. Beide, Mann und Frau, arbeiteten unmittelbar gebrauchsorientiert für ihren gemeinsamen (einschließlich Gesinde) Alltagsbedarf (also: subsistenzwirtschaftlich) und jeder Arbeitsbereich (z. B. die weibliche Arbeit im und um das Haus oder die "männliche" Feldarbeit etc.) war für sich genommen selbständig, produktiv und autark. (Dabei wird hier nicht übersehen, daß vielleicht die Arbeit der Frau im Haus oder sogar für die Sicherung des Alltags bedeutsamer war, als die "männliche" Arbeit, daß letztere jedoch - man bedenke die Rolle des patriarchalisch organisierten Privateigentums - in der sozialen Hierarchie höher gewertet wurde.)

Jedenfalls war die Arbeit der Frau im "ganzen Haus" unmittelbar produktiv und reproduktiv, während die "Meisterin", solange ihr Mann lebt, ausschließlich reproduktive Funktionen für die Familie, d. h. auch Gesellen und Lehrlinge übernimmt; ihre Subsistenz bleibt jedoch einseitig abhängig von der kundenorientierten Warenproduktion des Mannes.

Hier in der Stadt und mit der Herausbildung von Berufen beginnt die allmähliche Hinwendung der Frau auf psychisch reproduktive Funktionen (Aries 1975, Mitterauer 1975, Shorter 1975) - produktive Arbeit wird der Frau sukzessive entzogen - der Markt wird zum ausschließlich männlichen Terrain. Zunächst gab es allerdings auch typisch weibliche Zünfte (Gewerbe), auch durfte die Frau bei Tod ihres Mannes das Gewerbe zunftgemäß weiterführen - diese Sitten schwinden so, wie auch Frauen von den neuen Universitäten ausgeschlossen werden (Bücher 1882, Ehrenreich/English 1975, Gubalke 1964, Hess 1940, Hughes 1968, Weinhold 1882, 2. Aufl.).

Die veränderte Qualität der städtischen marktorientierten Arbeitsverfassung zeigt sich also auch in einer besonderen geschlechtsspezifischen Arbeitsteilung, im Wandel der Arbeitsaufgaben für den handel- und gewerbetreibenden Mann und die jetzt reproduktiv arbeitende Frau. Diese Art geschlechtsspezifischer Arbeitsteilung wird charakteristisch für die Herausbildung von Berufen: Jede Berufsarbeit scheint auf solch ein unmittelbar reproduktives Korrelat angewiesen. Zwar leben noch alle unter einem Dach, im "ganzen Haus", aber die Arbeit ist für keinen mehr unmittelbar gebrauchsorientiert, es ist auch nicht einmal jede Arbeit "über den Markt" produktiv, nur die warenproduzierende Arbeit.

Gearbeitet wird auch in der "zünftigen" Arbeitsform, trotz "Nahrungsprinzip" und scheinbarer Einheit von Erzeugung und Verbrauch etc., nicht mehr unmittelbar für den Bedarf, sondern der Bedarf wird über den Ertrag einer Arbeit für den Markt (Tausch), über den im Marktgeschehen realisierten (Geld-)Tauschwert der Ware eingehandelt.

Das hergestellte Produkt hat daher nicht nur eine sichtbare konkrete Gebrauchsseite, es hat vor allem einen Tauschwert; es ist der Tauschwert der Ware, der die Produktion leitet - ganz anders als in einer Subsistenzwirtschaft. Der Wert der Ware kann geradezu als Abstraktion in ihrer konkret inhaltlichen Bestimmung - Schuhe, Nägel, Brot zu sein - begriffen werden.

Hat die Arbeit so ihren unmittelbaren Naturbezug abgestreift, beginnt sie (als "naturbeherrschende") auch ihre Naturbasis in Gestalt von Rohstoffen und Menschen zu verdrängen, also die Existenz natürlicher Voraussetzungen von "Arbeitsvermögen" einerseits und kontinuierlichen Warenabsatz andererseits, so verändern sich auch die Beziehungen der Arbeitenden untereinander.

Zunächst fehlt jetzt die "gemeinsame Gegenständlichkeit" (Ottomeyer 1973, S. 163 f.) zwischen Mann und Frau. Sie "ziehen nicht mehr am gleichen Strang" - allerdings hängt die Subsistenz beider von den Marktchancen der männlichen Arbeit ab.

Hier zeichnet sich bereits das ab, was später für die lohnabhängige kleinbürgerliche Familie die "Ausschließlichkeit emotionaler Beziehungen" bedeuten wird: Mann, Frau und Kinder betrachten sich nicht mehr als notwendige Arbeitseinheit zur Sicherung des alltäglichen Überlebens - "Liebe"[21] soll an die Stelle von Arbeit treten.

Die veränderte Qualität der Beziehungen aller Gesellschaftsmitglieder untereinander - der "Warencharakter" ihrer Beziehungen - ist in der "zünftigen" Arbeitsverfassung noch zurückgedrängt. Zwar gesellen sich die Arbeitenden - räumlich, privat etc. - nach der Gleichartigkeit der produzierten oder gehandelten Ware (vgl. Seilergasse, Färbergasse ...), aber von einer Versachlichung zwischenmenschlicher Beziehungen kann keineswegs die Rede sein. Noch bleibt die "Ehrbarkeit" des Handwerkers, des Kaufmannes, seine ehrliche Herkunft, sein Wissen um Tradition etc. vor sachlichen Argumenten bedeutsam (Leistung z. B.). Noch könnte man die Homogenität der Korporationen, die auf der Gleichartigkeit eines Produkts beruht, als "Ideologie" interpretieren, die den tradierten, ganzheitlichen, auf der Gleichheit der Arbeit für alle gründenden, bäuerlichlich-agrarischen Lebenszusammenhang rückruft.

Aber gerade die Tatsache, daß sich die Arbeitenden nach der Art ihrer Produkte, ihrer "Waren" organisieren, gerade die Tatsache, daß die Korporationen auf einer jeweils spezifischen Ware aufbauen, läßt doch den eigentümlichen (Waren-)Charakter des Zusammenlebens hervortreten.

" Auf den ersten Blick merkwürdig erscheint, daß die Warenproduzenten gerade umgekehrt zu ihrem gesellschaftlichen Kontakt auf dem Markt sich nach der Gleichartigkeit ihrer Produkte oder Warenkörper in Berufsverbänden, Zünften, Gilden etc. zusammenschließen. Aber eben nur als Produzenten und Eigentümer derselben Art von Waren sind sie sich noch ähnlich, können sie miteinander sich verständigen, in (scheinbar) unmittelbaren Kontakt miteinander treten. Entsprechend der gesellschaftlichen Arbeitsteilung erscheint hier die Gesellschaft selbst geteilt in die Vielzahl von Berufsgruppen etc. ... Die Interessen der anderen (Berufsgruppen) bleiben ihnen fremd und tendenziell feindlich ... (Tramsen 1974 b, S. 5),

Der gesellschaftliche Lebens- und Arbeitszusammenhang wird auch in der "zünftigen" Arbeitsverfassung doch letztlich über den Austausch von "Waren" hergestellt - bzw. bildlich gesprochen: "Über den Markt". Dieser stiftet den gesellschaftlichen Zusammenhalt und den "Sinn" der Arbeit - trotz der (für uns) unverständlichen Zunftrituale, die für den Außenstehenden und Arbeitenden selbst in keinem sinnfälligen Zusammenhang zum "Warencharakter" der Arbeit zu stehen scheinen, diesen geradezu verbergen.

Was aber heißt "Warencharakter" der Arbeit bzw. der zwischenmenschlichen Beziehungen?

Gemeint ist damit zunächst, daß sich die Menschen gegenseitig nur noch als "Anhängsel" ihrer vereinzelt hergestellten oder erhandelten Güter begegnen und anerkennen. Der hinter der "Ware" oder dem "Beruf" stehende Mensch erscheint nicht. Selbst außerhalb der gewerblichen und händlerischen Arbeit beziehen sich die Arbeitenden aufeinander als Warenbesitzer.

Die Gesellschaftlichkeit der einzelnen isolierten "Marktlieferanten" (Warenbesitzer: Gewerbetreibende, Händler, für den Markt produzierende Bauern), ihr gemeinsamer Arbeitszusammenhang, wird jetzt erst auf dem Markt sichtbar.

Als Warenbesitzer sind die Arbeitenden zunächst Eigentümer von besonderen Gütern, die eine konkrete Brauchbarkeit besitzen oder zumindest ein Gebrauchsversprechen[22], an dem die anderen Marktteilnehmer interessiert sind. Das ist aber nur eine Seite der angebotenen Ware und nur ein Aspekt unter dem der Warenbesitzer erscheint.

Jedes Produkt steht zugleich zu jedem anderen in einer Beziehung, dem Warenwert, gemessen in der für die Herstellung des Produktes benötigten Zeit (einschließlich Reproduktionskosten des Produzenten selbst).

Eine eingehende Analyse der Warenform und ihrer Bedeutung ist hier nicht möglich und für die vorliegende Arbeit auch nicht sinnvoll: Wichtig ist die Veränderung der Arbeit - weg von unmittelbarer Bedarfsorientierung und vom Leben im "ganzen Haus" mit seinen spezifischen Beziehungen der Arbeitenden (also auch von Mann und Frau) untereinander: die "Warenform" beginnt menschliches Handeln, Normen und Situationsdeutungen zu leiten, sie wird verinnerlicht, zur "Denkform" (Sohn-Rethel 1971); daß Verinnerlichung der "Warenform" in der Familie z. B., also jenseits der unmittelbar tauschbezogenen Arbeit in einer jetzt "arbeitsfreien" Sphäre, etwas anderes bedeutet als in der Tauscharbeit selbst, liegt nahe (vgl. Backhaus 1969, Jakubowski 1968, Lukacs,1970, MEW 23, 1971).

Mit dem Verhältnis der Arbeitenden zur Arbeit als jeweils konkrete Auseinandersetzung mit der inneren und äußeren meschlichen Natur hat sich auch das Verhältnis der Menschen untereinander geändert: In der bäuerlichen subsistenzwirtschaftlich orientierten Lebensweise war der Arbeitende unmittelbar der Willkür und Unberechenbarkeit der äußeren Natur ausgesetzt - als "Warenbesitzer" erscheint er als bloßes Anhängsel seiner Ware, ausgeliefert der Willkür der Marktgesetze. Auch ist die warenproduzierende Arbeit an sich nicht mehr selbstverständlich und sinnvoll, in dem Maße vor allem, wie der Handwerker etc. seinen Kunden aus den Augen verliert, d.h. z.B. auf Vorrat arbeitet. Mit der Trennung von "Erzeugung und Verbrauch" in der warenproduzierenden Arbeit, mit der Distanz des Arbeitenden zum Adressaten seiner Arbeit ist der erste Schritt zur "Gleichgültigkeit des Arbeitenden gegenüber seinem Produkt" und der Zielsetzung der Arbeit selbst vollzogen.

In diesem Abschnitt wurden einige Merkmale eingeführt, die wirklich angemessen nur für den Berufsbegriff unter entwickelter industrieller Warenproduktion gelten können.
Solche Merkmale wären etwa

- eine besondere Beziehung des Menschen zu seiner eigenen Natur und natürlichen Umwelt, die im weiteren "Naturbeherrschung" (durch Abstraktion von dieser natürlichen Basis) genannt werden soll, ferner
- besondere "abstrakte" (weil tauschvermittelte) Beziehungen der Menschen untereinander, andererseits - da wo die Tauschsphäre

scheinbar endet - ausschließlich "arbeitsfreie" emotionale Beziehungen - außerdem, was damit zusammenhängt.

- Die Trennung von Arbeit und Familie, Erzeugung und Verbrauch, wodurch zwangsläufig
- eine besondere Einweisung der Arbeitenden in den Arbeitsvollzug nötig wird, da mit der Spezialisierung auf nur ein Produkt alltägliches Wissen durch Sonderwissen verdrängt wird, womit u. U.
- der unmittelbare Sinnbezug der Arbeit schwindet und einer gewissen Gleichgültigkeit Platz macht.

Solche Merkmale sind in der "zünftigen" Arbeitsverfassung angelegt, zum Teil bereits voll wirksam und der Ursprung unseres Berufsbegriffs ist sicher in dieser Zeit zu suchen. Man könnte von "einfacher Warenproduktion" in einer noch ständisch-feudalen Welt sprechen, oder besser von der Entstehung einer ausschließlich marktorientierten tauschbezogenen Wirtschaftsweise, begünstigt durch den spezifischen alteuropäischen Feudalismus. Es ist die "gemütliche Seite" (Marx)[23] der beginnenden Warenproduktion.

Statik und Geschlossenheit sind nicht nur ein Moment jeder naturgebundenen, vorwiegend agrarischen Subsistenzwirtschaft, sondern zunächst auch ein Kennzeichen der marktorientierten Wirtschaftsweise, die ja ihren Ausgangspunkt in einer feudalistischen Verfassung der Gesellschaft nimmt. "Ständische Lage" und "ständische" Lebensführung - was immer auch die Unmöglichkeit sozialer "Mobilität" bedeutet - sind deren adäquate Ausdrücke: im Begriff "Stand" ist enthalten, daß noch nicht allein ökonomische (tauschrelevante im Sinn von Zeit- und Kostenökonomie) Interessen Arbeit und Leben beherrschen, daß dieser "Rationalisierungsprozeß" erst beginnt - nicht bei den Handwerkern und Kaufläuten, sondern zunächst in den flandrischen und oberitalienischen Wechselstuben und - etwas später - beim sich herausbildenden "Berufsbeamtentum". (Fischer 1955). Die Arbeitenden sind noch nicht "Arbeitskräfte" (Waren, d.h. auch vergleichbar und berechenbar), sondern noch "Bürger" (Handwerker und Kaufleute), Adlige und Bauern.

" Es sind nur Gradunterschiede, die das handwerkliche Bürgerethos von dem kaufmännischen trennt, und der Kleinkaufmann unterscheidet sich auch darin kaum vom Handwerk. Schon die Ähnlichkeit der

Lehrzeit ist frappant, und bis in die Gegenwart hinein sind auffällige Parallelen in der Denkungsart und Arbeitsweise des kleinbürgerlichen Kaufmanns und des Handwerkers zu beobachten, von der gefühlsbetonten Bindung an die traditionell betriebene Arbeit ... bis zum Ideal einer berufsständischen, konkurrenzfreien Gesellschaftsordnung. Die Idee der berufsständischen Ordnung entspringt "ehrbarem" Denken. Denn ehrsam ist, wer bei seinem Leisten bleibt und sich redlich im Lande nährt, tüchtig, wer jeden gebotenen "job" ergreift und in allen Lebenslagen sich zu behaupten versteht. Ehrsamkeit verlangt die treue Bewahrung des erlernten Berufs, der dem Meister als Amt übertragen ist. Tüchtigkeit ist die Fähigkeit zur Anpassung an die Verhältnisse ...

Das bürgerliche Ethos der Tüchtigkeit kann nur in einer Gruppe entstanden sein, die vom Bürgerethos der altständischen Welt ausgenommen war, und das ist jener eigentümliche Stufenleiterstand der Beamten. Hier begann zuerst die persönliche Leistung schwerer zu wiegen als die Geburt und hier wurde auch - in anderer Form als beim Handel-jene Rechenhaftigkeit verlangt, die man so gerne als Kennzeichen des modernen Geistes ansieht ... Der "kapitalistische Erwerbsgeist", der nach maximalem Gewinn strebt, ist nur die wirtschaftliche Sonderform eines allgemeinen Leistungsethos, so wie die Idee der "Nahrung" als ökonomische Haltung dem Bürgerethos der "Ehrbarkeit" zugeordnet ist. Der Rationalisierungsprozeß, den Max Weber mit Recht in den Mittelpunkt der Entstehungsgeschichte der modernen Welt rückt, hat außer in den ober- Wechselstuben, den flandrischen Kontoren und Londoner Banken auch - und vielleicht zuerst - an den Universitäten des Abendlandes, in den Arbeitsstuben ... der Gelehrten und in den Kanzleien und Feldquartieren der absolutistischen Staaten stattgefunden ..." (Fischer 1955, S. 88-89; ähnlich Brunner 1968, 2. Aufl.).

M. E. ist gerade diese "Zweischichtigkeit" der zünftigen Arbeit - Arbeit für Tausch zu sein und am Prinzip der "Nahrung" (Bedarf) festzuhalten - ein wesentlicher Hinweis für ein Verständnis der Berufskategorie. Die ständisch-feudale marktorientierte Arbeit bildet sozusagen eine Klammer zwischen einer ursprünglichen, ausschließlich gebrauchsorientierten Wirtschaftsweise im "ganzen Haus" und der beginnenden Industrialisierung mit dem Eindringen von "Arbeitszeitnorm" bzw. der Möglichkeit quantifizierbarer Leistung der Kombination Mensch/Maschine.

2.3. Beruf in der "entwickelten Warenproduktion": Arbeit für Tausch und "Warenform" des Arbeitsvermögens

Die "zünftige" Arbeitsweise ist noch nicht Beruf, sondern ein historischer Vorläufer, vielleicht sogar eine notwendige Übergangsstufe für Beruf. Berufliche Arbeit kann erst richtig nach der Auflösung der ständisch-feudalen Bindungen der einfachen warenproduzierenden oder warenhandelnden Arbeit entstehen. Diese Auflösung soll hier "Säkularisierung" der korporativen Arbeit genannt werden.

2.3.1. Die Säkularisierung der "zünftigen" Arbeits- und Lebensweise

"Beruf" ist tatsächlich die säkularisierte Form der zünftigen Arbeit. Alle askriptiven und ständischen Merkmale werden aufgelöst (Herkunft, Geschlecht, Alter, Ehrbarkeit als deren umfassender Begriff) zugunsten einer individuellen Leistungsfähigkeit; mit der akkumulierten, tradierten Erfahrung, dem empirischen Alltagswissen um innere und äußere Natur des Menschen wird radikal gebrochen - also auch mit einer auf Erfahrung gegründeten Tradition in Arbeits- und Lebensweise. Im Zeichen der neuen mathematischen (quantifizierenden) Naturwissenschaft wird das auf sinnlicher Erfahrung gründende Naturwissen, der tradierte Umgang mit dem Material, dem Körper, den Werkzeugen zum Unwissen (vgl. Harless 1830, Seidler 1970, Sigerist 1963). Die "zünftige" Arbeit wird verweltlicht: Sie hört auf, ein von Gott übertragenes Amt zu sein (Herkner 1914, S. 185). In diesem Säkularisierungsprozeß entsteht der "freie" Arbeiter - frei, weil affektive und askriptive z.B. ständische Bindungen für die Erfüllung der Berufsarbeit unwesentlich, ja oft hinderlich werden; es entsteht "Beruf" als Warenform des Arbeitsvermögens, als Vermittlungsinstitution zwischen "freiem" lebendigem Arbeitsvermögen und seiner Verwertung. Was in der "einfachen Warenproduktion" durch das Festhalten an "Nahrung" (Bedarf) und Ehrbarkeit (Herkunft, Qualität von Arbeitsweise und Lebensführung) garantiert wurde - die Vermittlung zwischen vereinzelten Individuen unter ausschließlichen Tauschbedingungen und Gesellschaft - wird jetzt Rolle des Berufs. Von Beruf kann also gerade dann gesprochen werden, wenn der einzelne Arbeitende nicht mehr automatisch durch Geburt und Herkunft, durch seinen "Stand" in einer Gesellschaft verwurzelt ist. Erst die berufliche Form seiner Existenz verleiht ihm Gesellschaftlichkeit und umgekehrt fühlt er sich erst durch seine Berufstätigkeit als gesellschaftliches Individuum: Beruf wird zum identitätsstiftenden Alltagsphänomen.

" Als allgemeine Erscheinungen der Warenproduktion sind Berufe zunächst einmal verschiedene, gegeneinander mehr oder minder getrennte und isolierte Komplexe konkret nützlicher Tätigkeiten sowie entsprechender Fähigkeiten oder Eigenschaften der Berufstätigen. Schon in dieser Bestimmung sind sie Ausdruck und Vermittlung des zentralen Widerspruchs der Warenproduktion, nämlich dem zwischen der gesellschaftlichen Bestimmung der einzelnen Teilarbeiten einerseits (ihrem Gebrauchsversprechen - I. O.) und ihrer tatsächlichen Vermittlung über den Markt andererseits, auf dem von ihrer konkreten Form abstrahiert und nur noch ihr Wert (bzw. die aufgewendete Arbeit überhaupt) gemessen wird. Bleibt so dem einzelnen gegenüber die gesellschaftliche Bestimmung der konkreten Tätigkeit abstrakt, so muß sie ... gleichsam rekonstruiert werden, wobei gleichartige Tätigkeiten entsprechend gemeinsame "Rekonstruktionen" nahelegen. In diesem Sinn sind Berufe notwendige "Rekonstruktionen" der gesellschaftlichen Bestimmung der konkret nützlichen Form von gegeneinander mehr oder minder isolierten Tätigkeiten sowie entsprechenden Fähigkeiten oder Eigenschaften." (Tramsen 1974 a)

Historisch entstehen Berufe erst, nachdem die in der zünftigen Arbeitsverfassung garantierte Einheit von Arbeit und Leben aufgebrochen wurde - als Rekonstruktion des gesellschaftlichen Arbeitszusammenhangs.

Berufe entstehen damit gewissermaßen erst als Ersatz für die zunehmende Unfähigkeit der Arbeitenden, einen sinnvollen Zusammenhang zwischen ihren jeweiligen Tätigkeiten oder einen Zusammenhang zwischen dem auslösenden Bedürfnis, dem herzustellenden Produkt und seiner Verwendung zu sehen. Aus der Perspektive des Individuums können die isolierten Teilarbeiten nicht mehr in einen sinnvollen Zusammenhang gebracht werden.

Deshalb müssen Berufe auch da nicht entstehen, wo diese "Synthesisleistung", also die Rekonstruktion eines sinnvollen gesellschaftlichen Zusammenhangs der Arbeit noch wesentlicher Bestandteil der Arbeit selbst ist oder mit einer ständisch-feudalen Gesellschaftsverfassung zusammenfällt (also z. B. beim Bauern, beim zünftigen Handwerker oder Kaufmann). Man spricht gewöhnlich auch da nicht von Beruf, wo diese Synthesisleistung in der Arbeitsplatzstruktur aufgehoben oder unmittelbar durch die Anweisung des Vorgesetzten garantiert wird.

Es gibt tatsächlich eine "säkularisierte" (hier: berufliche) Arbeit, in der sich der Berufsbegriff als Rekonstruktion des Zusammenhangs von "Leben" und "Arbeit" als sinnlos und überflüssig erweist: Ich denke hier an die durchaus berufliche Tätigkeit des un- und angelernten Industriearbeiters: Inhalt und Zweck seiner Arbeit müssen nicht erst beruflich rekonstruiert werden; er arbeitet - wie der traditionelle Bauer , auch noch der "zünftige" Meister ("Nahrung") - unmittelbar, um zu überleben (vgl. die "instrumentelle" Orientierung des Arbeiters, sein Interesse ausschließlich am Lohn!). Diese instrumentelle Orientierung wird gefördert durch eine technisch-organisatorische Organisation des Arbeitsvollzuges, die dem einzelnen keine Möglichkeit läßt, aktiv und initiativ in den Arbeitsprozeß einzugreifen; (die) der Arbeitende verhält sich ähnlich dem "Bauern", der Mutter oder dem "archaischen" Menschen "kontemplativ", verharrend, passiv etc. gegenüber seiner eigenen, von ihm nicht berechenbaren Umwelt, beim Arbeiter zu seiner nicht von ihm organisierten Arbeitsaufgabe: Viele industrielle repetitive Teilarbeiten erhalten daher einen quasi naturwüchsigen Charakter und der Arbeitende selbst unterwirft sich dieser beruflichen Arbeit nur, um zu leben. Es ist daher durchaus richtig, wenn man in der Alltagspraxis diese Arbeit nicht als Beruf bezeichnen möchte. Sie erscheint noch nicht "säkularisiert", als freie von allen Bindungen losgelöste Entscheidung.

Dieser "Säkularisierungsprozeß" ist eine Seite des umfassenden Rationalisierungsprozesses, der schließlich "Beruf" notwendig hervorbringt; und zwar die Seite, wo persönliches und gesellschaftliches Individuum auseinanderfällt[24], ganz anders als in einer ständischen oder primär naturgebundenen gebrauchsorientierten Organisation der Arbeit, wo Arbeitsweise und Lebensweise unmittelbar identisch sind. Die "Sozialstruktur", "Normstruktur", ist hier noch unmittelbar mit den Reproduktionsformen der Gesellschaft verbunden, man kann von einem

"Durchschlagen" der inneren und äußeren Natur auf die Sozialstruktur sprechen.[25]

Mit "Säkularisierung" soll hier weniger eine Lockerung religiöser Bindungen, sondern die Auflösung ständischer und familiärer Bindungen beschrieben werden - das was Goode (1963, S. 242) als Umwandlung der Familie zu Beginn der Industrialisierung beschreibt: Der einzelne ist "freed from land, freed from tool", mit der Auflösung der "family ties", damit auch der "family-based economic and material security" gerät die Familie zum typischen modernen Arbeitnehmerhaushalt. An die Stelle des von Generation zu Generation tradierten Arbeitszusammenhangs, der unmittelbar zusammenfällt mit der ständischen Lebensweise, tritt nun die beruflich organisierte individuelle Leistung des freien Arbeitenden.

> " Allocation by achievement violates the family values of all other systems, for it is ultimately individual in character - talent and skills are individual, not family traits. Rapid industrialization, as an allembracing goal, would, therefore require family ties to be reduced as much as possible" (ebenda).

"Säkularisierung" heißt eigentlich "Verweltlichung", Auflösung religiöser und/oder unmittelbar naturwüchsiger Bindungen menschlicher Existenz (Arbeit). Dabei wird diese Säkularisierung von einem religiösen Motiv getragen, der Wendung der calvinistisch-puritanischen Ethik zur "Welt": Die menschliche Hingabe an die rastlose, nüchterne (kunstlose, -feindliche) Erwerbsarbeit, Die Lösung der Arbeit vom unmittelbaren Bedarf erscheint "als bestes Mittel um der certitudo salutis inne zu werden" (Herkner 1914, S. 186).

Es versteht sich von selbst, daß nicht die protestantische Ethik den ausschließlich erwerbsorientierten Kapitalismus hervorbrachte, sondern selbst Ausdruck tiefgreifender Veränderungen im gesamtgesellschaftlichen Reproduktionsprozeß war: Dieser Säkularisierungsprozeß muß im Zusammenhang z. B. mit einer fortschreitenden Auflösung des für die dörfliche Gemeinschaft lebensnotwendigen Gemeindelandes, einer Zusammenlegung der Parzellen und deren marktorientierte Nutzung durch den Grundherrn gesehen werden; ferner mit einer z. T.

dadurch bedingt zunehmenden "Überbevölkerung" im Sinne "nahrungs-" weil besitzloser Bauern, Häusler, Lohnwerker und deren Landflucht[26], mit einer "Nahrungslosigkeit" freier Gesellen, Lohnwerker und der Krisenanfälligkeit des Luxusgüter-Markts unterworfenen Luxusarbeitern, die in der Stadt - gegen die Sitte, d.h. ohne "Nahrung" (Besitz, Meisterschaft etc.) - Familien gründeten; es gab akkumuliertes Kapital in den Händen von Fürsten, Grundbesitzern, Verlegern und Luxusproduzenten, und es begann die allmähliche Umstellung einer kunden-/bedarfsorientierten Produktion auf Massenproduktion (vgl. dazu Pinchbeck 1974).

> " ... Nicht Reichtum und Besitz sind verwerflich, sondern nur das Ausruhen auf dem Besitze und der Genuss des Reichtums. Die Erwerbsarbeit findet keine Schranke mehr in dem eigenen Bedarf, sie wird oberste Pflicht schlechthin ... Dieser Gesichtspunkt gilt für Arbeitgeber und Arbeiter grundsätzlich in gleicher Weise, ist aber, da er dem Kapitalinteresse tatsächlich besser Rechnung trägt als den Wünschen der Arbeiter, rascher auf seiten der bürgerlich-kapitalistischen Klassen in Fleisch und Blut übergegangen" (Herkner 1914, S. 186).

Die freien (bindungslosen) Arbeiter müssen sich nach "Arbeit umsehen", der angehäufte Reichtum muß weiter produktiv eingesetzt werden.

> " Mehr und mehr beginnen Kaufleute (nicht nur - I. O.) Handwerker zu "verlegen" ... Dadurch geht für die gewerblichen Produzenten nicht nur die Selbständigkeit, oder sofern sie Gesellen sind, die begründete Aussicht auf eine einst zu erringende Selbständigkeit verloren, sondern es wird auch das heilsame Band unmittelbarer Beziehungen durchschnitten, das bei der "Kundenproduktion" des Handwerks Erzeuger und Verbraucher verknüpfte. Der Verleger, der einen Handwerker beschäftigt, besitzt kein unmittelbares Interesse an Gebrauchs- und Kunstwert eines Produktes: Für ihn kommen diese Eigenschaften nur so weit zur Geltung, als sie die Verwertungsbedingungen auf dem Markte berühren ..." (ebenda, S. 187).

Wie hat der einzelne die Auflösung der zünftigen Arbeit, den Niedergang seiner auf tradiertem empirischem Wissen gründenden Kunstfertigkeit, den Verlust seines "Produzentenstolzes" erfahren? In einigen autobiographischen Romanen schreibender Handwerksgesellen und -meister ist die "historische Schwelle", an der Beruf entsteht - ist der Zusammenbruch ständisch-feudaler und quasi bedarfsorientierter Lebensformen festgehalten.

Den Gewerbegesellen D e w a l d bekümmert zunächst die verlorene Gastlichkeit des Hauses des Meisters; Bewirtung und Unterkunft ist nicht mehr selbstverständlich - der Meister ist bloß mehr Arbeitgeber. Er vermißt eine Orientierung der anderen Gesellen an der Qualität der Arbeit, es ist nicht mehr das gemeinsame (zünftige) Interesse an Qualität, Kunstfertigkeit, das Gesellen, Lehrlinge und Meister zusammenbindet.

" ... Eine zunftmäßige Aufführung ist überall unter den Kollegen nit zu finden und kein Umgang, wie unter ordentlichen Gesellen. Zudem gefällt mir das Arbeiten nit, dieweil jeder den langen Tag die gleiche Arbeit verrichten muß und derweil das Ganze aus den Augen verliert ... Wegen meiner Arbeit, die ich mit allem Fleiß tat, verlachten mich meine Mitgesellen und redeten einher, als wäre es gerad recht, soviel wie möglich zu faulenzen. Der Pollak sei ein Reicher und zahle schlecht genug. Ich verfiel aber nit auf ihr Gered und gab ihnen gut Antwort: ein Reicher hätt nit minder Sorgen, nur anderer Art ... So wurde ich gehänselt, wo meine Mitgesellen nur glaubten, irgend Ursach zu haben, meinten dazu, ich verdürb ihnen die Arbeit und verfielen am End auf arge Possen ..." (Zit. nach Emmerich 1975, 2. Aufl., S. 71-72).

Auch Fischer faßt den Umbruch in Arbeits- und Lebensweise am Beispiel D e w a l d zusammen:

" D e w a l d arbeitet bei ehrbaren Meistern und in großen Fabriken und seine Aufzeichnungen sind ein treuer und sehr feiner Barometer für Sitte und Gesinnung unter den Handwerksleuten. Als es ihm in Prag zum ersten Male begegnet, daß er nicht beim Meister wohnen kann, vermerkt er es erstaunt und ärgerlich in seinem Tagebuch. Den langen Tag in der Fabrik die gleiche Arbeit verrichten zu müssen, und dabei das Ganze aus dem Auge zu verlieren, behagt ihm nicht ... "kann mich ... nit drein schicken und mein immer ich triebe mein Gewerbe nur halb." Am tiefsten verletzte ihn, daß die Fabrikherren in Mailand - denn Meister gibt es dort nicht mehr - ihn als einen Bettler ansehen, als er sie nach alter Zunftsitte um das "Geschenk" anspricht ..." (1955, S. 92).

Versetzt man sich zurück in die Zeit ständisch-feudaler Arbeits- und Lebensformen, in das durch sie gesetzte Verhältnis Mensch/Natur (Arbeit), das die Menschen in einer permanenten angstvollen "Naturverfallenheit" hält - vergißt man zugleich die "social costs", die zerstörte innere und äußere Natur als Folge einer naturbeherrschenden industriellen Wirtschaftsweise, so enthält jener Säkularisierungs- oder Rationalitätsprozeß ein ausgesprochen emanzipatorisches Moment.

Nicht nur, daß mit dem Bruch ständisch-familiärer herkunftsbezogener Bindungen zumindest theoretisch jedem Arbeitenden der Wechsel des Gewerbes, der Sprung aus seinem "Stand" möglich wird - auch die Arbeitsweise selbst ändert sich: Sie wird vielseitiger, vielfältiger. Hatte die zunftmäßige Arbeit den Arbeitenden in eine Tradition der Materialwahl, -kombination, -behandlung etc. fixiert, so ermöglicht erst deren Auflösung neue Techniken, Materialvielfalt, Talente, die über die bornierte Tätigkeit hinausgehen, erfinderisch sind. In dem Moment, wo eine Lösung der Arbeit vom unmittelbaren (Überlebens-) Bedarf möglich wurde, scheint die Steigerung der Produktivität der Arbeit, damit auch die Vielfältigkeit und Universalität menschlicher Fähigkeiten grenzenlos. Tatsächlich reflektierte die ständisch-feudale und/oder zünftige Arbeitsweise, ihr Beharren auf tradiertem, nur bei Strafe zu veränderndem empirischem Wissen, die unmittelbare Orientierung der Arbeit an Überleben etc., ein hoffnungsloses "Gekettetsein" des Menschen an seine natürlichen Existenzgrundlagen.[27] Mit der Säkularisierung, der "Aufklärung", der Möglichkeit, die Natur allseitig technisch-ökonomisch und wissenschaftlich zu beherrschen (Schmidt 1971, S. 81), tritt Arbeit in eine selbstbewußtere Phase menschlicher Naturaneignung.

Andererseits hat eine wirkliche Befreiungder Arbeit aus ihrer Naturabhängigkeit, die sich auf den ersten Blick als Rest ständisch-feudaler, traditionalistischer Lebensweise zeigt, bis heute nicht stattgefunden.

Auch die säkularisierte, "naturbeherrschende" Arbeit bleibt naturgebundene Arbeit: Eine wirkliche Verdrängung des Naturbezugs der Arbeit - lebendiges Arbeitsvermögen, Bedürfnisse und natürliche Umwelt - kann nicht stattfinden.

" Der Mensch kann in seiner Produktion nur verfahren, wie die Natur selbst, d.h. nur die Formen der Stoffe ändern ... Indem die Menschen die im Naturmaterial "schlummernden Potenzen" entbinden, "erlösen" sie es: Das tote An-Sich in ein lebendes Für-Uns verwandelnd, verlängern sie gleichsam die Reihe der von der Naturgeschichte hervorgebrachten Gegenstände ... Zugleich aber muß beachtet werden, daß die ingeniösesten menschlichen Erfindungen verwiesen sind auf das, was die Naturbasis der Möglichkeit nach in sich birgt ..." (ebenda, S. 74, 76)[28]

Die Säkularisierung der Arbeit brachte also die Freiheit des Arbeiters, die Auflösung aller askriptiven und ständischen Bindungen, die Trennung von Bedarf und Arbeit, Leben und Arbeit mit sich. Der einzelne Arbeiter war nicht länger an eine bestimmte Arbeitstradition, ein Material etc. fixiert, jedes Arbeitsverfahren wurde prinzipiell möglich. An die Stelle der aufgebrochenen Einheit von Leben und Arbeit, empirischen Wissen und Arbeit, Arbeitsvermögen und Arbeit tritt "Beruf" als Rekonstruktion des gesellschaftlichen Zusammenhangs der Arbeit.

2.3.2. Die "Profession" als typische "säkularisierte" Arbeit

Bei aller Kunstfertigkeit und "Werkseligkeit" der zünftigen Arbeit, trotz ständischer Barrieren etc., beruhte sie noch immer nicht auf einem "Spezialwissen", das zum alltäglichen allgemein verfügbaren Wissen jede Beziehung verloren zu haben scheint. Es ist noch Erfahrungswissen, das den Kunden, den Adressaten der Arbeit nicht zum Unwissenden, Inkompetenten, macht. Im Gegenteil: Die einfache warenproduzierende, noch bedarfs-, weil kundenorientierte Arbeit setzt ja gerade die Fähigkeit des Kunden voraus, das von ihm gewünschte Produkt darzustellen und schließlich auch seine Qualität zu beurteilen. Jede Arbeit - ganz sicher die gebrauchsorientierte agrarische - die nach Art, Umfang und Technik noch auf den Alltagsbedarf einer Gemeinschaft zugeschnitten ist, beruht auf einer Methode der "Wissensaneignung", wie sie alltäglich und jedem zugänglich ist: Auf unmittelbarem Erfahrungslernen und dessen Weitergabe.

In diesen Zusammenhang gehört sicher die bis heute währende Abneigung mancher Menschen gegen Spezialisten und die Schwierigkeit von Ärzten und Tierärzten z. B. noch im 19. Jahrhundert in ländlichen Gegenden Fuß zu fassen: Wie konnte man sich oder seine Tiere einem Fremden anvertrauen, der von so alltäglichen Dingen wie Bodenbearbeitung, Viehzucht, überhaupt vom Leben auf dem Land so wenig Ahnung hatte? Wie sollte man seiner "Kompetenz" glauben, wenn doch sein Alltagswissen in keiner Beziehung zur Alltagspraxis der Klienten stand?

> " all these (soil mechanics and crop rotation - I. O.) are practical questions of great importance to every intelligent planter of farmer; and if the physcian to whom they naturally look, and to whom they apply for correct information, is unable to give it, the reflection occurs to the planter, that, after all, the doctor does not know much more than other men, ... His position as a man of scientific knowledge is necessarily forfeited ..." (Zit. nach Kett 1968, S. 167-8, vgl. auch Leoprechting 1855).

Die auf einem nicht-alltäglichen Spezialwissen beruhenden Professionen konnten sich daher nur unter der Obhut von Fürsten etc. und mit Hilfe herrschaftlicher Erlaße, Gerichtsverfahren, die "Nichtprofessionelle" verurteilten und zugleich genau festlegten, was z. B. medizinische Diagnose und Therapie sein konnte und durfte, durchsetzen. (Vgl. Ehrenreich/English 1975, M. J. Hughes 1968). Hier beginnt allein die berufliche Fachkompetenz zu definieren, wo Krankheit beginnt und endet, was Gesundheit ist. "Beruf" als verobjektivierte Fachkompetenz vermittelt zwischen bedürftigem Individuum und der Art der Problemlösung.

Gerade bei den Berufen, die sich wohl am wenigsten als Arbeit für Erwerb oder als Arbeit für Tausch begreifen, bei den Professionen, kann man historisch vielleicht zuerst von einer Ablösung des Laienerfahrungswissens durch ein nach außen, gegen äußere Kontrolle abgeriegeltes Spezialwissen sprechen. (Archaischer Vorläufer waren vielleicht die vom Stamm immer schon gesonderten Zauberer, Medizinmänner. Auch die Arbeit der nicht mehr bedarfsorientierten fürstlichen etc. Luxusarbeiter, auch z. B. die der Dombauhandwerker basiert auf solch einem (oft geheimen) Spezialwissen; letztere haben sich bekanntlich in eigenen geheimen Bünden zusammengeschlossen).

Der "code of ethics", inhaltliche und formale Prinzipien professioneller Arbeit, die z. B. "Werbung" verbieten, eine bestimmte Ausbildung, Lebensführung, Gebührenregelung vorschreiben, rekonstruiert das "Gebrauchsversprechen" der professionellen Arbeit, sichert die Kompetenz (Carr-Saunders 1928).

In der Profession sind von Anfang an alle für Berufsarbeit wesentlichen Momente enthalten: Die Trennung von Arbeit und Familie, die Unabhängigkeit der Bedürfnisdefinition von der konkreten Person, meist thematisiert als Rationalität, Werturteilsfreiheit, Sachbezogenheit, die Betonung einer funktional spezifischen Fachkompetenz als Basis des Berufs, eine entsprechende außerhäusliche wissenschaftliche Ausbildung, die bewußt mit dem Wissen, dem Brauch der Vorväter nichts zu tun hat[29], nicht zuletzt eine Zweck-Mittel-Rationalität, in der "Zeit" kostbar ist.

Fischer (1955) sieht das Aufkommen der Rechenhaftigkeit der Arbeit, des Vorrangs der Sache vor der Person, Universalismus und funktional spezifische Autorität zuerst an den Universitäten, bei den Advokaten, in den Amtsstuben - sicher auch, wie die Geschichte der Medizin zeigt, bei den Ärzten. Es handelt sich um Berufe, die immer schon von Fragen alltäglicher Lebensbewältigung entfernt, mehr oder weniger direkt "Herrschaftsinstrumente" der Stadt (polis), der Fürsten etc. waren. Dies gilt auch für die naturwissenschaftliche professionelle Medizin, die zu allererst "Kriegsmedizin", Wiederherstellungsmedizin von "gewaltsam" Erkrankten war. Die Heilkunde selbst war Laienwissen von Frauen und auch von bestimmten Gewerben, die sich der Körperpflege widmeten (Bader, Barbiere). Gerade die Distanz dieser Professionen zu alltäglichen Problemen, auch ihre räumliche Entfernung vom gewerblichen und händlerischen Leben, erlaubte eine säkularisierte Arbeitsweise, "Rationalität" schlechthin. Insofern ist es richtig, wenn man - zwar nicht für die industriellen Anlern- und Grundberufe - so doch für unser Berufsverständnis immer wieder auf jene Professionen rekurriert: Mit ihnen ist die Trennung von Arbeit und

Bedarf, Arbeit und Leben, Sache und Mensch, ist die Abstraktion von innerer und äußerer Natur radikal vollzogen.

Professionen sind sozusagen Produkte eines Rationalisierungsprozesses, der mit der Herausbildung einer mathematischen, später experimentellen Naturwissenschaft beginnt und seine Analogie in Rechtsauslegung und Verwaltung findet.

Bei Descartes ist dieser Rationalisierungsprozeß so weit fortgeschritten, daß schließlich Naturerkenntnis in Mathematik gipfelt, auf "Mathematik reduziert wird" (Kurnitzky 1974, S. 43).

> " Denn da ich jetzt weiß, daß ja selbst die Körper nicht eigentlich durch die Sinne oder durch die Fähigkeit der Einbildung, sondern einzig und allein durch den Verstand erfaßt werden, auch nicht dadurch, daß man sie betastet, oder sieht, sondern daß man sie denkt: so erkenne ich ganz offenbar, daß ich nichts leichter erfassen kann - als meinen Geist." ... Einzig der denkende Geist bringt die Dinge aus sich hervor, und die sinnliche Erfahrung hat sich in eine Abstraktion verflüchtigt: in Mathematik." (Ebenda, S. 44).

Die exakte Naturwissenschaft will aber auf Empirie nicht verzichten: Das ist aber nicht Empirie als unmittelbare sinnlich konkrete Aneignung der natürlichen Umwelt, sondern eine "künstliche" Rekonstruktion der a priori gewonnenen Naturgesetze im Experiment. Alle natürliche Willkür, Unberechenbarkeit - "Irrationalität" - jede Besonderheit und Abweichung wird im Experiment ausgeschaltet:

> " Der Experimentator schafft ein künstliches, abstraktes Milieu, um das ungestörte Sichauswirken der zu beobachtenden Gesetze ungehindert, alle hemmend irrationalen Elemente sowohl von der Seite des Subjekts wie von der des Objekts ausschaltend, beobachten zu können. Er ist bestrebt, das materielle Substrat seiner Beobachtung ... auf die "intelligible" Materie der Mathematik zu reduzieren ..." (ebenda, S. 45).

Die industrielle Warenproduktion, die "Industrie", ist der Prototyp einer mathematischen, rechenhaften Arbeitsweise; diese Rechenhaftigkeit geht auch dann in Beruf als gesellschaftliche Organisationsform von Arbeit unter entwickelter industrieller Warenproduktion ein.

Jenes "Spezialwissen", das sich nur mehr abstrakt, im Experiment, in der Theorie, nicht mehr konkret sinnlich auf seine materielle Basis bezieht - das Wissen des Professionellen ist zunächst immer abstrakt, also losgelöst von einem konkreten "Fall", einer konkreten Krankheit, Rechtslage etc. gewonnen - macht die berufliche Kompetenz (Beck/Brater/Tramsen 1976) des Arbeitenden aus, die Basis von "Beruf". Diese "fachliche Kompetenz" kann als "verobjektiviertes" Bündel von Kenntnissen und Fähigkeiten beschrieben werden, die funktional spezifisch also auf bestimmte Anwendungsbereiche beschränkt bleiben und als "objektive" losgelöst von einer konkreten Anwendungssituation existieren (Parsons in Rüschemeyer 1968, 2. Aufl., S. 166, und Reinhardt 1972, S. 11-37).

Dieses Spezialwissen hat sich tatsächlich den Arbeitenden gegenüber verselbständigt, verobjektiviert, und kann deshalb nur durch eine besondere (theoretische!) Ausbildung wieder eingeholt werden. Es ist kein "learning-by-doing" - Wissen mehr.

Tatsächlich gibt jede Berufstätigkeit nur vor, auf der Grundlage eines spezifischen abstrakten, "fachkompetenten" Wissen zu funktionieren; in Wirklichkeit läuft eine erfolgreiche Berufspraxis über eine wechselseitige und sukzessive Anpassung von empirischem (extrafunktionalem) und theoretischem (funktional spezifischem) Wissen, wobei letzerem vor allem eine Kontrollfunktion zukommt.

Die lange Ausbildung in einer wissenschaftlichen Disziplin setzt den Professionellen von seinem "unwissenden" Klienten ab. Während von einem Kunden erwartet wird, daß er seine Wünsche artikulieren und die Mittel zu ihrer Befriedigung auf ihre Qualität (Gebrauchswert!) hin einschätzen kann, wird dem Klienten diese Fähigkeit nicht zugeschrieben. Da der Klient abhängig ist von einer Information, die ihm nur der professionelle Berufsträger geben kann, kann letztlich nur der Spezialist entscheiden, was gut oder schlecht für den Klienten ist.

Goode (1966, S. 34-43) beschreibt das problematische Verhältnis Klient/Professional, das allgemein für das Verhältnis Laie/Berufstätiger gelten kann, folgendermaßen: Es ist klar, daß der Praktiker definiert, was der Klient braucht; es muß nicht immer das sein, was der Klient auch will. Häufig befindet sich der Klient, der professionelle Hilfe sucht, in einer dramatischen Lage: Er ist krank, oder ein wichtiger Prozeß steht bevor. Die Abhängigkeit von dem Urteil des Professionals könnte seine Angst nur vergrößern, wenn er nicht annehmen könnte, daß der Professional in erster Linie den Bedürfnissen seines Klienten verpflichtet ist.

Der professionelle "code of ethics" hat somit Brückenfunktion: Es wird ein Dienst-Ideal bzw. ein "Gebrauchsversprechen" der professionellen Arbeit vorgegeben. Die Norm des "Dienstes am Klienten" gibt diesem die Möglichkeit, den unverstandenen Urteilen und Vorschriften zu vertrauen (Reinhardt 1972, S. 7-8). Damit wird aber zugleich eine besondere Problematik der "Fachkompetenz" deutlich: Sie kann nicht aus sich selbst heraus existieren, sich Geltung verschaffen, sondern sie muß immer wieder institutionell durch besondere Strategien der Berufsinhaber, der Berufsverbände, durch besondere Lizenzierungen des Zugangs zu Problemlösungen etc. hergestellt werden (vgl. dazu Brater 1976).

Unter dem Stichwort "Säkularisierung" traditionaler naturwüchsiger Arbeit wurden zwei wesentliche Merkmale von "Beruf" hervorgehoben: Die Freiheit des Arbeitenden von askriptiven (ständisch-familiären) Bindungen und die Verselbständigung eines Spezialwissens, der beruflichen "Fachkompetenz", wie sie für die Professionen von Anfang an konstitutiv ist. Deshalb sind die Professionen die eigentlichen Vorbilder für "Beruf": Hier ist immer schon mit der unmittelbaren Naturwüchsigkeit der Arbeit, mit einem empirischen Laienwissen und mit ständisch-familiären Bindungen gebrochen. Allerdings fehlt der Profession zunächst ein wesentliches Moment von Beruf: Daß der Arbeitende selbst zur Ware wird. Wie sehr dennoch die Konstitution von Professionen der von Beruf allgemein gleicht, beweist ihre bis zur Gegenwart kaum veränderte Struktur.

Jene "Säkularisierung" ist ein Aspekt des von Max Weber beschriebenen Rationalisierungsprozesses, der schließlich eine Ablösung traditionaler Gesellschaftsformationen durch die moderne Industriegesellschaft mit sich bringt. (Bei Weber selbst eine Ablösung traditionaler Herrschaft durch legale (Bürokratie), eine Ablösung des Vorranges von "Land", (Oikos) durch die Stadt, durch marktorientierte, tauschbezogene Erwerbsarbeit). Als Handlungsalternativen bleiben bei Parsons (in Anschluß an Weber) "Traditionalismus" und "Erwerbs-/Tauschorientierung" nebeneinander bestehen[30]: Die "Tauschorientierung" wird eher dem Bereich beruflicher Arbeit, jener "Traditionalismus" eher Arbeit und Leben in außerberuflichen Bereichen zugeordnet:

Beruf	Hausarbeit
"selforiented"	"collectivity oriented"
Leistung (individuell meßbar)	Qualität (Herkunft, Tradition, Besonderheit)
Universalismus (Abstraktion z. B. von der konkreten Situation)	Partikularismus (als Eingehen auf die jeweilige Besonderheit)
spezifisch (ein Anwendungsbereich)	diffus (qualitativ unterschiedlichste Anwendungsbereiche)
affektiv neutral (Distanz)	affektiv (Nähe, Emotionalität)
= "Tauschorientierung"	= "Gebrauchsorientierung" (Traditionalismus)

Die Profession als reinster Typ "Beruf" soll alle hier erwähnten beruflichen Verhaltensorientierungen in sich vereinigen.

2. 3. 3. Die Eigenart der "Industrie" als Paradigma für "Beruf"

Es gibt einen Erzähler, der hat geschildert,

" ... wie die Aufhebung der Arbeitsehre des Handwerkers einen Tischlermeister zu Tode quälte, weil er sich nicht daran gewöhnen konnte, die Arbeitsleistung ausschließlich am Preis zu messen. Die Zunftgesetze hatten dem Tischler den Gebrauch von Eisennägeln verboten und die Verwendung von Holznägeln auf ganz bestimmte Fälle beschränkt. Als sie wegfielen und in Clausthal ein Möbelmagazin die Kundschaft mit zusammengenagelter Fabrikware an sich zog, sah sich der alte Möbeltischler genötigt, auch eine Ladung Fabrikmöbel zu erwerben. Aber er brachte sie heimlich des Nachts auf sein Lager, denn er schämte sich, und einige Zeit danach fand man ihn erhängt." (Zit. nach Fischer 1955, S. 91).

In diesem tragischen Geschehen ist alles enthalten, was gegen das Ende des 18. Jahrhunderts, erst Recht mit der "Gewerbefreiheit", das Ende einer immer noch mehr oder weniger bedarfsorientierten, traditionsgebundenen, "ehrbaren" Arbeitsweise bedeutet.

Subjektiv für den Arbeitenden stellt sich dieser Einbruch einer neuen, ganz anderen Zeit vor allem als Vordringen der Möglichkeit individueller, "freier" Leistung dar, als Kalkulierbarkeit und Vergleichbarkeit dieser Leistung und Konkurrenz um Billigkeit und Ertrag der einzelnen Leistungen. Jene Leistungsfähigkeit erscheint zunächst als herausragende "Tüchtigkeit" eines einzelnen.

" ... Für den Angehörigen der ständischen Welt Alteuropas wiegt nicht die Leistung allein, und er würde dem modernen Menschen, der die Erfindung der Spinnmaschine preist, erwidern, daß der Weber Hargreaves seine handwerkliche Ehrbarkeit verloren habe, als er die "Jenny" (Bezeichnung für die Maschine - I. O.) baute ...

Daß die Tüchtigkeit eine sehr junge und sehr bürgerliche Forderung ist, wird von der Tatsache bestätigt, daß sie in einer altständischen oder aristokratisch bestimmten Atmosphäre zu fehlen pflegt ... Tüchtigkeit und Ehrgeiz hängen zusammen, und die große Rolle, die der Ehrgeiz in der modernen Gesellschaft spielt, verdankt er dem bürgerlichen Ethos der Tüchtigkeit, das mit seiner Betonung der sachlichen Leistung und der Freigabe der Geburtsschranken ihn emanzipierte und großzüchtete." (Ebenda, S. 86).

Fischers Betrachtung der Auflösung der "Bildungswelt" der zünftigen Arbeit zielt vor allem auf das subjektive Erlebnis, auf die Verarbeitung z. B. des Sieges von "Preis" gegenüber Qualität beim Subjekt selbst.

Dabei reflektiert jenes "Möbelmagazin in Clausthal" bereits die wesentlichen, objektiven Bestimmungen einer neuen Arbeitsweise. Diese "industrielle" Arbeitsweise ist die Geburtsstätte von "Beruf", wie man ihn bis heute, wenn auch weiter rationalisiert, selbst erfährt.[31]

Wichtigstes Moment von "Industrie" dürfte hierbei die veränderte Technik sein: Nicht mehr der Arbeitende führt das Arbeitsmittel, sondern umgekehrt, die leblose "Maschine", die lebendiges menschliches Erfindertum geschluckt hat, führt den Arbeiter. Der Bruch mit der herkömmlichen Arbeit, in der der einzelne Arbeiter zwar "eingeschränkt auf die Arbeitserfahrung im eigenen Bereiche der Tradition des Arbeiters treu bleiben muß" (Gottl-Ottilienfeld 1914, S. 234)[32], aber immer noch selbst, konkret sinnlich den Arbeitsprozeß initiiert, ist vollkommen.

Die Tradition schrieb z. B. dem Tischler genau vor, welches Holz er mit welcher Methode zusammenfügen konnte. Dies kann im übrigen nicht mit einer Konkurrenz um "Kompetenz", also mit berufsinternen Kompetenz- und Abgrenzungsstreitigkeiten erklärt werden. Solche Kämpfe sind typisch für Professionen, deren "Fachkompetenz" ja nicht über wirkliche "Brauchbarkeit" der Leistung, sondern immer zuerst abstrakt und institutionell hergestellt und garantiert wird. Daß ein Tischler z. B. nur leimen und dübeln (mit Holzdübeln) durfte, seine Geschicklichkeit ansonsten im vollkommenen Zusammenfügen und -passen entsprechend vollkommen vorgearbeiteter Teile bestand - man findet hier noch im Möbel z. B. die Einheit von Funktion und Struktur[32] - hat, wenn überhaupt, nur vordergründig den Charakter ständischer Kompetenzabgrenzung. Jeder, der sich ein zünftig - weit mehr noch ein vom Bauern für den Eigenbedarf - hergestelltes Möbel genau betrachtet hat, empfindet, daß die Qualität des Produktes unmittelbar die Art seiner Verwendung und vor allem seine überdurchschnittliche (im Vergleich zu heute) Lebensfähigkeit reflektiert. Ein Möbel, das geleimt und geschickt zusammengepaßt, also auch vorgearbeitet ist, sieht nicht nur wertvoller aus, es ist eigentlich auch schier unverwüstlich.

Mit Nägeln aus Eisen, die wiederum im arbeitsteiligen Massenverfahren hergestellt wurden, ist die Produktion billiger und schneller; es beginnt der Wettkampf um "Billigkeit". "Leistung" als "Billigkeit" einer vom unmittelbaren Beruf losgelösten "Massen"-Produktion und als hoher "output" in der Zeit werden zum Maßstab industrieller Produktion - und schließlich der lebendigen Arbeit selbst.

Eine lange Lebensdauer und unmittelbare Anwendungsbezogenheit (was eine künstlerische Gestaltung nicht ausschließt) eines Produktes (seine Qualität) können aus der Perspektive "Industrie" nicht mehr oberstes

Produktionsziel sein; dies gilt dann auch für die Ware Arbeitskraft. Die Ware hat nur so lange ein Gebrauchswert (-versprechen) zu tragen[34], wie sie aus der Hand des Arbeitenden (bzw. Betrieb) in die Hand des Konsumenten wechselt - wobei ja in der Regel zwischen Produzent und Abnehmer keine Vertrautheit mehr besteht. Daß sich für "Beruf" als Gebrauchsversprechen eines Arbeitenden ähnliches vollzieht, kann noch gezeigt werden.

Mit diesen beiden Merkmalen, "kalkulierte" Leistung und vom Bedarf unabhängige Produktion, ist bereits viel von der objektiven Wesensseite von Beruf erfaßt. Im nächsten Abschnitt sollen diese Merkmale und andere etwas systematischer entwickelt werden. Die Selektion der Merkmale erfolgt dann im Hinblick auf die Fragestellung dieser Arbeit. Es sind Eigenheiten, die Hausarbeit negativ bestimmen: Private Reproduktionsarbeit ist gewiß der Intention nach keine vom Bedarf losgelöste Arbeit, und "Billigkeit" als Sparsamkeit gewinnt hier eine andere Bedeutung als in der "Industrie" usw.

Nun könnte man einwenden, daß gerade die "Industrie" mit dem, was man unter Beruf verstehen sollte, radikal gebrochen hat, und daß man eigentlich heute gar nicht mehr von "Beruf" sprechen kann (vgl. dazu: Altmann/Kammerer 1970 und Kosta/Krings/Lutz 1970). Die einen spielen dabei auf den Verlust einer "organischen Ganzheit" des Berufs an, die anderen, was dem durchaus entspricht, meinen mit Beruf, meist ohne es selbst zu wissen, handwerkliche Arbeit - vorbildlich diskutiert werden dabei aber Professionen. Das zünftige Handwerk ist aber noch nicht "Beruf", und eine organische Ganzheit kommt nur der bäuerlich-agrarischen, noch nicht marktorientierten Wirtschaftsweise zu, niemals den Professionen mit ihrer "abstrakten Fachkompetenz".

In dieser Arbeit wird daher das Gegenteil behauptet: Was in den Professionen bereits angelegt ist - eine Abstraktion von innerer und äußerer Natur, wie sie mit der Methodik einer exakten Naturwissenschaft einhergeht, eine entsprechend abstrakte Fachkompetenz, die mit der wirklichen Gebrauchsbezogenheit der Arbeit nur institutionell zusammenhängt, die Trennung deshalb von "Leben" und "Arbeit", die

Bedeutungslosigkeit von Herkunft und Tradition - all das ist in der "Industrie" und daher im Beruf als deren eigentliche gesellschaftliche Arbeitsform voll entfaltet.

Beruf wurde bislang auf dem Hintergrund von mehr oder weniger bedarfsorientierten, bäuerlich-handwerklichen Wirtschaftsweisen diskutiert; was wir heute unter Beruf verstehen, konnte dabei nur negativ bestimmt werden. Beruf jetzt der Industrie zuzuordnen, besitzt den Vorteil, den Unterschied zu vorangegangenen Arbeitsweisen, damit den voll entfalteten Begriff, und zugleich den Unterschied von Beruf und Hausarbeit, auf den es hier ja ankommt, vielleicht etwas zu grob, aber sehr pointiert herauszuarbeiten. Kann man im weiteren von einer Parallele "Industrie"/"Beruf" sprechen, so findet sich dann auch eine zwischen traditionell bäuerlicher Arbeit und privater, ebenfalls unmittelbar gebrauchsbezogener Reproduktionsarbeit.

2.3.3.1. Revolutionierung der Arbeitsmittel und Verinnerlichung beruflicher Normen

"Industrie" ist die objektive Seite von "Warenproduktion" - und zwar in ihrer entwickelten Form. Mit der "Industrie" ist die Warenform zur Universalkategorie geworden: Nicht nur, daß eine endgültige Abkehr von einer unmittelbar bedarfswirtschaftlichen vollzogen ist - die "Warenform" wird zur "Denkform" (Sohn-Rethel), d.h., daß Tausch- und Geldbeziehungen, Kosten- und Zeitökonomie auch individuelle Verhaltensweisen und Situationsdeutungen durchdringen. Die Warenform hat aufgehört, "zufällige" und unwesentliche Form unter vielen des gesellschaftlichen Stoffwechsels (Arbeit) zu sein (Lukacs 1970,S. 173), wie noch in einer gebrauchsorientierten Arbeitsweise.[35]

Die "Industrie" verkörpert die Universalität der Warenkategorie und die Notwendigkeit von Beruf. Der Unterschied zwischen einer Gesellschaft, in der Warentausch eher zufällig ist, also eine Subsistenzwirtschaft, und einer, "in der die Warenform die herrschende, alle Lebensäußerungen entscheidend beeinflussende Form ist", (Lukacs 1970, S. 171) ist qualitativ: Das beweist allein ein Vergleich zwischen einer traditionell bäuerlichen bedarfsorientierten und einer marktorientierten Wirtschaftsweise (vgl. 3. Kapitel).

Die Industrie baut wesentlich auf der Perfektionierung von Zeit- und Kostenökonomie durch eine Revolutionierung der in wenigen Händen "akkumulierten" Arbeitsmittel auf, auf einer Verinnerlichung der industriellen Arbeitsweise, d. h. fortan der Normen beruflicher Arbeit, und auf privater Hausarbeit; die Familie, vor allem die Frau, schafft und erhält die primären Voraussetzungen für industrielle-berufliche Arbeitsprozesse - Arbeitsvermögen; hier beginnt der Prozeß der Verinnerlichung beruflicher Normen.

Mit der "Industrie" entsteht "Beruf", so wie wir ihn heute erfahren: Der Berufstätige verläßt in der Regel am Morgen seine Wohnung, verläßt die Familie, die meist "ahnungslos", d.h. ohne Wissen um die Arbeit des Mannes, zurückbleibt. Er geht aus dem Haus, in der Regel ohne ein gegenständliches Produktionsmittel zu besitzen, außer sich selbst als lebendiges Arbeitsvermögen, in der entsprechend beruflichen Form. Dies geschieht jeden Tag, außer am freien Wochenende, ungeachtet der Jahreszeit, oft ungeachtet der Tageszeit (bei Schichtarbeit, die mit dem natürlichen Rhythmus von Schlafen und Wachen gebrochen hat), und ungeachtet der gerade aktuellen psychischen und physischen Verfassung des Arbeiters. Er begibt sich in ein zum Privatleben entgegengesetztes Milieu und arbeitet hier, nicht bis ein Arbeitsvorgang sinnvoll erkennbar zu Ende ist, sondern bis seine Arbeitszeit um ist. Von seiner Arbeit bleibt ihm "gegenständlich" sein Einkommen und die Schwierigkeit, sich im Reproduktionsbereich vom Rhythmus des Berufs zu lösen, ohne jedoch einen sinnvollen Zusammenhang zwischen seiner Berufsarbeit und seinem arbeitsfreien Leben herstellen zu können. Sein berufliches, außerhäuslich erworbenes Spezialwissen hat ihn von Alltagsproblemen und ihrer Lösung entfremdet.

Die industrielle Warenproduktion baut auf der Freiheit des Arbeiters bzw. auf vielen frei verfügbaren und besitzlosen Arbeitern auf - damit auf der Trennung von Produktionsmittelbesitz, der als akkumuliertes Kapital erscheint, und von lebendiger Arbeit. Das Produktionsziel ist nicht mehr vorrangig, wie selbst noch in der "einfachen" Warenproduktion, die Befriedigung von Alltagsbedürfnissen, sondern die optimale Verwertung des eingesetzten Kapitals, von daher eine Steigerung der Arbeitsproduktivität bei gleichzeitiger Reduzierung der Kosten für Kapital und Arbeit (Löhne).

Solch eine Kostenökonomie war bereits im Verlagswesen und erst recht in der "Manufaktur" angelegt (Bücher 1893, Herkner 1914, S. 186 f., Marx, MEW 23, S. 359 f.). Im Verlagswesen beschränkte sich zunächst eine kostenökonomische Rationalität auf die Beschaffung und Verteilung der Rohstoffe und den Vertrieb der in Lohnwerk und Heimindustrie hergestellten Produkte. Die Manufaktur aber birgt schon alle Prinzipien industrieller Arbeit in sich: Nicht mehr ein Arbeiter stellt eine Ware her, sondern viele unterschiedlich qualifizierte, zum Teil ungelernte Arbeiter teilen sich den Herstellungsprozeß eines Produkts. Zum ersten Mal werden die Arbeiten "hierarchiekonform" geschnitten, d.h., daß nur Tätigkeiten einer bestimmten Qualifikationsstufe zu einem "Spezialberuf" gebündelt werden. Die so geschnittene Detailfunktion wird relativ konstant einem entsprechend ausgebildeten Arbeiter übertragen. Dieser wird für die Herstellung dieses Detailstückes, bzw. für die einzelne Detailleistung entlohnt. Auf den ersten Blick erweist sich die Arbeit in der Manufaktur "als eine Verteilung der Arbeit nach verschiedenen Graden des Geschicks" - tatsächlich aber werden durch jene spezifische Arbeitsteilung, die "Arbeitszerlegung", Unterschiede in der Geschicklichkeit und allseitigen Entwicklungsfähigkeit erst hervorgebracht, fixiert und forciert. Es entwickelt sich hier prototypisch, was schon bei den Professionen mit "abstraktem" Detailwissen bezeichnet wurde - das typische Berufswissen (Beck/Brater/Tramsen 1975, 1976).

Es ist klar, daß in der Manufaktur eine handwerkliche, immer noch ganzheitlich-werkbezogene "learning-by-doing"-Ausbildung zumindest aus der Perspektive des bornierten Einzelbetriebes überflüssig geworden ist. Die Beschränkung des Arbeiters auf eine Detailfunktion forciert den Prozeß der Ausbildung abstrakter Spezialkompetenz und senkt damit zugleich die Lohnkosten, da ein Wissen über die jeweilige Arbeitsaufgabe hinaus, auch ein Wissen um den Zusammenhang der vereinzelt hergestellten Teilstücke, nicht mehr ausgebildet werden muß.

In der Manufaktur deuten sich zwei weitere für Beruf konstitutive Momente an: Eine hierarchiekonforme Arbeitszerlegung und die Tendenz zur Reduzierung der Kosten für die lebendige Arbeit, die Gleichgültigkeit gegen die Besonderheit der Arbeit, damit die Beibehaltung einer uneingeschränkten Disponibilität des Arbeitsvermögens. Diese Detailfunktionen werden zu "Berufen", zu objektiven Fähigkeitsbündeln, erworben in einer zunehmend schulischen, vor allem aber betrieblichen Ausbildung. "Berufe" werden zur notwendigen Form und zur speziellen Fachkompetenz der "freien" (von jeder askriptiven Bindung und empirischem Wissen) Arbeiter.

Von einer wirklichen Kostenökonomie kann aber erst mit der "Revolutionierung der Arbeitsmittel", die zunächst sporadisch vor allem in England auftritt, gesprochen werden. Diese Revolutionierung der Arbeitsmittel ist ein arbeitssparendes kosten- und zeitökonomisches Moment: Sie macht besondere Arbeitsvermögen zum größten Teil überflüssig und unterwirft relativ ungebildete, bzw. einseitig beruflich gebildete Arbeitsvermögen dem Rhythmus der "Maschine", die hier bildlich für einen rationell organisierten Arbeitsprozeß in allen Wirtschaftsbereichen steht.

> " Die Tendenzen, die sich bereits in Verlagssystem und Manufakturen ankündigten, gelangen in der modernen Volkswirtschaft zu unumschränkter Geltung. Die Beseitigung des Zunftwesens, die Verbilligung des Transports, das Wachstum der Märkte, die zunehmende Intensität des weltwirtschaftlichen Wettbewerbs und der Siegeslauf der Technik tragen mächtig zur schärferen Ausbildung der Arbeitsteilung in all ihren Formen bei. Bei der deutschen Berufszählung von 1907 sind rund 14 000 Berufsnennungen erforderlich geworden, während 1882 erst 6 179 und 1895 10 293 zur Verwendung gekommen sind.
>
> Der technische Fortschritt findet vor allem dann freudige Aufnahme auf seiten der Unternehmerkreise, wenn er eine beträchtliche Herabsetzung der Kosten verspricht, sei es durch bessere Verwertung der Roh- und Hilfsstoffe, z. B. der Kohle, oder durch Verminderung

der Lohnausgaben. Letzteres trifft zu, wenn teure, selbstbewußte, gelernte Handarbeiter durch billigere und gefügigere ungelernte, angelernte, weibliche, jugendliche oder gar kindliche Arbeitskräfte ersetzt oder überhaupt große Einsparungen an menschlicher Arbeit erzielt werden." (Herkner 1914, S. 188)

Die Revolutionierung der Arbeitsmittel, der maschinelle Arbeitsprozeß, war nur eine Seite jenes umfassenden Rationalisierungsprozesses der Arbeit: Sie machte zugleich eine Revolutionierung der Methoden "der Leitung und Kontrolle von Verwaltung und Produktion" (Vahrenkamp 1976, S. 14), also eine Rationalisierung der Arbeitsorganisation selbst erforderlich.

Es vollzog sich ein Übergang, "der die hergebrachte Verfügung der Handwerker", aber auch Kaufleute über den Arbeitsverlauf "einschränkte und dem Management die Leitung übertrug." (Ebenda) Mit der Zerlegung der Arbeit in berufliche Teilfunktionen verliert der Arbeitende seine "Synthesisleistung", d.h., seine Fähigkeit und auch die Notwendigkeit, selbst jede Teilarbeit in einen sinnvollen Arbeitszusammenhang zu integrieren - er verliert Leitungs- und Kontrollfunktionen im Arbeitsprozeß. Diese Funktionen werden jetzt zu besonderen Berufstätigkeiten, denen dann das unmittelbar arbeitsausführende Element fehlt.

Dieser Rationalisierungsprozeß gipfelt dann in der "wissenschaftlichen Betriebsführung" Taylors, hatte jedoch wirksamere Vorläufer bereits im 19. Jahrhundert im Carnegie-Trust und bei Ford.

Um die Maschine herum entsteht jetzt eine Vielzahl nicht mehr organisch ganzheitlicher, jedoch unterschiedlich kombinierter, einfacher und zusammengesetzter, auf jeden Fall unterschiedlich wertiger Detailfunktionen - der Funktionsbegriff verweist auf die aufgebrochene Ganzheit der Arbeit - denen unterschiedliche Berufsbezeichnungen zugeordnet werden. Die Auflösung des "Werkcharakters" der Arbeit in für den Arbeitenden beziehungslose Detailfunktionen brachte auch eine Auflösung der Arbeit in planende, leitende, kontrollierende und schließlich ausführende Tätigkeiten mit sich; zwischen diesen aufgesplitterten Funktionen taucht dann ein permanentes Kommunikations- bzw. Integrationsproblem auf, dessen Bewältigung wiederum eine Vielzahl neuer Fachkompetenzen (Berufe) nach sich zieht. Deshalb ist es auch nicht verwunderlich, daß immer mehr Berufsbezeichnungen nötig werden - jetzt dringt der Berufsbegriff nicht nur in die Statistik, sondern auch in die

Umgangssprache ein (gegen Ende des 19. Jahrhunderts; vgl. Molle 1968). Mit der Entstehung des "Massenarbeiters"[36] und einer weiteren Polarisierung von einfachen und komplizierten, ausführenden und leitenden Arbeiten ist Beruf Alltagsphänomen geworden.

Aber diese Umwandlung einer bäuerlichen und handwerklichen Arbeits- und Lebensweise, die Internalisierung derart veränderter Anforderungen an lebendiges Arbeitsvermögen, geht nicht sofort, nicht gleichzeitig und schon gar nicht konfliktfrei von statten.

Fischer weist z. B. darauf hin, wie lange sich noch in der Fabrik Formen patriarchalischer Arbeitsteilung gehalten haben, die zum Teil der Aufrechterhaltung des Arbeitsflusses sogar höchst zuträglich waren. Auch ständische Vorurteile z. B. proletarisierter Handwerker und Gesellen gegenüber Un- und Angelernten, erst recht gegen Frauen und Kinder, durchdringen die Fabrikarbeit und verhindern eine gemeinsame Interessenartikulation der jetzt eigentlich gleichen Lohnarbeiter.

Ständisches Gebaren erhält sich vor allem in dem längst nicht mehr "zünftigen" Kaufmanns- und Kontorbereich, und zwar noch zu einer Zeit, wo sich die meisten Arbeiter zu Interessen- und Schutzgruppen für eine Verbesserung der Arbeitsbedingungen und Löhne zusammengeschlossen hatten.

An ständische Ehrbarkeit und die Idee der "Nahrung" erinnert die Weigerung der Büroarbeiter, öffentlich ihre wirtschaftliche Lage zu besprechen.

> " Bis zu Beginn der neunziger Jahre bestanden wohl verschiedene Vereinigungen von Bureaubeamten, aber es existierte keine, die für eine Verbesserung im Arbeitsverhältnis eingetreten ist. So hatte z. B. der Verein der Bureaubeamten der Rechtsanwälte, Notare und Gerichtsvollzieher in Berlin die Besprechung der Arbeitsverhältnisse und der wirtschaftlichen Lage ausdrücklich verboten ..." (Michl 1908, S. 744).

Je nach subkultureller und lebensgeschichtlicher Erfahrung, je nach Härte der erfahrenen Proletarisierung, setzte sich beim Arbeitenden selbst eine Bewertung seines Arbeitsvermögens nach Kategorien von Tausch, Preis etc. durch.

Die "Industrie" als Vervollkommnung von Zeit- und Kostenökonomie baute historisch betrachtet auf einer Proletarisierung ganzer sozialdemographischer Schichten auf - auf vertriebenen oder verschuldeten

Bauern, verschuldeten Handwerkern, stellenlosen Lohnwerkern, die alle ohne "Nahrung" Familien gründeten und so die Proletarisierung weitertrieben (Arnim 1840; Bräker 1740 - 77). Auf der anderen Seite stand diesen proletarisierten bäuerlichen und handwerklichen Existenzen ein ungenütztes, seit der Gründung von Städten und der Trennung von Stadt und Land akkumuliertes Kapital gegenüber, zugleich ein gesteigerter Bedarf an Konsum- und Luxusgütern (vgl. Sombart 1913).

Dies ist aber nur die objektive Seite: Aus der Sicht der zukünftigen Lohnwerker, Lohnarbeiter, Beamten, Handwerker, auch Professionals müssen diese objektiven Bedingungen erst und immer wieder subjektiv hergestellt werden: Krovoza spricht hier vom "Zwang der Internalisierung der Arbeitszeitnorm" (Krovoza 1975, 2. Aufl., S. 23 f und 1976), - man könnte auch vom Zwang einer allmählichen Verinnerlichung beruflicher Normen sprechen. Was heißt das?

Die Proletarisierung allein brachte für den Bauern, Handwerker etc. noch keine kontinuierliche Bereitschaft, sich auf die zersplitterten Detailfunktionen fixieren zu lassen, sich den radikal veränderten Arbeitsbedingungen anzupassen.

Dies äußerte sich zunächst darin, daß die Arbeiter aufhörten zu arbeiten, wenn sie genug verdient hatten, und zugleich das verdiente Geld nicht anlegten, nicht haushalteten, sondern es auf einmal ausgaben, verspielten oder vertranken (Krahl 1971, S. 76 f.). Die Arbeitenden hatten noch nicht gelernt, von ihren unmittelbaren Bedürfnissen und Gefühlen - von Müdigkeit, Kälte oder Sättigung zu abstrahieren, Bislang eingebunden in einen naturwüchsigen Rhythmus, sei es durch die "zünftige" Sicherung der "Nahrung" oder durch den natürlichen Wechsel von Ernte und Wohlstand und Überwintern etc., waren sie an vorausschauende Planung und Einteilung, an Ökonomie mit dem Verdienten, an Sparsamkeit etc. noch nicht gewöhnt. Der Umgang mit dem Lohn, seine Disziplinierungsfunktion, war dem Arbeitenden noch fremd.

Einmal losgelöst von der quasi naturgegebenen und -ergebenen Subsistenzsicherung wird jetzt dem einzelnen Arbeiter seine tägliche "Existenzfristung" zum Problem. Vieles, was im "ganzen Haus" vorhanden war oder ohne weiteres hergestellt werden konnte, mußte jetzt vom Lohn bestritten werden. Aber ein rationeller Umgang mit dem Lohn (wie im übrigen mit den eigenen Kräften und anderen Ressourcen) war unbekannt.

" Mit 15 Silbergroschen täglich kann man keine großen Sprünge machen und keine Kraftsuppe essen. Davon muß alles bestritten werden, für die Miete ein Theil zurückgelegt, Holz gekauft, Schuhmacher und Schneider bezahlt werden und dann bleibt für den Magen erstaunlich wenig übrig. Vorrath an Lebensmitteln und Holz hatten wir gar nicht; es mußte alles einzeln täglich für Dreier und Groschen eingeholt werden. Und wer das muß, der muß alles doppelt und dreifach so theuer bezahlen ... Wenn es nur dahin gebracht werden könnte, daß die Arbeiter sich Holz, Kohlen und Kartoffeln in Vorrath anschafften, so wäre schon viel gewonnen. Aber woher soll das Geld dazu kommen? Im Sommer wäre die Zeit zu sparen. Aber da haben viele ihre große Noth, die Schulden wieder abzutragen, die sie im Winter gemacht haben, und Andere, die wohl sparen könnten, denken nicht daran, sondern meinen, es brauche nichts übrig zu bleiben ... " (Neumann 1840 zit. nach Emmerich I, 1975, 2. Aufl., S. 79).

In einer bedarfsorientierten Wirtschaftsweise wurde eben nur so viel gearbeitet - wobei das Wieviel nicht subjektiver Willkür, sondern den natürlichen Bedingungen unterlag - wie für das Überleben notwendig war. Die "Industrie" abstrahiert aber vom Bedarf und auch von natürlichen Abfolgen von Bedürfnissen.

Die Industrie braucht daher eine Charakterdisposition, für die zunehmend eine bedarfsunabhängige (Mehr)Arbeit sinnvoll erscheint. (Brinkmann 1973, S. 155)

" Dies bedeutet eine völlige Veränderung der Zeitstruktur. Während in der gebrauchswertorientierten Produktion Zeit die Bedingung der Möglichkeit der Befriedigung von Bedürfnissen ist, sie demzufolge verbunden ist mit der natürlichen Abfolge von (jahreszeitlich bedingten z. B.) Vorgängen, wird dieser natürliche Rhythmus durchbrochen; gleichgültig gegen die Jahreszeit wird sommers wie winters gleich lang und intensiv gearbeitet; die natürlichen Bedürfnisse sollen soweit wie möglich während der Produktion ausgeschaltet werden; sie sind störend, weil sie den geregelten Ablauf hindern." (Ebenda)

Vagabundentum und Maschinenstürmerei verdeutlichen in dieser Zeit den schwierigen Prozeß der Gewöhnung an Detailarbeit und Arbeitszeitnorm, der in unserem Berufsverständnis als entsprechende Charaktereigenschaft von Ausdauer, Pünktlichkeit, Ordnung, Genauigkeit etc. unbefragt existiert.

Tatsächlich wäre eine industrielle Arbeitsweise und damit "Beruf" ohne den Wechsel der Orientierungen und Verhaltensweisen bei den Arbeitenden selbst nie zustande gekommen. Der Prozeß der Internalisierung beruflicher Normen beginnt inzwischen da, wo eigentlich die aus dem beruflichen Arbeitsprozeß ausgeschlossenen "zyklischen Rhythmen" (Levebvre) immer wiederkehrender Bedürfnisse befriedigt werden sollen: im privaten Reproduktionsbereich.

Verinnerlichung beruflicher Normen und Ausbildung beruflicher Handlungskompetenz - beides macht die subjektive Seite von "Industrie" und ihrer Arbeitsform "Beruf" aus; oder richtiger: Erst das individuelle Verhalten stellt immer wieder "Beruf" her. Für das einzelne Individuum bedeutet eine industrielle Wirtschaftsweise die Forderung, trotz struktureller Ausschaltung von natürlichen Lebensäußerungen etc. im Arbeitsprozeß sich als konkret sinnliches, "natürliches" Wesen zu behaupten. Aber was hier objektiv als Widerspruch erscheint, wird im Alltagsleben verwischt: Im Alltagsleben durchdringen sich tauschbezogene und naturwüchsige Verhaltensweisen, der einzelne verhält sich subjektiv authentisch; er trennt nicht zwischen naturgebundenem und gesellschaftlichem Leben. Er verhält sich auch im privaten Reproduktionsbereich, einer quasi "tauschfreien" Nische nicht "naturwüchsiger" als im Bereich beruflicher Arbeit. Immerhin entsteht mit der Industrie der Bereich privater Reproduktion, in dem zumindest strukturell zyklische Zeit, Naturwüchsigkeit, immer wiederkehrende Lebensäusserungen etc. sich ausleben können. Das Leben soll *n a c h* der Arbeitszeit beginnen.

2.3.3.2. Beruf: Die Lösung der Arbeit von ihrer konkreten Basis - der Abstraktionsprozeß der Arbeit

Im allgemeinen werden meist zwei Momente an "Industrie" und ihrer Aufsplitterung gesellschaftlicher Arbeit in eine Vielzahl von Spezialfunktionen (Berufen) hervorgehoben: Einmal eine immense Steigerung der Arbeitsproduktivität der zersplitterten Detailarbeiter, vor allem nachdem die Leistung, unabhängig von der ausführenden Berufsperson, an Technologie, Organisation, Wissenschaft etc. übergegangen zu sein scheint; für einige ist vor allem die Trennung der Arbeitenden von ihren Produktionsmitteln das wesentlichste Moment entwickelter industrieller Warenproduktion.

M.E. sind weder Technologie noch Eigentumsform an sich Konstitutionsmomente entwickelter industrieller Warenproduktion. Die Konzentration der Produktionsmittel in wenigen Händen charakterisiert ja auch einige europäische "strukturschwache" Länder mit geringem Industrialisierungsgrad. Es ist nicht der Faktor: Eigentum über Produktionsmittel oder nicht, der das Wesen industrieller Warenproduktion ausmacht, sondern die Art der Verfügung über Produktionsmittel, also die Entscheidung darüber, wie und mit welcher Zielsetzung Produktionsmittel eingesetzt werden. Eigentum ist nur eine rechtliche Form der Verfügung, eine formale Verfügung, keine inhaltliche.

Allerdings ist das Produktionsziel eine Vergrößerung des eingesetzten "Wertes", so begünstigt eine Konzentration der Produktionsmittel in wenigen Händen eine fortschreitende rapide Industrialisierung: Die Konzentration ermöglicht eine schnellere Umwälzung der Produktionsmittel und bedingt damit auch eine fortschreitende Verselbständigung der "Technologie" gegenüber den Arbeitenden, ihren Fähigkeiten und Bedürfnissen.[37]

Trennung der Arbeitenden von den Produktionsmitteln heißt vor allem Trennung der Arbeitenden von der Entscheidung über die Zielsetzung der Arbeit. Als solche ist diese Trennung konstitutiv für eine industrielle Warenproduktion und für "Beruf". Als "Vermittlungsinstitutionen" sind Berufe geradezu der Ausdruck dieser Trennung zwischen konkret-inhaltlicher Bestimmung der Arbeit (Sicherung des Alltagslebens), des Arbeitsvermögens (konkrete Fähigkeiten und Bedürfnisse) und dem Produktionsziel "Gewinn".

Vergleicht man noch einmal die bedarfsorientierte agrarisch-bäuerliche Arbeit, die hier Paradigma für "Hausarbeit" werden soll, mit einer industriell warenproduzierenden, liegt der wesentliche Unterschied zwischen beiden im Produktionsziel: Es ist nicht mehr, auf jeden Fall nicht mehr vorrangig, die Deckung eines Bedarfs - auch wenn die Arbeit, wie jede, zwangsläufig "Gebrauchswerte" produzieren muß - sondern "schrankenloser Erwerb" (Sombart).

Sombart handelt z. B. diese "erwerbsorientierte" Arbeitsweise unter dem Stichwort "Kapitalismus" ab. Dieser ist aber nur eine Variante - also nicht die einzige - industrieller Warenproduktion.

Auch Sombart konfrontiert die Idee des Erwerbs, "Gewinnes", der der "Nahrung":

" Diese Idee des Gewinnes ist das Gegenspiel der Idee der Nahrung, die alle vorkapitalistischen Wirtschaftssysteme, insbesondere auch die feudal-handwerksmäßige Wirtschaft beherrscht ... Demgegenüber ... wird unter der Herrschaft der Erwerbsidee der Zweck alles Wirtschaftens nicht auf eine lebendige Person bezogen, rückt vielmehr ein Abstraktum: das Sachvermögen, in den Mittelpunkt der Wirtschaft: dessen Vermehrung, also die Erzielung von Gewinn ist Ausgangspunkt und Endziel aller wirtschaftlichen Tätigkeit ... Wenn der Zweck ... die Verwertung eines Sachvermögens ist, so bedeutet das eine Loslösung der Zwecke ... von der leiblich individuellen Persönlichkeit des Wirtschaftobjektes. In der Abstraktheit des Zweckes liegt seine Unbegrenztheit. Für keine im kapitalistischen Nexus entfaltete Tätigkeit ist mehr der quantitativ und qualitativ fest umschriebene Bedarf einer Person oder einer Mehrheit von Menschen Richtung gebend ... " (Sombart 1931, S. 258).

Die Idee des "Gewinnes" ist also auch Gegenspiel der Idee der "Nahrung". Die Hausarbeit wird - wie noch gezeigt wird - jener Nahrungsidee im weitesten Sinn weiterentsprechen müssen, darin liegt dann ihre zur Berufsarbeit komplementäre Funktion. Der Einsatz der Arbeitskräfte, der Technik, die gesamte Arbeitsgestaltung im Bereich beruflicher Arbeit entspricht dem Produktionsziel: optimale Verwertung.

Lukacs nennt diese Umwandlung gesellschaftlicher Arbeit, wie sie allmählich mit der Herausbildung eines Vorrangs von Warenproduktion einhergeht, einen "Abstraktionsprozeß der Arbeit" (Max Weber: Rationalisierungsprozeß!). Mit ihm entstehen "Berufe" als "Rekonstruktionen" der Einheit von Erzeugung und Verbrauch - was in Analogie dann auch für die Herstellung und den Einsatz der Arbeitskraft gilt.

Die "Industrie" als berufshervorbringende Arbeitsweise soll hier wesentlich gekennzeichnet sein durch eine "Massenproduktion", eine vom Bedarf, von Verwendung und vom lebendigen Arbeitsvermögen abgehobene Arbeit, die den Arbeitsprozeß nach Funktionsprinzipien optimaler Verwertung: Zeit- bzw. Kostenökonomie organisiert.

"Kosten- und Zeitökonomie" bilden den Gegensatz zwischen Beruf und privater Reproduktion, den die Arbeitenden am nachhaltigsten erfahren: zeichnet sich doch Familie durch "arbeitsfreie" Zeit aus.

Zur Illustration dessen, was mit Kostenökonomie gemeint sein könnte, sei noch einmal an das im Zitat erwähnte Clausthaler Möbelmagazin erinnert, das Möbel preiswert und schnell zusammennagelt und somit den zünftigen Tischler um sein Brot bringt.

" Je niedriger der Preis (z. B. jener Möbel - I. O.) bemessen werden kann, desto größer ist die Zahl der Personen, deren Kaufkraft für den Erwerb der Ware ausreicht. So kann künstlerisch minderwertige, unsolide, aber der Mode und der Kaufkraft des Publikums gut angepaßte Ware größeren kaufmännischen Nutzen versprechen als ein edles Produkt ... Je tiefer der Preis sinkt, desto weniger kann noch "handwerksgerecht" gearbeitet, d. h. die alte Sorgfalt und Hingabe der Arbeit gewidmet werden. Einseitige Steigerung der Menge wird wichtiger als Bewahrung guter Qualität. Damit geht aber ein gut Teil der Arbeitsfreude beim Produzenten verloren und die Arbeit sinkt zum bloßen Mittel des Erwerbs herab." (Herkner 1914, S. 187)

Der erste Schritt zum Ziel "Kostenökonomie" in einem auf Kalkulation und Berechenbarkeit abgestellten Rationalisierungsprozeß, wie er mit "Industrie" einhergeht, ist eine Spezialisierung, die einen Bruch mit der bislang "irrationalen" (organischen) Ganzheit der Arbeit voraussetzt. Diese rationale (im wörtlichen Sinn: berechnete) Arbeitsteilung ist die Arbeitszerlegung.

Mit der rationalen Organisation von Arbeit als Berufsarbeit gehen dem Arbeiter - und nicht nur dem Industriearbeiter - verloren

" einmal die Gewährung einer Reihe wohlerworbener Fertigkeiten, also die Chance, sich in einer gewissen Breite der Berufserfahrung durch gekonntes Verhalten zu bestätigen; sodann verringert sich ein gewisser Spielraum eigener Initiative, also die Chance, über die Folge und Verteilung der Arbeitsaufgaben selbst zu disponieren; ferner entfällt mit der Beschränkung auf Teilvorgänge sowohl die Übersicht über den Arbeitsgang im ganzen als auch die Einsicht in dessen Sinn ... Mit alledem schwindet endlich die Chance der Identifizierung mit der Arbeit ..." (Habermas 1971, 2. Aufl., S. 107).

Bauten "Kompetenzschneidungen" (Beck/Brater/Tramsen) in der zünftigen Arbeitsweise noch wesentlich auf dem Nahrungsprinzip auf, erfolgt die "Kompetenzschneidung" in Berufen nach "Zeit" - und zwar im doppelten Sinn:

- Einmal als Zerlegung der Arbeit in einfache und komplizierte Aufgaben (Altvater/Huiksen 1971, Otten 1973, S. 2o f.), ungeachtet des konkreten Arbeitsinhaltes und "Verberuflichung" der Detailfunktionen; Zusammenfassung oder Kombination unterschiedlicher, z. B. einfacher, Verrichtungen, z. B. verschiedener Produktionsabschnitte, u. U. in verschiedenen Betrieben zu einem Beruf einer Person (z. B. Stanzen eines bestimmten Teilchens für verschiedene Produkte in verschiedenen Betrieben), - also raum-zeitliche Trennung eines Produktionsvorganges (Büchers Arbeitsverschiebung). Arbeitszerlegung und -zusammenfassung oder -kombination erfolgen nach Zeit- bzw. Kostenökonomie im Sinn einer Reduktion der Kosten für den Faktor Arbeit.

- Die so unsystematisch, weil nicht inhaltlich geschnittenen Arbeitsaufgaben werden kontinuierlich an entsprechend qualifizierte Arbeitskräfte übertragen: einfache Arbeiten an un- und angelernte, "billige", komplizierte an qualifizierte Arbeitskräfte, also kostspieligere, es sei denn, die Maschine übernimmt die komplizierte Arbeit und wird von un- oder angelernten Arbeitskräften kostensparend bedient. Das ist - sehr knapp - der zweite Zeitaspekt der Berufsschneidung. Die Entlohnung der Arbeitskraft erfolgt nach ihrer "Produktionszeit" - also nach vermuteten Kosten ihrer Ausbildung und der dazugehörenden Lebensführung. Mit der Fixierung des Berufstätigen auf seine Detailarbeit ist also auch über seine Lebenschancen entschieden.

Mit der Ablösung der Qualität (Sorgfalt in) der Arbeit tritt das Problem der Kontrolle auf, mit der Ablösung der Arbeit von Gebrauch und Bedarf das Problem der Planung und Distribution, mit der Auflösung der organischen Ganzheit der Aufgabe, das der Leitung. Die Ware muß immer noch auf ein Bedürfnis ansprechen können, ein minimales Gebrauchswertversprechen besitzen, sonst wird sie nicht abgesetzt und der Mehrwert kann nicht realisiert werden. Deshalb entstehen rund um die Detailfunktion eine Vielzahl neuer Funktionen, wieder in beruflicher Form. Die Notwendigkeit, Vervielfältigung und Verberuflichung von Planungs-Leitungs- und Kontrollfunktionen, eine fortschreitende Trennung von Kopf- und Handarbeit, geht Hand in Hand mit der raum-zeitlichen Auflösung der organischen Ganzheit der Arbeitsaufgabe, der Lösung der Arbeit vom Bedarf und vom lebendigen Arbeitsvermögen; subjektiv also aus der Perspektive des Berufstätigen, wächst die Gleichgültigkeit gegenüber der konkreten Arbeit. Die objektive Gleichgültigkeit der entwickelten Warenproduktion gegenüber den konkreten Bedürfnissen und Fähigkeiten der Individuen schlägt sich auch subjektiv nieder. So sind die proletarisierten Gesellen in den historischen Quellen Fischers nicht mehr an der Qualität ihrer Ware interessiert - der Lohn gewinnt zunehmend an Bedeutung.

Eine weitere Beschreibung der Eigenart von "Industrie" als Eigenart von "Beruf" soll hier nicht gegeben werden. Es wurden einige Merkmale näher bestimmt, die später für eine Beschreibung der Hausarbeit von Bedeutung sein werden:

1. Ein besonderes Naturverhältnis, das vielleicht als "Naturbeherrschung" oder als Abstraktion von der materiellen Basis gesellschaftlicher Arbeit - von Fähigkeiten und Bedürfnissen - bezeichnet werden kann; ihr Paradigma wäre etwa eine Berechenbarkeit, "Quantifizierung", im Sinne der exakten Naturwissenschaften

2. Trennung von Erzeugung und Verbrauch, Arbeit und Bedarf, Arbeit und Leben (Familie), Auflösung der organischen Ganzheit von Arbeit und Leben

3. "Beruf" als Rekonstruktion dieses aufgelösten Zusammenhanges und Warenform des Arbeitsvermögens

4. eine funktional spezifische "Fachkompetenz", ein Spezialwissen, Berufe als solche verobjektivierten Wissens- bzw. Fähigkeitsbündel, die eigens abstrakt, also losgelöst von konkreter Erfahrung ausgebildet werden

5. entsprechend verinnerlichte Verhaltensorientierungen, die der Tauschseite der Dichotomie Tauschwert/Gebrauchswertorientierung entsprechen sollen - die tauschfreie Kleinfamilie als Ort der Herstellung und Wiederherstellung von Arbeitsvermögen.

" Verfolgt man den Weg, den die Entwicklung des Arbeitsprozesses vom Handwerk über Kooperation, Manufaktur, zur Maschinenindustrie zurücklegt, so zeigt sich dabei eine ständig zunehmende Rationalisierung, eine immer stärkere Ausschaltung der qualitativen, menschlich-individuellen Eigenschaften des Arbeiters. Einerseits indem der Arbeitsprozeß in stets wachsendem Maße in abstrakt rationelle Teiloperationen zerlegt wird, wodurch die Beziehung des Arbeiters zum Produkt als Ganzem zerrissen ... wird. Andererseits, indem in und infolge dieser Rationalisierung die gesellschaftlich notwendige Arbeitszeit ... als objektiv berechenbares Arbeitspensum, das dem Arbeiter in fertiger und abgeschlossener Objektivität gegenüber steht, hervorgebracht wird ...

Rationalisierung im Sinne des immer exakteren Vorherberechnens aller zu erzielenden Resultate ist nur erreichbar durch genaueste Zerlegung eines jeden Komplexes in seine Elemente, durch Erforschung der speziellen Teilgesetze ihrer Hervorbringung. Sie muß also ... mit dem organischen, auf traditioneller Verknüpfung empirischer Arbeitserfahrungen basierten Hervorbringen ganzer Produkte brechen: Rationalisierung ist undenkbar ohne Spezialisierung ...

Infolge der Rationalisierung des Arbeitsprozesses erscheinen die menschlichen Eigenschaften und Besonderheiten immer mehr als bloße Fehlerquellen dem rationell vorherberechneten Funktionieren dieser abstrakten Teilgesetze gegenüber ...

... Die Zeit ist alles, der Mensch ist nichts mehr, er ist höchstens noch die Verkörperung der Zeit. Die Quantität allein entscheidet alles: Stunde gegen Stunde, Tag gegen Tag ... Die Zeit verliert damit ihren qualitativen, veränderlichen, flußartigen Charakter ..." (Lukacs 1970, S. 176-9).

Dieser Abstraktionsprozeß der Arbeit ließe sich etwa so, wie er auch in dieser Arbeit sehr flüchtig historisch festgehalten wurde, in einem kleinen Schema darstellen (Schema 1, siehe S. 75).

2.4. Der Doppelcharakter von Berufsarbeit

Dieses Kapitel handelt noch von "Beruf", leitet aber schon über zur näheren Bestimmung der Eigenart von "Hausarbeit" unter Bedingungen entwickelter, industrieller Warenproduktion.

SCHEMA 1: Die Ablösung einer traditionell agrarischen Produktionsweise durch eine marktorientierte industrielle, beruflich orientierte

agrarisch/subsistenzwirtschaftlich	"zünftig": einfache Warenproduktion	industrielle Warenproduktion (beruflich)
Eigenbedarf	"Sicherung der Nahrung" kundenorientierte Arbeit	vom Bedarf gelöste Massenproduktion
empirisches Wissen	empirisches Wissen und "Werkseligkeit"	abstrakt gewonnene Sachkompetenz
"ganzes Haus"	Leben unter einem Dach, aber: Trennung von produktivem Gewerbe und unproduktiver Hausarbeit	Trennung (räumlich + zeitlich) von Betrieb (Beruf) und arbeitsfreier Familie
Produktionsteilung (organische Ganzheit der Arbeit)	Berufsteilung (Homogenität der anfallenden Verrichtungen)	Spezialisierung nach Maßgabe von Zeit-/Kostenökonomie; Arbeitszerlegung
natürliche (zyklische) Zeitstruktur	zyklisch/linear	"Ökonomie der Zeit" lineare Zeitstruktur
Identität von Arbeit und Sozialstruktur	"zünftige" Rekonstruktion dieser Identität	Beruf als Rekonstruktion des Zusammenhangs von Leben und Arbeit

2.4.1. "Beruf" - ein notwendiges Übel?

Vielleicht erscheint jetzt "Beruf", ein Ergebnis des Rationalisierungsprozesses gesellschaftlicher Arbeit, als Ausdruck des "Verfalls" ehemals sinnvoller, weil organisch ganzheitlicher Arbeit, alles andere als einladend: Nichts scheint näher zu liegen, als mit jener Trennung von "Beruf" = "Tausch", Erwerb (und Tauschorientierung als entsprechende Verhaltensweisen), und "Leben" (Familie, Reproduktion) = unmittelbar bedürfnisbezogen ernst zu machen.

In der Arbeitszeit (Beruf) wären dann alle menschlichen Lebensäußerungen, außer abstrakte Leistungsbereitschaft, ausgeschaltet; es sei denn, der einzelne bringt sozusagen von "außen" ein besonderes, eigens ausgebildetes, gebrauchsorientiertes Verhalten in die Berufsarbeit herein. Im Beruf ist man vor allem Arbeitskraft ("Werktätiger" in der DDR-Sprache); Mensch kann man nach der Arbeit(szeit), zu Hause, sein; hier soll den immer wiederkehrenden Bedürfnissen, auch den individuellen Eigenarten entgegengekommen werden.

Andere werden jetzt vielleicht darauf hinweisen, daß Berufsarbeit immer noch dem einzelnen so etwas wie Initiative oder gar die Möglichkeit einer "kritischen Berufspraxis" offenläßt; und das selbst in der restringiertesten Berufssituation, z.B. in einer arbeitsintensiven repetitiven Teilarbeit - und sei es nur durch "Sabotage" oder informelle Leistungsabsprachen (Fürstenberg 1958 u. 1959).

Nicht zuletzt bleibt dem Berufstätigen - als berufserleichterndes Moment - auch die Möglichkeit einer Maximierung der eigenen Tauschinteressen zugunsten eines angenehmen Lebens nach der Arbeitszeit; dies wird meist abgehandelt als "instrumentelle Orientierung" des Arbeitenden (vgl. dazu zusammenfassend: Eckart, Herding u.a. 1975), seine Gleichgültigkeit gegenüber der Arbeit und sein Interesse am Lohn. "Beruf" als Alltagsphänomen und notwendiges Übel? Oder als Chance trotz Dominanz von "Tausch" ein besonderes gebrauchsorientiertes Verhalten zu artikulieren?

Derartige Beurteilungen der Berufsbedeutung scheinen m. E. etwas verkürzt: Sie werden weder der Eigenart von Beruf oder allgemeiner: Dem Werdegang menschlicher Existenz-(Arbeits)formen gerecht.[38]

Vielleicht ist aufgefallen, daß die im historischen Teil verwendeten Begriffe immer auch eine andere Interpretation nahelegen - daß sie immer als Fortschritt und als "Zerstörung" z. B. begriffen werden können. Ein neuer Begriff, z. B. "zünftige Arbeit", hebt den alten (bedarfsorientierte Arbeit in diesem Fall) immer nur auf, d.h., er kann ohne den alten nicht verstanden werden. So heißt Naturbeherrschung ja nicht, daß Natur ihre Bedeutung verloren hat, ebensowenig wie eine berufliche Fachkompetenz ohne alltägliches Erfahrungswissen, wie eine marktorientierte Arbeit ohne unmittelbar bedarfsbezogene, wie "Beruf" ohne "Hausarbeit" auskommt.[39]

In diesem letzten Berufskapitel geht es um die Ambivalenz, um den Doppelcharakter der Berufsarbeit. Warum?

Eine Dichotomisierung von "Leben" und "Arbeit" erschwert das Verständnis der Eigenart von "Beruf" - das ist hier aber weniger wichtig - vor allem aber von Hausarbeit.

Es ist schon schwierig genug, glaubhaft zu machen, daß private (und in der Regel weibliche) Reproduktionsarbeit auch wirklich Arbeit ist. Man muß gegen jenen "Bias", gegen jenes unausgesprochene Vorurteil ankämpfen, wonach alle Arbeit Berufsarbeit ist oder nur Berufsarbeit Arbeit; dies erscheint in einer ausschließlich tauschorientierten Produktionsweise auch selbstverständlich, da nur Arbeit und Arbeitsvermögen mit Tauschwertversprechen zählen; oder: weil Arbeit nur insoweit Gebrauchsversprechen besitzt, wie dieses zugleich Tauschwert garantiert. Die Hausarbeit ist aber keine mehrwertbildende Arbeit, deshalb existiert für sie auch keine Tauschäquivalenz (Entlohnung) und auch keine gesellschaftliche Anerkennung als Arbeit.

Mit einer Dichotomie - hier: tauschorientierte Berufsarbeit, da: "arbeits"-(tausch)freie unmittelbar bedürfnisbezogene Reproduktion (meist nur noch Interaktion, Kommunikation genannt) - wäre über die Eigenart dieser Arbeitsweise immer schon vorentschieden. Die private Reproduktionsarbeit erschiene im Gegensatz zur Arbeit für Tausch wahrhaft gebrauchsbezogen und überlegen. Dies wäre in seiner ideologischen Verzerrung gerade für eine politisch-praktische Arbeit für und mit Frauen ein unrealistischer, wenn nicht fataler Einstieg: Jedes Scheitern in der Mutter-Kind-Beziehung, jedes Versagen gegenüber der unmittelbar reproduktiven Aufgabe, der Wunsch nach Ausbruch aus der Familie etc. würden der Frau als subjektive Schuld angelastet. Daß dies auch wirklich geschieht, daß die Frau zum "Sündenbock" der Gesellschaft wird, was keineswegs übertrieben ist, liegt an der Wirksamkeit jener verbreiteten Ideologie einer Dichotomie von Beruf und Familie.

Die Komplementarität von "Beruf" und "Hausarbeit" liegt nicht darin, daß Beruf tauschorientiert und Hausarbeit - sozusagen kompensatorisch - gebrauchsorientiert ist: Das wäre zu einfach; als ob der Berufstätige in der Berufsarbeit aufhören könnte, ein leibliches natürliches Wesen zu sein und dann in der Reproduktionssphäre seine Berufserfahrungen vergessen könnte.

2.4.2. Die Gebrauchsorientiertheit jeder Form von Arbeit

In den Zitaten zur Auflösung der zünftigen Arbeit wurde immer wieder vermerkt, daß eine auf Massenproduktion und Zeitökonomie beruhende Arbeit nicht mehr an der Qualität der Arbeit, an der Sorgfalt in der Arbeit, der Ausführung, interessiert sein kann. Auch die Arbeitenden selbst verlieren ein Interesse an der Qualität - jetzt auch im übertragenen Sinn - der Arbeit, sie sind vorrangig an der Verbesserung ihrer Lebenschancen außerhalb Beruf und durch Beruf interessiert.

Erinnert sei noch einmal an die Aussage Herkners, daß mit der "Billigkeit" der Ware - auch der Arbeitskraft - die Qualität sinkt; er betont aber auch, daß dies kein notwendiger Zusammenhang ist: Das Produktionsziel "Gewinn" bleibt nicht nur immer auf einen Rest von Qualität angewiesen, er macht eine Vielfalt von Bedürfnissen, von Lebenschancen, die in einer primär naturwüchsigen Gemeinschaft undenkbar waren, erst denk- und realisierbar.

Jede Arbeit - auch Berufsarbeit - hat objektiv, also nicht eigens durch betriebliche Strategien "gerettet" oder subjektiv durch individuelles Berufsverhalten erst hineingetragen - eine Gebrauchsdimension. Für jede Form von Arbeit - andernfalls wäre nicht nur der Arbeitsbegriff unsinnig, sondern menschliches Leben überhaupt unmöglich - ist ein materielles Substrat konstitutiv. Als nützliche Arbeit ist die Arbeit eine von allen Gesellschaftsformen unabhängige Naturnotwendigkeit.

Eine wissenschaftliche Perspektive, aber auch ein Alltagsverständnis, die derart verfahren, daß eine Tauschdimension eher, sogar ausschließlich der beruflichen Arbeit, die Gebrauchsdimension aber wahrhaft nur der Reproduktionsarbeit zugeordnet wird, verdanken ihre Existenz selbst wiederum der Dominanz des Tauschprinzips; Sie können geradezu als Reifikation der Konstitutionsprinzipien fortschreitender Warenproduktion begriffen werden. Es wird allzu leicht vergessen, daß nur in Gesellschaftsformationen, die alle menschlichen Belange nach Tauschrelevanz betrachten - gedacht wird hier etwa an die Fetischisierung einer Steigerung der Arbeitsproduktivität ohne Rücksicht auf langfristige Zerstörung von Arbeitsfähigkeit, Umwelt etc. - daß nur hier "Leben" und "Arbeit" prinzipiell feindlich gegeneinander erscheinen; nur hier ist die Arbeit ohne Bedürfnischarakter. Nur hier im Kontext einer Subsumtion aller Lebensbereiche nicht mehr nur mittelbar - unter Kategorien von Tausch, Kalkül, Rationalität hat jene Dichotomie als Situationsdeutung in der Alltagswirklichkeit ihre reale Basis.

Wenn also Gebrauchs- und Tauschdimension von Arbeit für Alltagsverständnis und -handeln als getrennte erscheinen, dann nur als Reifikation der in Warenproduktion innewohnenden Tendenz, die konkret nützliche Seite der Arbeit zu verdrängen und nur im Reproduktionsbereich als arbeitsfreie diffuse Emotionalität gelten zu lassen; hier wiederum wird die "Formbestimmtheit", die Durchdrungenheit von Prinzipien beruflicher Arbeit - (die Gleichzeitigkeit von zyklischen und linearen Zeiten - Lefebvre) - verdrängt. Im Begriff "Verdrängen" ist allerdings bereits auf der semantischen Ebene enthalten, daß beides fortexistiert, erhalten und virulent bleibt: Die Gebrauchsbezogenheit von Beruf und die Tauschbezogenheit von Hausarbeit.

2.4.3. Die verdrängte Gebrauchsdimension von Beruf als Dilemma für den Berufstätigen

Woraus resultiert der Doppelcharakter der Berufsarbeit? Unter Warenproduktionsbedingungen ist nicht mehr die Befriedigung eines unmittelbar naturwüchsigen Bedarfs Produktionsziel, sondern die "Vergrößerung eines Sachvermögens". Warenproduktion teilt Arbeit in Arbeit und konkreten Bedarf, Verbrauch, konkrete Verwendung, in Arbeit und Arbeitsvermögen (Bedürfnisse und Fähigkeiten, innere und äußere Natur).

Die Vergrößerung des eingesetzten Werts kann aber nur auf der Basis konkreter Arbeit, bzw. über die Herstellung irgendwie gearteter Gebrauchsgüter und Dienstleistungen erfolgen.

Von daher bleibt auch betriebliches Handeln auf zwei sich zum Teil widersprechende Ziele gerichtet: Auf eine immer noch herzustellende Qualität (Verwendbarkeit, Nützlichkeit) der Arbeit und auf Zeit (im Sinne von Zeit-/Kostenökonomie). Dieser Doppelcharakter jetzt auch des betrieblichen Handelns - läßt sich konkret beim Arbeitenden selbst erfragen; er erfährt den Doppelaspekt von Beruf am eigenen Leibe. So ist sich z. B. eine Näherin durchaus bewußt, daß sie auf Arbeitsleistung (hoher output/Stunde) und auf gleichbleibende Qualität (geringe, keine Ausschußrate) trainiert wird; wobei es der einzelnen Näherin überlassen bleibt, beide sich widersprechende Anforderungen zu vermitteln (vgl. Marquardt-Weltz 1975/76).

Besitzt nun auch die Berufsarbeit trotz Tauschbezogenheit eine konkrete Nützlichkeit, so bleibt es dem einzelnen Berufstätigen überlassen, diese Spannung auszuhalten. Die einzelnen Berufstätigkeiten sind nicht inhaltlich, sondern tauschrelevant, also nach Maßgabe von Zeitökonomie ausdifferenziert. Die Gebrauchsdimension der Berufsarbeit, ihr konkreter Sinnbezug, tritt daher hinter den Tauschaspekt zurück, vor allem aus der Perspektive des Berufstätigen. Für diesen sind diese isolierten verselbständigten Detailarbeiten (-funktionen), wenn überhaupt, dann nur mittelbar auf die Bedürfnisse der jeweiligen Adressaten der Arbeit bezogen; unmittelbar dienen sie durch ihr Gebrauchswertversprechen für andere bzw. durch das Tauschwertversprechen der eigenen Besonderheit dem eigenen Lebensunterhalt. Da der Tauschwert, also die eigenen Lebenschancen, schließlich damit auch Gesellschaftlichkeit, von der Tauschfähigkeit des konkreten Inhalts der angebotenen Ware (auch: Dienstleistung) und des eigenen Arbeitsvermögens abhängen, gewinnen diese doch wieder eine besondere subjektive Bedeutung.

Die Gesellschaftlichkeit des Individuums, auf jeden Fall des berufstätigen, das, was seine Identität ausmacht, erscheint unter Bedingungen von Warenproduktion tauschvermittelt. Diese Identität wird durch den Tausch der eigenen konkreten Nützlichkeit gegen eine andere oder allgemeiner: gegen Geld und Lebenschancen hergestellt; deshalb muß sozusagen "durch die Hintertür" die eigene konkrete Besonderheit, der Gebrauchswert des Arbeitsvermögens als materielles Substrat des Tauschwerts wieder bedeutsam werden.

Sicher ist in der Berufsarbeit die Möglichkeit einer Instrumentalisierung der "Fachkompetenz" für Eigeninteressen, "Tauschvorteile", ein Hintanstellen der Besonderheit, Bedürftigkeit des "Klienten" z. B., der Eigentümlichkeit von Arbeit und Arbeitendem eher angelegt, als im unmittelbar reproduktiven Milieu der Hausarbeit.

Die konkret nützliche Seite der Arbeit wird vor allem da verdrängt, wo sie gerade durch einen besonderen "code of ethics" garantiert zu sein scheint.[41] Der Warencharakter der Arbeit soll durch dieses besondere "Arrangement" aus der Profession ausgesperrt sein. (Das funktionalspezifische Berufspattern von Parsons kommt der Logik der "Ware" sehr nahe).

Betrachtet man sich z. B. eine Arztpraxis mit ihren hohen Anfangsinvestitionen (plus eine erstrebte ständische Lebensführung), die eine bestimmte Quantität an "Krankenscheinen" (= Patient, Individuum) erzwingt, betrachtet man sich ferner die beinahe gleichzeitige Anwesenheit des Arztes in mehreren Sprechzimmern, die dem Patienten das Gefühl gibt, daß eine Anamnese (die Geschichte des Leidens) den Arzt belästigt, ihn unnötig Zeit, d.h. Geld kostet usw., dann kann man feststellen, daß der Abstraktionsprozeß der Arbeit ein allgemeines Berufsphänomen ist. Das Rechnen mit Geld und Zeit in der Berufspraxis ist also kein "Lohnarbeitsphänomen", auch wenn es hier - vor allem in der "Industrie" - für alle sichtbar verwirklicht ist. Zeit- und Kostenökonomie, die sogar vorschreibt, wie lange ein Heilungsprozeß dauern darf, die Mittel bevorzugt, die den Patienten kurzfristig wieder arbeitsfähig machen, ohne daß das Leiden selbst erfaßt wird - all das sind typische Merkmale von Beruf allgemein. Gerade die beruflich geforderte (erzwungene ?) Sachlichkeit des Arztes ist die professionelle Erscheinungsweise von Zeit- und Kostenökonomie, die sich immer weiter durchsetzt.

"Abstraktionsprozeß" und Tauschorientierung ist in Berufen sozusagen "eingebaut". "Eingebaut" ist aber zugleich die Chance, neue durchaus "rentable" und für beide Seiten befriedigende Lösungen zu entwerfen. Es liegt hier gerade an der Distanz - (die Begriffe erweisen sich immer als ambivalent) - die einen "Metastandpunkt", also einen Überblick über Eigenart des Auftrages und mögliche Lösungswege erlaubt, wenn Berufsarbeit innovativ oder auch nur gebrauchsbezogen ist.

Beruf und berufliches Handeln objektiv einseitig negativ, weil zwangsläufig tauschorientiert zu definieren, ist auch falsch, weil Beruf ja immer erst durch den Arbeitenden selbst gemacht wird: und über den weiß man sehr wenig. Seine "Lebensgeschichte" und nicht die objektive Tatsache, daß Beruf Arbeit für Tausch unter Tauschbedingungen ist, entscheidet erst darüber, ob die Berufspraxis eher tauschorientiert oder gebrauchsbezogen ausfällt. Es ist immer ein Individuum mit bestimmten lebensgeschichtlichen Erfahrungen, aus einem bestimmten subkulturellen - allerdings beruflich vermittelten - "Milieu", das erst alltäglich "Beruf" herstellt, Realität werden läßt. Es ist das in privater Reproduktionsarbeit hergestellte Arbeitsvermögen, das zunächst über Berufspraxis entscheidet.

2.4.4. "Gebrauchsorientiertes Verhalten" - Begriffserklärung

Für Beruf soll von einer simplen Verabsolutierung von "Tauschorientierung" abgesehen werden. Ebenso falsch ist dann auch eine grobe

Verabsolutierung bedürfnisorientierter Verhaltensweisen für den Reproduktionsbereich: Die Ambivalenz in der Begrifflichkeit gilt auch hier. Tauschorientiertes Berufsverhalten wird auf die Sinnlosigkeit der Arbeit, auf eine bestimmte Gleichgültigkeit des Arbeitenden gegenüber seiner Detailfunktion etc. zurückgeführt. Letztlich befriedigend wäre dann nur Arbeit in der Freizeit oder arbeitsfreie Freizeit und die unmittelbar reproduktive Arbeit der Frau.

Zwei Argunmente ließen sich dagegen anbringen:

- Weil jede Arbeit eine Gebrauchsdimension hat, irgendwie zielgerichtet bleiben muß, ist zunächst jedes Handeln gebrauchsbezogen, d.h. hier: subjektiv sinnvoll. Selbst der Schizophrene handelt noch sinnvoll, wenn auch nicht mehr intersubjektiv geteilt, sondern in seiner "Sprache", Welt. Auch "Maschinenstürmerei", Arbeitssabotage ist letztlich gebrauchsbezogen.

Das Problem sinnvollen Handelns taucht objektiv da auf, wo sich der Mensch von seiner unmittelbaren Identität mit seinen natürlichen Bedingungen emanzipiert hat, selbstbewußt ist. Allerdings stellt sich unter Bedingungen von Warenproduktion mit ihrer Zersplitterung in unübersichtliche Detailfunktionen, der Trennung von Erzeugung und Verbrauch die Sinn- bzw. Zielfrage gesellschaftlicher Arbeit besonders radikal.

Im Begriff "Gebrauchswertorientierung" ist das scheinbare Paradox angesprochen, daß Orientierung am "Gebrauch" zwar objektive konstitutive Bedingung jeder Arbeit, aber die Entscheidung über den "Gebrauch" keineswegs Sache der Arbeitenden sondern vielmehr abstrakt im Tauschprinzip selbst aufgehoben ist; von daher kann "Gebrauchsorientierung" als persönliche und/oder kollektive Leistung nicht ohne weiteres abverlangt oder aktualisiert werden. Tatsache bleibt, daß durch Berufsarbeit oder durch Hausarbeit, wenn auch in unterschiedlicher Weise, konkrete Bedürfnisse befriedigt werden; damit müssen aber auf der subjektiven Ebene des Individuums keineswegs notwendig auch entsprechende, empirisch abhebbare "gebrauchsorientierte" Verhaltensweisen verbunden sein. Dabei können solche gebrauchsorientierte Verhaltensweisen gerade da auftreten, wo sie strukturell ausgeschlossen zu sein scheinen, wo Zusammenhang und Sinn der Arbeit sich dem Arbeitenden entziehen. Wie wichtig es ist, zwischen einem objektiven Faktum der "Gebrauchsorientiertheit" jeder Arbeit einerseits und der Möglichkeit subjektiver Aktualisierung gebrauchsorientierter Verhaltensweisen andererseits zu unterscheiden, könnte eine Geschichte des Alltags entwickelter Warenproduktion zeigen. Tatsächlich läßt sich - und das gilt für Beruf und Hausarbeit - nur da von einem besonderen "gebrauchsbezogenem" Verhalten sprechen, wo z. B. durch kollektive oder individuelle Aktionen oder durch bewußte oder unbewußte Verweigerungsstrategien eigens auf einer Gebrauchsdimension von Arbeit bestanden wird; man könnte das "Reklamation von Sinn" nennen.

Für solche eine "Reklamation von Sinn" gibt es viele historische Beispiele: So wollten sich die Bauern des 16. Jahrhunderts in Aufständen gegen ihre Herrschaft wieder das Ergebnis ihrer Arbeit aneignen; man kann an die Maschinenstürmerei mit Ausbreitung der Industrialisierung denken, an das Aufkommen der Arbeiterverbände, aber auch an den Protest der "zünftigen Gesellen" gegen Eingriffe der Meister in ihre Arbeits- und Lebensweise ... Solche "Reklamationen" vollziehen sich aber nicht nur institutionalisiert und öffentlich. Nicht nur Lohnkämpfe können gerade da, wo sie die Objektivität der Kapitalentwicklung verlassen, als Protest gegen fortschreitende Rationalisierung und Intensivierung der Arbeit, somit gegen fortschreitende Unterordnung der ganzen Person unter Prinzipien von Zeitökonomie begriffen werden; es gibt auch spontaneistische Formen der Arbeitsverweigerung, Formen, die als solche gar nicht bewußt sind. Solche eher unbewußten Formen, allerdings auch zunehmend institutionalisierte, das mehr oder weniger artikulierte Unbehagen von Frauen ("Hausfrauensyndrom", Depressivität etc.), was die Chancen angemessener Reproduktionstätigkeit anbetrifft, existieren auch in der an sich "bedürfnisbezogenen" Familie.

Anders als beim "Bauern", anders als in der "zünftigen Arbeit", wo die Qualität (Sorgfalt und Eigenart) der Arbeit entweder unmittelbar naturabhängig oder institutionell garantiert war, (ein besonderes gebrauchsbezogenes Reproduktionsmilieu im übrigen nicht existierte) ist in der Berufsarbeit die Gebrauchsdimension der Arbeit scheinbar weniger relevant als die Sicherung von Tauschvorteilen. Dennoch ist Berufsarbeit immer auch gebrauchsbezogene Arbeit, ohne jedoch deshalb auf ein besonderes gebrauchsorientiertes Verhalten des Berufstätigen angewiesen zu sein.

Unter Bedingungen fortschreitender Warenproduktion kann man nun auf einer analytischen Ebene zwischen dem Bereich der Berufsarbeit unterscheiden, in dem auch für das Bewußtsein der Arbeitenden die Gebrauchsdimension der Arbeit zunehmend verdrängt wird, und dem Reproduktionsbereich; hier wird wiederum die Gebrauchsdimension, die unmittelbare Bedürfnisbezogenheit der Arbeit, dem Arbeitenden (hier: vor allem der Frau) objektiv auferlegt. In Wirklichkeit kommt aber der beruflichen Arbeit nicht nur die Tauschdimension zu, so wie sich die eigentlich unmittelbar reproduktive Arbeit der Frau einer Formdetermination nicht entziehen kann: Hausarbeit bleibt Arbeit im Hinblick auf Arbeit für Tausch.

All diese Aussagen zum Doppelcharakter von Beruf und zur Möglichkeit einer Aktualisierung gebrauchsorientierten Verhaltens sind arbeitsunspezifisch, gelten in irgendeiner Form für Beruf und Hausarbeit und sind geschlechtsunspezifisch; sie sagen in der gebrachten Form noch wenig über die Arbeit der Frau, deren Besonderheit, und die ihres Arbeitsvermögens aus.

2.4.5. Zusammenfassung

Für eine Arbeit, die sich nur mit der Frage nach der Entstehung, der Eigenart und subjektiven Bedeutung von Berufen befaßt, ist ein weiteres und genaueres Eingehen auf den "Doppelcharakter" der Warenform "Beruf" sicher notwendig. Für die Frage nach der Eigenart von Hausarbeit - im Gegensatz zu Beruf - ist die Entwicklung von Beruf als Abkehr von einer unmittelbar naturwüchsigen Produktionsweise wesentlicher als die widersprüchliche Einheit von Gebrauchs- und Tauschwert, die eine "Arbeit für Tausch" konstitutiert. Beruf ist eine Folge von Warenproduktion.

Warenproduktion konstitutiert eine Teilung der Arbeit in voneinander isolierte Komplexe vereinzelter Teilarbeiten und von daher vereinzelter Produzenten, deren gesellschaftlicher Zusammenhang nicht über die konkrete Besonderheit der Arbeit und des Arbeitsvermögens hergestellt wird, sondern nur durch den Austausch der Produkte auf dem Markt. Deshalb wird auch die Gesellschaftlichkeit und der Sinn der isolierten Teilarbeiten nur vermittelt über den Verkauf der Ergebnisse, also der konkreten Produkte - bzw. unter Lohnarbeitsbedingungen über den Verkauf des lebendigen Arbeitsvermögens (Beruf als Warenform des Arbeitsvermögens) sichtbar. Austausch impliziert aber immer eine Abstraktion vom konkreten Inhalt der Tätigkeit bzw. des Arbeitsvermögens zugunsten ihres Tauschwerts. Diese Abstraktion ist typisch für die ausschließliche Herstellung von Waren. Die einzelnen aus dem Gesamtarbeitszusammenhang ausdifferenzierten Detailfunktionen sind nur mittelbar auf die Bedürfnisse der jeweiligen Konsumenten, Klienten (Tauschpartner) gerichtet, unmittelbar dienen sie vor allem der Erhaltung der eigenen Lebenschancen. Hierin liegt ein Moment der subjektiven Wichtigkeit von Beruf.

Berufen kam bislang jene "synthetisierende" Funktion zu, die in einer unmittelbar naturwüchsigen Arbeitsweise überflüssig, in der zünftigen Arbeitsweise durch die institutionelle Sicherung der Einheit von Erzeugung und Verbrauch, von Nahrung und Ehrbarkeit noch einmal rekonstruiert war. Berufe als Vermittlungsinstanzen sind die Folge der nur mittelbaren, weil tauschrelevanten Ausdifferenzierung und Verselbständigung isolierter Teilfunktionen bzw. abstrakter Fachkompetenzen. Berufe rekonstruieren den gesellschaftlichen Zusammenhang dieser Teilarbeiten und -arbeiter, indem sie ihnen "Tauschfähigkeit" für den Markt garantieren; zum Beruf wird daher dauerhaft nur, was Tauschfähigkeit besitzt.

Warenproduktion konstituiert aber auch eine "Innen/Außen-Differenz", den Gegensatz von Haus- und Berufsarbeit, deren "Formdifferenz". Mit ihr wird eine bis heute nur wenig aufgebrochene geschlechtsspezifische Arbeitsteilung fort- und festgeschrieben. Mit dieser Teilung der Arbeit ist gewissermaßen eine Entscheidung darüber gefallen, welche Tätigkeiten für eine beruflich organisierte und d.h. für eine nur mittelbar auf konkret-inhaltliche Probleme ausgerichtete tauschorientierte Bearbeitung geeignet sind, und welche Tätigkeiten der unmittelbar reproduktiven Arbeit der Frau verbleiben (müssen); müssen, weil sie sich nicht ohne weiteres den Prinzipien von Zeit-/Kostenökonomie fügen.

Berufe sind also eine notwendige Erscheinung von Warenproduktion, deren bestimmende Form gesellschaftlicher Arbeit. Als solche enthalten Berufe zwangsläufig die Merkmale dieser Produktionsweise - Merkmale, die sich, was noch Thema wird, signifikant von Hausarbeit unterscheiden.

Die Arbeit ist nicht mehr unmittelbar durch ihre natürlichen Bedingungen bestimmt und in ihrer Ausführung fixiert; das Wissen ist dann auch nicht mehr (nur) Erfahrungswissen, dieses tritt hinter eine abstrakte naturwissenschaftlich gewonnene Sachkompetenz zurück; damit wird aber eine besondere, eher theoretische, also nicht unmittelbar einübende Ausbildung notwendig. Die Zeit im Beruf wird "linear", d.h. sie nimmt keine Rücksicht auf Hunger, Durst, Müdigkeit, Alter und Krankheit des Arbeitenden; eher "zyklische" dehnbare Rhythmen - der "Körper" läßt sich nicht bzw. nicht ungestraft aus seinem Rhythmus werfen, was für Natur im weitesten Sinn gilt - werden höchstens in privilegierten Berufen und in Familie und Freizeit zugelassen. Erst mit der "Industrie" - ansatzweise schon im Haus des zünftigen Meisters - entsteht so etwas wie ein arbeits(zeit)freies ausschließlich emotionales Milieu.

Es wurde versucht, den Prozeß der Ablösung einer eher traditionell bäuerlichen Arbeits- bzw. Lebensweise im "ganzen Haus" durch eine zunächst noch bedarfsorientierte, zünftige, aber schon marktorientierte Produktionsweise, schließlich durch die für "Beruf" paradigmatische "Industrie" darzustellen. Die Arbeit im "ganzen Haus" wird Beispiel für die Hausarbeit.

3. Die Eigenart der Hausarbeit als unmittelbar reproduktive Arbeit der Frau - Ähnlichkeit von traditionell bäuerlicher und weiblicher Arbeitsweise

In diesem Kapitel soll die strukturelle Eigenart von Hausarbeit näher bestimmt werden.

Beruf wurde auf dem Hintergrund der historischen Ablösung einer "archaischen", noch unmittelbar bedarfsbezogenen Wirtschaftsweise durch eine "marktorientierte" dargestellt: "Beruf" ist eine Folge und eine notwendige Erscheinung einer entwickelten "warenproduzierenden", also unmittelbar markt- bzw. tauschorientierten Wirtschaftsweise. Die Hausarbeit erinnert dagegen auch heute noch an jene "archaische" Arbeits- und Lebensweise. Deshalb wird in diesem Kapitel die Eigenart der als einer auf Eigenverbrauch und unmittelbare materielle und psychische Daseinssicherung gerichteten Wirtschaftsweise thematisiert: Dabei werden allerdings nur die Merkmale dieser unmittelbar subsistenzwirtschaftlichen Arbeits- und Lebensweise herausgegriffen, die auch heute noch, zumindest rudimentär, für Hausarbeit gelten. Idealtypisch betrachtet steht Hausarbeit also im strikten Gegensatz zu Beruf.

Im vorausgegangenen Kapitel war im einzelnen nachvollzogen worden, welche Wandlungen eine noch eher "archaische" (bäuerliche) Arbeitsweise im historischen Prozeß einer "Verberuflichung" unterworfen worden war: Die Wandlung eines ursprünglich alltäglichen Erfahrungswissens zur abstrakten Fachkompetenz, die Ablösung des sinnlich konkreten empirischen "Wissens" durch eine an exakter Naturwissenschaft orientierten rationalen Analyse und Erklärung, das Zurücktreten von "Tradition" zugunsten der Revolutionierung der Arbeitsmittel, der Verlust der "Werkseligkeit", der Freude des Arbeitenden am sichtbaren Erfolg seiner Arbeit. Es wurde gezeigt, daß die "industrielle Warenproduktion" mit jener archaischen Arbeits- und Lebensweise gebrochen hat.

Für die Hausarbeit bleiben dagegen bis zu einem gewissen Grad diese durch industrielle Warenproduktion verdrängten Elemente konstitutiv. Diese Parallelität von archaischer (z. B. traditionell bäuerlicher) naturgebundener und bedarfsbezogener Arbeit und "Hausarbeit" zu kennzeichnen, ist Ziel dieses Kapitels. Dabei soll vor allem versucht werden zu zeigen, weshalb der Arbeit der Frau auch heute noch eine gewisse Naturwüchsigkeit zukommt, sogar verbleiben muß. Private Reproduktionsarbeit läßt sich nicht verberuflichen, - es können nur gewisse Funktionen an den Berufsbereich abgegeben werden!

3.1. "Hausarbeit" als Gegenstand wissenschaftlichen Interesses

Die These dieses Kapitels ist, daß die Eigenart der Hausarbeit durch die Besonderheit ihrer "Gegenstandskonstitution" (unmittelbare Naturgebundenheit) erklärt werden kann.

In der Literatur findet man die These, daß "Hausarbeit" auf eine besondere, weil naturwüchsige Arbeit verweist, wenn überhaupt dann nur fragmentarisch (z. B. bei Krovoza 1976 und Prokop 1975 in Anschluß an Lefebvre 1975 und Negt/Kluge 1972).

Systematisierte Materialien zur Entwicklung und Struktur von Hausarbeit fehlen leider. Brunner meint, daß die geschriebene Geschichte der "Arbeit" meist nur eine Geschichte industrieller Warenproduktion bzw. des ihr zugrunde liegenden Rationalisierungsprozesses enthält. So sucht z. B. Max Weber bereits in der Antike nach den Wurzeln dieses Rationalisierungsprozesses, ohne auf die vielfältigen Ausprägungen einer archaischen Arbeits- und Lebensweise näher einzugehen, in der dieser Prozeß eingebettet war. Daß sich bestimmte Formen dieser archaischen Arbeitsweise bis heute erhalten (müssen), wird dann oft vernachlässigt (vgl. Mander/Rush 1974).

"Hausarbeit" ist gerade unter dem Aspekt der Besonderheit ihres Arbeitsgegenstandes eine von wissenschaftlicher Forschung bislang vernachlässigte Kategorie.

Spontan versteht man unter Hausarbeit banale Tätigkeiten wie Putzen, Kochen, Waschen, Aufräumen - weniger die Sorge für Mann und Kinder. In diesem Sinn ist Hausarbeit eine gering geschätzte Kategorie, weist man doch immer wieder auf die technisch-organisatorischen Rationalisierungsmöglichkeiten im Haushalt hin, die der Frau eigentlich jede Putz-Wasch-Kocharbeit erleichtern, wenn nicht sogar abnehmen. Lediglich volkswirtschaftlich betrachtet ist der "Haushalt" als Ort der Hausarbeit und der Verfügung über (bzw. des effektiven Umgangs mit) den Lohn des Mannes eine relevante Größe.

Der Begriff der Hausarbeit wird häufig in Verbindung gebracht mit der "Konsumfunktion der Familie" oder mit bestimmten Kombinationen von Verrichtungen, Leistungen und Anforderungen (vgl. etwa die Curricula des Ausbildungsganges "Hauswirtschaft"). Oder die Arbeit der Frau in der Familie wird gleichgesetzt mit der Sorge für das leibliche Wohl der Kinder[1] - überdenkt man die Debatten im Bundestag zur Lage der Familien[2] - und des vom Beruf absorbierten Ehemannes. Diese Sorge wird dann aber nicht als Arbeit angesehen.[3]

Wenn Hausfrau, Hausarbeit und "Frau" allgemein für Alltagsverständnis und Politik Bedeutung erlangen, dann vor allem in dieser auf Personen bezogenen, eher psychisch als materiell reproduktiven Bedeutung. Hausarbeit konzentriert sich heute vor allem auf die Beziehung (= Arbeit) zwischen Mutter und Kind.

In den folgenden Abschnitten sollen einige Möglichkeiten wissenschaftlicher Betrachtung von Hausarbeit kurz gestreift werden: Inwieweit berücksichtigen eine "wirtschaftswissenschaftliche" oder eine "soziologische" Perspektive die inhaltliche Besonderheit der Arbeit der Frau im Haus?

3.1.1. Die wirtschaftswissenschaftliche Haushaltsanalyse

"Haushaltung" und "Hauswirtschaft" bilden einen Ausschnitt aus einer wirtschaftlichen Theorie der Privathaushalte. Die Haushaltsanalyse ist entweder an einer Rationalisierung haushälterischen Handelns (Pross/ Schweitzer 1975) oder an einer Analyse des Konsumentenverhaltens und dessen "Planbarkeit" interessiert. Dabei sind sich einige Autoren [4] durchaus der Besonderheit haushälterischen Handelns bewußt: der Arbeit der Frau in der Familie kann nicht ohne weiteres eine Rationalität im Sinne von Zeit-/ und Kostenökonomie unterschoben werden. Haushaltsanalysen unterscheiden daher häufig zwischen einer ökonomischen Rationalität und einer "haushälterischen Vernunft" (Schweitzer 1968) bzw. zwischen einer zweckrationalen ökonomischen und einer materialen Rationalität.[5] Dieser Trennung entspricht in etwa die Trennung zwischen beruflicher und weiblich-reproduktiver Arbeit. Die Hausfrau in ihrer unmittelbar reproduktiven Tätigkeit wird vor allem durch die Tatsache definiert, daß sie die "Genußreife" des Produkts herbeiführt, also den Konsum ermöglicht (Raffee 1969, S. 18). In erhebliche Schwierigkeiten gerät diese Theorie allerdings, wenn sie versucht, auf die Besonderheit haushälterischen Handelns, auf die Besonderheit privater Reproduktionsarbeit einzugehen; diese beinhaltet ja eine andere Vernunft (hier: Rationalität) als berufliche Arbeit. Gerade diese besondere Rationalität privater Reproduktionsarbeit - man erwartet von einer Mutter in ihrer alltäglichen Sorge für ihr Kind, ihren Mann, andere als berufliche, also zeitökonomische abstrakt rationale Verhaltensweisen - erschwert eine technisch-organisatorische Rationalisierung des Haushalts, u. a. auch die sinnvolle Anwendung und Verwertung von Zeitbudget-Studien.[6]
Frau Schweitzer (ähnlich Egner 1952 und 1967, Raffee 1969) formuliert die Schwierigkeit exakter Haushaltsanalysen und Rationalisierungschancen folgendermaßen:

" Wir stellen somit die These an den Anfang dieses Kapitels, daß weder soziale noch ökonomische Rationalität die Maximen für das haushälterische Handeln zu setzen vermögen, sondern einzig die dieser Rationalität innewohnenden Sinngebungen, die es für jeden konkreten Fall der haushälterischen Entscheidungen zu eröffnen gilt und die sich in einem System von Gewissenspflichten erfassen lassen, welche dann von jedem einzelnen in völliger Freiheit bei seinem Handeln bejaht oder verneint werden können ... Die Überlegungen zeigen, daß die ökonomische Rationalität für das haushälterische Handeln niemals eine absolute, sondern jeweils nur eine relative Gültigkeit haben kann, wobei zunächst nicht der Nutzen, sondern nur jener Nutzen, der eine Milderung der leib-seelischen Lebensnot herbeiführt, im haushälterischen Sinne maximiert werden kann ... Wir können mit der formalen ökonomischen Rationalität für die Verantwortung für das einzelne haushälterische Handeln annähernd nichts gewinnen. Sie ist ambivalent, sie kann zu sinnvollem wie sinnwidrigem haushälterischen Handeln verwandt werden ... Während in der Erwerbswirtschaft die Zwecksetzung eindeutig durch die Gewinnmaximierung, Kostenminimum bzw. Risikoausgleich gesetzt und die größte Variationsbreite in der Mittelverwendung gegeben ist, liegen die Verhältnisse in der Unterhaltswirtschaft genau umgekehrt. Hier haben wir die große annähernd unbegrenzte Breite in den möglichen Zielsetzungen und die daraus konsequent folgende relative Enge in der Mittelanwendung." (Schweitzer 1968, S. 164, 168-169).

Im Begriff der "haushälterischen Vernunft", einer Vernunft, die sich fundamental von der beruflichen Arbeit unterscheidet, liegt die Chance, private Reproduktionsarbeit inhaltlich zu fassen. Der entscheidende Schritt wäre, zu fragen, welche Qualität Hausarbeit hat, welchen Sinn es hat, daß eben andere als zeitökonomisch rationale Verhaltensweisen zur adäquaten Erfüllung der Aufgabe erforderlich sind. Für eine wirtschaftswissenschaftliche Perspektive ist diese Frage irrelevant.[7] Weil sie das für warenproduzierende Gesellschaften konstitutive Verhältnis von Beruf und Hausarbeit nicht thematisiert, damit die Grenzen einer Unterwerfung der Hausarbeit unter die an sich nur für berufliche Arbeit geltenden Prinzipien von Zeit- und Kostenökonomie, d.h. auch die Grenzen einer Verberuflichung von Hausarbeit nicht kennt - und anerkennt - vollziehen sich ihre Studien zur Rationalisierung des Haushalts und zum Zeitbudget letztlich jenseits der Alltagsroutine von Frauen.[8]

3.1.2. Soziologische Perspektive I: Familie als Interaktionsgefüge, nicht als Arbeitsbereich

Unter einem familiensoziologischen bzw. sozialisationstheoretischen Aspekt interessiert die Hausarbeit meist nicht als Arbeit, also nicht inhaltlich, sondern formal in ihrem Beziehungscharakter. Zwischenmenschliche Beziehungen, Interaktion und Kommunikation werden normalwissenschaftlich nicht als Arbeit angesehen.[9] Die Arbeit der Frau interessiert schon gar nicht in ihren ökonomischen Verflechtungen mit dem Markt oder in ihrer Konsumfunktion. Die Familie als Ort der Hausarbeit wird vielmehr markt-/tauschfrei definiert, vorhandene Tauschdimensionen werden als solche entweder nicht anerkannt oder ausgeblendet. Das Beharren auf der Wichtigkeit der Mutter-Kind-Beziehung, auf gelungenen Sozialisationsabläufen (Geschlechtsrollenlernen, Verdrängen unmittelbarer Bedürfnisbefriedigung zugunsten Realität etc.) kennzeichnet die Familie als Arbeitsbereich der Frau. Falls private Reproduktionsarbeit überhaupt thematisiert wird, dann nur, weil durch sie menschliche Verhaltenspotentiale so geformt und (psychisch und materiell) erhalten werden, daß sie für eine Verberuflichung mehr oder weniger (bei Frauen z.B.) geeignet sind und bleiben.

Die Begriffe "Haushalt" bzw. "Hausarbeit" werden also sozialwissenschaftlich als Kategorie gefaßt, die besonders im Hinblick auf "Konstitutionsbedingungen" von Beruf, soweit sie die Person des Berufstätigen angehen, Bedeutung erhält. Hier werden durch primäre Sozialisationsleistung der Familie - fern vom wirklichen Tauschgeschehen - berufliche Fähigkeiten in ihrer Ambivalenz (re-)produziert.[10] (Parsons Aufbau seines 'Social System' kann hierfür typisch begriffen werden: die "Familie" bildet die Nahtstelle zwischen den funktionalen Erfordernissen des "Systems" und den Verhaltensorientierungen der Funktionsträger (= Individuen). Ähnlich spricht Habermas (1973) vom Zusammenspiel von "System" und "Lebenswelt", das durch individuelle Motivationsleistung hergestellt wird). Daß individuelle Motivationen auch durch die besondere Arbeitsweise von Frauen geschaffen werden, wird nicht gesehen.

"Haus", "Familie" ist vor allem eine Betrachtung primärer Sozialisationsleistungen, z. T. von Regenerationsaufgaben derzeitiger Arbeitskräfte: Die Frau hat, was allerdings nicht so explizit formuliert wird, eine Atmosphäre zu stiften, die dem Kind eine Loslösung von der Mutter, von ihrer Zuwendung, und den Weg in die (Berufs-/Arbeits-)Realität attraktiv erscheinen läßt. So ist die Frau als Sozialisationsagentin in der soziologischen Literatur hinreichend bestimmt. Daß Frauen jedoch in ihrer unmittelbar reproduktiven Arbeit etwas Eigenes, Besonderes täglich neu schaffen (Wissen, Techniken, Verhaltensweisen ...), daß die Hausarbeit trotz bzw. wegen ihrer Alltäglichkeit eine Arbeitsweise erhält, die an eine noch bedarfsorientierte erinnert, verblaßt hinter der Abhängigkeit der Frau vom Beruf bzw. Lohn des Mannes.[11] Die Frau ist nur im Bezug auf andere definiert: als Mutter, Ehefrau hat sie keine eigene Geschichte (vgl. u.a. Beauvoir 1968).

3.1.3. Soziologische Perspektive II: Die Besonderheit der Hausarbeit interpretiert als zeitliches "Nachhinken"

In der Familiensoziologie wird manchmal der Gegensatz von "Beruf" und "Hausarbeit" bzw. allgemeiner der Unterschied zwischen dem System beruflicher Arbeit mit seiner fortschreitenden Zweckrationalität und der noch traditionsgebundenen, konservativen Familie als ein "time-lag" interpretiert:[12] "Beruf" und "Hausarbeit" (Familie) unterscheiden sich danach nicht qualitativ. Ihre Entwicklung ist allerdings "ungleichzeitig" (Bloch 1962 bzw. 1975). Die Familie, der Haushalt, auch Frauen "hinken der gesellschaftlichen Entwicklung nur nach".

Diese Auffassung widerspricht grundlegend der These dieser Arbeit, die von einem notwendigen qualitativen Unterschied zwischen Beruf und Hausarbeit unter Bedingungen industrieller Warenproduktion ausgeht. Die "Ungleichzeitigkeit" der strukturellen Entwicklung von Beruf und Hausarbeit ist nicht bloß ein zeitliches Nachhinken, sondern wird durch den je spezifischen Arbeitsgegenstand von Beruf als Arbeit für Tausch und von privater Reproduktionsarbeit hergestellt. Dieser "time-lag" ist damit ein notwendiges, nicht aufhebbares strukturelles Moment und Ausdruck eines qualitativen Unterschiedes zweier Arbeitsweisen.

Das Mißverständnis, das in dieser Perspektive liegt, wird deutlicher, wenn man sich überlegt, was es heißt, das "Rationalverhalten der Familie" zu fördern, etwa wie es Schweitzer/Pross abschließend in ihrer Untersuchung fordern (Pross/Schweitzer 1975, S. 445). Dabei unterliegt diesem Begriff von "Rationalverhalten" - trotz zunächst gegenteiliger Definition - keineswegs ein je besonderes, aus einer bestimmten materiellen etc. Lage heraus zu begreifendes Verhalten, sondern doch wieder "Zweckrationalität" im streng "zeit-/kostenökonomischen" Sinn. "Rationalität" wird definiert auch hier in bezug auf ökonomische Rationalität, über den Weberschen Begriff von "Rationalisierung" (ebenda S. 1o3) als Steigerung von Arbeitsproduktivität i. S. von maximaler Verwertbarbeit von Arbeitskraft durch Ökonomie der Zeit, bei minimalem Aufwand für die Kosten für den Faktor Arbeit (Reproduktionskosten). Damit gelingt es solch einer Perspektive auch, u. U. der Besonderheit der Frau bzw. weiblicher Arbeitsweise jede Rationalität abzusprechen, sie als nachhinkend, rückständig zu bezeichnen - wo die Zweck-Mittel-Wahl nicht jener ökonomischen Rationaltät entspricht.

Daß bestimmte (nicht-berufliche!) Formen der Aufgabenbewältigung in der weiblichen Reproduktionsarbeit für diese durchaus rational (vernünftig und sinnvoll) sind, daß diese nicht-beruflichen Arbeitsweisen in ihrer realen Besonderheit auf eine ihnen entsprechende materielle Basis (Arbeitsgegenstand) verweisen, entzieht sich dieser Perspektive. (Jenseits der Rationalitätsdefinition des "Warenverkehrs" scheint "Irrationalität" zu beginnen. Für das, was rational ist, gilt mithin nur ein Maßstab).

Zusammenfassend läßt sich sagen, daß Versuche einer inhaltlichen Bestimmung von Hausarbeit - soweit überhaupt vorhanden - entweder zu kurz greifen, z. B. die wirtschaftswissenschaftliche Perspektive "Haushalt" oder die soziologische zum Interaktionsgefüge "Familie". Eine "time-lag"-Interpretation übersieht die qualitative Eigenart und die besondere "materielle Rationalität" privater Reproduktionsarbeit, die sich eigentlich jeder Rationalisierung im Sinne von Zeit- und Kostenökonomie entzieht, soll Arbeitsvermögen für industrielle berufliche Arbeitsprozesse hinlänglich ausgebildet werden.

3.2. Versuch einer historischen Bestimmung von "Hausarbeit"

Im 2. Kapitel wurde versucht, "Beruf" durch eine historische Nachzeichnung seiner Entstehung näher zu bestimmen. Für "Hausarbeit" existiert aber solch eine "Sozialgeschichte" ebensowenig, wie es eine Sozialgeschichte der Frau gibt.[13] Dies hat mehrere Gründe, die hier nicht alle erwähnt werden können.

So könnte man sagen, daß die Frau als Paradigma des Alltags in ihrer alltäglichen Sorge für das Überleben, für immer wiederkehrende, nicht aufschiebbare, endgültig lösbare existenzielle Probleme, keine Geschichte macht und machen kann; (wie deshalb auch die unmittelbare Identität von Mensch und Natur in archaischen ("primitiven") Gesellschaften dem modernen Menschen geschichtslos erscheint).[14]

Zum anderen liegt die - sicher nicht gewaltlose - Beschränkung der Frau auf unmittelbare Subsistenzsicherung historisch weit zurück; sie erscheint daher naturgegeben und natürlich, auch universal. Daß sich diese geschlechtsspezifische Arbeitsteilung erst historisch herausgebildet hat, daß sie zwar auf einer biologischen "Arbeitsteilung" aufbaut, dennoch gesellschaftlich, daher auch in einer Vielfalt unterschiedlichster Varianten hervorgebracht wird, also prinzipiell veränderbar ist, wird zu leicht übersehen (außer z.B. Meillassoux 1976).

Die Geschichte der "Hausarbeit" zerfällt in zwei Teile:

1. In die Geschichte der Herausbildung einer - sicher auch biologisch begründbaren - geschlechtsspezifischen Arbeitsteilung, lange bevor die Menschen im "Haus" seßhaft wurden.

Es gibt wenig historische und auf keinen Fall gesicherte Hinweise auf den Prozeß der Herausbildung dieser Arbeitsteilung zwischen Mann und Frau, die sich grundlegend erst mit der allmählichen Entwicklung einer marktorientierten Wirtschaftsweise ändert. Man bleibt auf ethnologische Studien archaischer Gemeinschaften[15] und auf die wenigen volkskundlichen

Quellen angewiesen, die sich mit dem alltäglichen Leben der arbeitenden Bevölkerung befassen. Gerade der alltägliche Umgang der Menschen vergangener Zeiten mit sich und ihrer natürlichen Umwelt ist nur in Liedern und Mythen aufgehoben.

2. In die Geschichte der verschiedenen Ausprägungen der Arbeit der Frau in ihrer historischen (europäischen) Entwicklung - vor allem seit Entstehung des bäuerlichen "ganzen Hauses" (Oikos).

Auch wenn man von "Epochen im Wandel der Familienhaushalte" (Egner 1966) bzw. der Arbeit der Frau in der Familie sprechen kann, erhält sich doch durch diese Wandlungen hindurch die Naturgebundenheit des weiblichen Arbeitsgegenstandes.

Beide Aspekte einer (noch nicht geschriebenen) Geschichte der Hausarbeit [16] sollen hier kurz umrissen werden mit dem Ziel, gerade diese "Invarianz" im Arbeitsgegenstand der Hausarbeit zu verdeutlichen.

3.2.1. Universales Moment weiblicher Arbeit: Sorge als Sicherung des alltäglichen Überlebens

Als konstitutives Moment verbleibt der Arbeit der Frau die Sorge [17], ursprünglich eigentlich eine geschlechtsunspezifische Komponente menschlicher Arbeit überhaupt: die alltägliche Sorge für das menschliche Überleben. Diese Arbeit ist nicht oder zumindest nicht vordringlich auf eine Vergrößerung des Ertrages gerichtet, sondern auf die kontinuierliche Sicherung und Erhaltung des Gegebenen, Erarbeiteten. Eine Vergrößerung des Ertrages dient also ebenfalls unmittelbar dem alltäglichen Überleben, verselbständigt sich nicht lösgelöst vom unmittelbaren Verbrauch (Industrie!). Werkzeuge, Techniken, Fertigkeiten sind auf diese Sicherung unmittelbarer Reproduktion bezogen. Fähigkeiten und Kenntnisse basieren auf Erfahrungen im Umgang mit Natur; sie zeichnen sich durch hohe Materialbezogenheit, Material- und Naturkenntnis, hohe sinnlich intuitive und anschauliche Differenzierungsfähigkeit für alle Dinge und Erscheinungen , mit denen im alltäglichen Leben umgegangen werden muß, und ihrer Umwelt. (Vgl. dazu: Levi-Strauss' Beschreibung der Völker, die noch auf der Stufe unmittelbarer Daseinsvorsorge verharren, und ihre Kenntnis, was die Differenzierung von Pflanzen, ihre Wirkungen, überhaupt von Lebewesen und ihrer Umwelt betrifft.) Die Entwicklung solcher Fähigkeiten braucht Zeit, viel freie Zeit des Probierens, Scheiterns, Wiederprobierens, Kennenlernens. Solche Kenntnisse und Fähigkeiten bergen Jahrtausende Erfahrung (u. a. von Hunger, Angst, Krankheit etc.) in sich. Sie gehen verloren, wenn "Zeit" zum knappen Mittel wird, wenn alltägliches Erfahrungswissen hinter eine abstrakte Fachkompetenz zurücktritt, wie dies unter Bedingungen fortgeschrittener industrieller Warenproduktion der Fall ist.

Diese primäre Komponente menschlicher Arbeit und nicht die Vergrößerung des Ertrages verbleibt - aus welchen Gründen kann nicht sicher geklärt werden - im Laufe gesellschaftlicher Entwicklung der Arbeit der Frau. Dies bedeutet nicht, daß nicht gerade auch durch diese an sich subsistenzwirtschaftliche Arbeit Überschüsse produziert werden (wie auch diese Arbeitsweise auf eine Entwicklung von Technik, Werkzeugen angewiesen ist und solche schafft): Interessanterweise verbleibt unter Bedingungen von Subsistenzwirtschaft der Tausch von Überschüssen (hier: immer noch als Nebenergebnis der Arbeit) noch in den Händen der Frauen. Erst wenn Arbeit für Tausch zur dominierenden Form gesellschaftlicher Arbeit wird, erscheint der Mann als Agent des Tausches auf dem Markt (Sohn-Rethel 1971, 2. Aufl., Kurnitzky 1974).

Mit einiger Sicherheit läßt sich behaupten, daß erst mit der Möglichkeit eines Mehrprodukts einer "zusätzlichen Produktion" über die alltägliche notwendige Daseinsvorsorge hinaus eine geschlechtsspezifische Arbeitsteilung in der Form auftritt, daß Frauen kontinuierlich die unmittelbare Reproduktion sichern, eben jene alltägliche Daseinsvorsorge - wie knapp und mit welch "provisorischen" "Fall-zu-Fall"-Methoden auch immer (vgl. Levi-Strauss 1974). Durch diese Beschränkung der

Frauen auf unmittelbare Reproduktionstätigkeit, zugleich durch diese geschaffene Voraussetzung jeder weiteren Spezialisierung von Arbeitstätigkeiten, wird den männlichen Gesellschaftsmitgliedern eine Spezialisierung auf andere Tätigkeiten ermöglicht (Jagd, z. B. Tierzucht, Gartenbau - Tätigkeiten, die zunächst sicher eher dem Zufall und daher oft dem Scheitern überlassen waren - als sie noch keinen kontinuierlichen Beitrag zur unmittelbaren Existenzsicherung leisten konnten). Gedacht wird hier z. B. an die Schilderung dieser Aufgabendifferenzierung bei brasilianischen Indios in "Traurige Tropen", Köln 1974, S. 238 ff. von Levi-Strauss:

> " Während die Männer mit Pfeil und Bogen bewaffnet den ganzen Tag auf die Jagd gehen, ... wandern die Frauen mit Stöcken bewaffnet und von den Kindern begleitet auf der Savanne umher und sammeln, fangen und töten alles, was ihnen über den Weg läuft und der Ernährung dient ... die Jagd (der Männer - I. O.) glückt selten in diesen unfruchtbaren, sandigen Gegenden ... So überleben die Familien einzig dank dem Sammeln von Früchten und Wurzeln ... Wenn der Mann schweigsam und müde ins Lager zurückkehrt und seinen unbenutzten Bogen und die Pfeile auf die Erde wirft, kramt die Frau aus dem Korb ihre rührenden Schätze hervor - ein paar gelbliche Früchte ... zwei dicke giftige Spinnen, ein paar Eidechsen samt ihren winzigen Eiern, eine Fledermaus, Nüsse ..., eine Handvoll Heuschrecken" (S. 246 f).

Wo sich männliche und weibliche Arbeit als je besondere aus einem noch unmittelbar naturwüchsigen Arbeitszusammenhang herauszudifferenzieren beginnt, bleibt die spezifische Arbeit der Frauen auf unmittelbare Bedarfsdeckung konzentriert. Frauen (und Kinder) haben z. B. jeden Tag soviel Nahrung herbeizuschaffen, daß die "nackte physische Existenz" der Gemeinschaft gesichert bleibt. In der Sorge um das alltägliche Überleben haben die Frauen die Möglichkeit der Vorratshaltung - sie versteckten z. B. oder vergruben Nahrungsmittel vor dem Zugriff der heimkehrenden Männer - und den Ackerbau entdeckt. Der Part der Frauen war es also, durch die tägliche Sicherung des Existenzminimums die Arbeit der anderen Gemeinschaftsmitglieder erfolgsunabhängig zu machen.

In diesem Zusammenhang muß die geachtete Stellung der Frau, die Wertschätzung ihrer Arbeit, in reinen Ackerbaugemeinschaften gesehen werden (Kurnitzky 1974, u.a. in Anschluß an Kerenyi 1966). Als "wertvolle Produktionsmittel" wurden Frauen gehandelt und ausgetauscht, oft geraubt (ebenda).

Die "archaische" Arbeit der Frau als alltägliche Sorge für das Überleben bedeutet, wo "die Natur noch nicht überlistet war" (Habermas 1968; Horkheimer/Adorno 1973, 2. Aufl.), wo "Wissen" und Techniken kaum entwickelt waren, Hunger und Mühsal und, wo Nahrung im Überfluß war, immer noch Angst vor einer unbewältigten und unbegriffenen Natur.

3.2.2. Exkurs: Die symbolische Bedeutung der archaischen Arbeit der Frau - Mystifizierung und Mißachtung weiblicher Eigenart

Levi-Strauss schildert in "Traurige Tropen" eine Ambivalenz in der Einschätzung der Arbeit der Frau, schließlich von "Frau" überhaupt, wie sie auch in der Antike bekannt war und sich bis heute in einer Mystifizierung des Wesens der Frau und in der Geringschätzung von Hausarbeit fortsetzt.

> " ... obgleich die Frauen im wirtschaftlichen Leben eine entscheidende Rolle spielen, wird ihre Arbeit doch als minderwertig betrachtet. Die Vorstellung vom idealen Leben kreist ... um reiche Jagdbeute: man träumt davon, viel Maniokmehl und große Stücke Wild zu haben. Die zufällig gefundenen (!) Nahrungsmittel werden hingegen als Ausdruck des täglichen Elends betrachtet, was sie ja auch tatsächlich sind. So wird die Frau für ein zwar kostbares, aber zweitrangiges Gut gehalten. Untereinander sprechen die Männer von den Frauen mit etwas mitleidigem Wohlwollen und behandeln sie mit gutmütiger Herablassung ..." (Levi-Strauss 1974, S. 247-8).

Trotz der Bedeutung der Sicherung des Existenzminimums der Gemeinschaft durch die Arbeit der Frau[18] verkörpert diese Hunger und Knappheit, Traurigkeit und Passivität. Die Frau "wartet" nur, was die Natur ihr freiwillig abgibt, sie nimmt nur, was sie natürlich vorfindet. Diese

Arbeit ist nicht Arbeit im Sinne "instrumentellen Handelns" (Habermas 1968), keine bewußte Zweck-Mittel-Setzung zur Erreichung eines vorgenommenen Zieles wie z.B. die männliche Jagd, männliche Raub- und Kriegszüge oder Tauschhandel, wo "Tausch" beginnt, die Arbeit als Arbeit für den Eigenverbrauch zu verdrängen. Deshalb wird die Arbeitsweise der Frau auch eher als "Erfolg ohne Arbeit" angesehen: Frauen scheinen sich nicht aktiv ihre Umwelt anzueignen - sie sammeln, bewahren, pflanzen an und warten ab, ob diese Arbeit "Früchte trägt".

Als "Erfolg ohne Arbeit" symbolisiert die Arbeit der Frau ein Moment menschlichen Daseins: die Sehnsucht nach Befreiung von mühseliger Arbeit. Wie Opferrituale (Adorno/Horkheimer, Kerenyi, Kurnitzky), Mythen und noch heute allgemein übliche Mystifikationen des "ewig Weiblichen" erkennen lassen, wird die Arbeit der Frau mit der Sehnsucht nach dem Paradies, nach einem Leben "von der Hand in den Mund", nach unmittelbarer und müheloser Bedürfnisbefriedigung, in Verbindung gebracht.[19] Man könnte diese Sehnsucht - in Begriffen der Psychoanalyse - als permanente orale Regression, wie sie nicht einmal einem Neugeborenen zugestanden wird, begreifen.

Das Streben nach "Erfolg ohne Arbeit" bleibt ein wesentliches und angesichts einer zeitökonomischen "widernatürlichen" Wirtschaftsweise heute ein durchaus kritisches Moment weiblicher Kultur. Daß Frauen sich selbst mit Liebe zur Schönheit, zu schönen Dingen, Blumen etc. beschreiben und beschrieben werden[20], könnte Ausdruck jener Sehnsucht sein - zugleich ein latentes Wissen um die eigene Geschichte.

Das Motiv "Erfolg ohne Arbeit" besitzt für Frauen zugleich ein objektives Moment: Gerade die Schwangerschaft, die ausschließlich "weibliche Produktion" kann als "Erfolg ohne Arbeit" mit den entsprechenden Verhaltensweisen wie Geduld, Passivität und Sensibilität im Umgang mit sich und der Umwelt begriffen werden.

Dies ist aber nur ein Aspekt weiblicher Arbeit bzw. der Mystifizierung der Frau bis heute.

Jenes Paradies, die augenblickliche und unmittelbare Bedürfnisbefriedigung hat nie wirklich existiert. Archaische Gesellschaften waren eben nicht bedürfnisbezogener als industrielle, sie konnten es gar nicht sein. Die archaische Arbeitsweise symbolisiert bis heute den unberechenbaren Wechsel von Hunger und Überfluß, von Naturkatastrophen und Sicherheit etc. Menschliche Existenz scheint deshalb (z. B. in der Philosophie Platons) erst da wirklich zu beginnen, wo die Menschen gelernt haben, ihre innere und äußere Natur Schritt für Schritt zu beherrschen. Frauen gelingt diese "Naturbeherrschung" wegen ihrer biologischen Reproduktionsfähigkeit nie vollkommen.[21] Vielleicht hat deshalb die Identifizierung von "Frau" mit "böser (weil nicht zu beherrschender) Natur" (Platon und in Anschluß daran die christlichen Lehren) über eine Überhöhung der Frau als Symbol natürlichen Reichtums und Fruchtbarkeit gesiegt.

Das Ziel einer "Wiedererweckung der Frau zum Kinde" (Jurczyk 1976) im Dritten Reich oder der Ausspruch Platons, der "Frau" in Verbindung bringt mit "nichtseiender Materie" -

> " ... Form, reinste Einheit, ist das bestimmende männliche Moment; diese Herrschaftsgewalt ist das autonome Gute. Materie ist das unbestimmte und darum zu bestimmende Moment, das schlechthin Nichtseiende also und weiblich Abhängige. Sie ist von Übel. Denn ihre chaotische Mannigfaltigkeit verführte die präexistierende Seele einst, sich ins Sumpfgelände des me on ("Nichts", Nicht-Sein - I. O.) herabziehen zu lassen ...
>
> Seelenlos ... sind die Frauen; sie sind ebenso üble wie nichtseiende Materie. Sie zu lieben ist eine Schande ..."[22]

- beides symbolisiert jeweils einen Aspekt jener Mystifizierung der Frau. Die irrationale Angst vor dem, was Weiblichkeit einmal bedeutet hat - Abhängigkeit von der Willkür innerer und äußerer Natur - bleibt heute in einer "naturbeherrschenden" Arbeitsweise immer noch als gesellschaftliche Benachteiligung von Frauen erhalten; dies gilt vor allem da, wo rationale Argumente für eine Diskriminierung von Frauen erschöpft sind (vgl. auch das Frauenbild in der Presse, z. B. DER SPIEGEL).

3.2.3. Die Besonderheit der Arbeit der Frau im historischen Umbruch

Trotz einer spezifischen Aufgabenverteilung zwischen Mann und Frau in einer archaischen Gemeinschaft unterliegen doch alle Mitglieder der Gemeinschaft ohne Rücksicht auf Alter, Geschlecht, Verwandtschaft gleichermaßen dem Zwang der alltäglichen Daseinsvorsorge. Frauen zählten genauso wie jedes andere Mitglied z. B. auch des "ganzen traditionellen bäuerlichen Hauses" vorwiegend in ihrer Arbeitsfähigkeit, nicht als Person.

Die Besonderheit der weiblichen Arbeit kristallisiert sich historisch in dem Maße heraus, wie "Warenverkehr" und vorgängig "Tausch" nicht mehr nur "episodisch" auftritt, sondern "zur herrschenden Form des Stoffwechsels einer Gesellschaft" (Lukacs 1970, S. 171) wird.

Der Tauschhandel, der zunächst als Tausch von überschüssigen "Gebrauchsgegenständen" nur am Rande (tatsächlich eben auch nur an den realen Grenzen der Gemeinschaft zu anderen) auftritt, schlägt allmählich ins Innere der Gemeinschaft zurück und zieht deren Zersetzung nach sich. Frauen verlieren allmählich Tauschbefugnisse - dies gilt für die antike Wirtschaftsweise ansatzweise - und werden immer mehr auf den Bereich der "Innenwirtschaft" beschränkt.

Man kann diesen Prozeß der Eingrenzung weiblicher Arbeit wirklich mit einer allmählichen Auflösung einer noch mit der natürlichen Umwelt abstrakt identischen Arbeitsweise in Zusammenhang bringen: Der Arbeitsbereich der Frau wird da auf das "Haus" und die Wirtschaft in und um das Haus beschränkt, wo der Zusammenhalt der Gemeinschaft (ihre "Synthesis": Kurnitzky 1974, Sohn-Rethel 1971, 2. Aufl.), Reichtum und Wohlergehen, nicht mehr allein oder weniger durch unmittelbar bedarfsbezogene Arbeit garantiert wird. An die Stelle dieser Unterhaltswirtschaft tritt zunehmend Raub, Krieg (antiker Mittelmeerraum mit sich entwikkelnder Warenproduktion und Geldwirtschaft auf der Basis von Sklavenarbeit), im alten Europa mit der Stadtentwicklung Warenaustausch.

Von diesem Wandlungsprozeß waren die einzelnen Haushalte - je nach materieller Basis - unterschiedlich betroffen. Mit der Wendung einer

Unterhaltswirtschaft zum Markt kann man erst von unterschiedlichen Ausprägungen der Familienhaushalte sprechen: Erst hier beginnt ihre Geschichte.

Während in der mittelalterlichen Stadt das zünftige Handwerk blühte, waren immer noch 70-90 % der Gesamtbevölkerung von der traditionell bäuerlichen Produktion absorbiert.

Im ganzen Haus des Bauern bleibt die Arbeits- und Lebensweise wegen der Naturgebundenheit agrarischer Produktion (bis heute in manchen Orten) immer noch rudimentär archaisch.

" Der Tagesablauf der vorindustriellen Landwirtschaft hängt mit dem Jahreslauf zusammen - aber nicht, weil der Mensch von Natur aus nicht fähig wäre anders zu arbeiten, sondern weil die Art der Produktion eine andere Zeitverteilung nicht sinnvoll werden läßt ... Es gibt in diesem Tageslauf keine ausgrenzbare Freizeit. Während im Sommer, gutes Erntewetter vorausgesetzt, der ganze nutzbare Tag mit Arbeit ausgefüllt ist, ... ist der Winter, abgesehen von den alltäglichen Versorgungen von Küche und Vieh (Arbeit der Frau! - I. O.), tote Zeit, aber deswegen noch lange keine Freizeit ..." (Kramer 1975, S. 21).

" Mensch und Tier überwintern bei schmaler Kost mit täglich zwei Mahlzeiten. Das Lebenstempo verlangsamt sich während der langen Ruhezeit, die Menschen (nicht die Frau! - I. O.) bewegen sich wenig und geruhsam. Sie verzehren sorgsam eingeteilt,die im Sommer erzeugte und gesammelte Nahrung, und so teilen sie sie auch ihren Tieren zu. "Im Winter wird nicht aufgezogen, nur erhalten", sagen sie, aber auch so "verzehrt der Winter alles". Die erste Hälfte des Winters gehört ganz dem Ausruhen. In den langen Nächten schlafen die Menschen lange, viele verliegen auch den ganzen Tag auf der Pritsche im Stall, "die Fenster sind zugefroren", sagen sie, "der Stall st finster, man kann nicht arbeiten" ..." (ebenda, S. 19).

Das heißt aber nicht, daß nicht doch gearbeitet wird. Vieh und Küche verlangen die alltägliche kontinuierliche Arbeit der Frau ungeachtet der Jahreszeit oder Tageszeit. Vieh, Küche, Versorgung der kleinen Kinder, der im Haus wohnenden Arbeitenden gehörten zum Arbeitsbereich der Frau, zur "Innenwirtschaft". Dies gilt für kleine Bauernhöfe bis heute.

" ... daneben wird geschlachtet, Haus und Hof in Ordnung gehalten, werden Reparaturen ausgeführt, einfache Werkzeuge sowie Besen und Körbe für den eigenen Bedarf und für den Tausch (in dieser Form als Sache der Frau) angefertigt, gesponnen, gewebt, Textilien hergestellt ..." (S. 19).

Der bäuerliche Familienbetrieb war und ist undenkbar ohne die innenwirtschaftliche und unmittelbar reproduktive Arbeit der Frau; diese ermöglicht erst dem Bauern die Außenwirtschaft. Historisch läßt sich die Bedeutung der Arbeit der Bäuerin damit beweisen, daß Frauen oft in Kriegs- und Krisenzeiten nur mit ihrer Arbeitsaufgabe den Unterhalt der Familie sichern konnten; dies gilt heute in besonderem Maße für die Nebenerwerbslandwirtschaft.

Diese Bedeutung der bäuerlichen Arbeit der Frau bringt auch eine besondere Beanspruchung der Bäuerin mit sich: Die Bäuerin hatte und hat (weil heute das "ganze Haus" aufgelöst ist) weniger Arbeitspausen, weniger mithelfende Familienmitglieder als die anderen; ihre Arbeit muß geradezu die Pausen der anderen ermöglichen.

> " ... Die Bäuerin nimmt eine zentrale Stellung in dem Doppelgebilde Familie-Betrieb ein. Das gilt zunächst einmal für ihre Aufgabe als Arbeitskraft. Je kleiner der Betrieb ist, desto mehr wird sie auch zur Arbeitsleistung außerhalb von Haus und Stall herangezogen ... In den kleineren bäuerlichen Betrieben hat die Bäuerin heute insofern eine Schlüsselstellung, als sie arbeitsmäßig die Innenwirtschaft allein oder doch überwiegend zu bewältigen hat. Dadurch wird sie ... sehr oft die "Achse der Familienwirtschaft". Immer aber wird sie zu deren Mittelpunkt, wenn der Mann, sei es unter rein ökonomischem Aspekt oder auch in allgemein menschlicher Hinsicht versagt ... Es scheint fast so, als ob hier häufiger die Mutter die treibende Kraft sei als die Männer des Hauses. Wenn jedenfalls die Mutter diesen - man möchte oft sagen - Fanatismus besitzt, so treibt sie die ganze Wirtschaft einschließlich des Bauern vorwärts. Ist er der Frau nicht zueigen, so wird der Mann allein damit seinerseits kaum zum Zuge kommen" (Müller 1964, S. 84).

Objektiv gesehen hat die Frau im Haus des zünftigen Handwerkers oder Kaufmanns die meisten innerwirtschaftlichen, produktiven Aufgaben verloren - es sei denn, Handwerker oder Kaufmann sind noch "Ackerbürger". Das alltägliche Überleben hängt jetzt ab von der kundenorientierten Arbeit des Handwerkers. Die Hausfrau

> " ... hatte für die Ernährung, die Schlafstätten aller Hausbewohner zu sorgen, auch ihre Kleider zu waschen, sie durch Nähen und Flicken

in Ordnung zu halten ... Ihr Leben wurde so gut wie ganz von der Sorge für ihn (den Haushalt - I. O.) und die von ihm umschlossenen Menschen ausgefüllt. Sie hatte für die laufende Ernährung zu sorgen. Dieser diente eine umfangreiche Vorratswirtschaft. Beim Schweineschlachten hatte sie für das Einpökeln des Fleisches, das Räuchern der Speckseiten und Schinken zu sorgen. Aber auch Geflügel, selbst Hammel und Rinder wurden im Haus gelegentlich geschlachtet und verwertet. Gemüse und Obst wurden im Garten geerntet und zum grossen Teil eingekocht. Bier wurde im Hause bereitet, dasselbe galt für Frucht- und Kräuterwein, für Säfte, Essig ..." (Egner 1966, S. 66 f).

Bei dieser Vielfalt der häuslichen Aufgaben der Meistersfrau kann nicht übersehen werden, daß die Subsistenzmittel meistens doch am Markt eingetauscht und zur "Genußreife" gebracht worden waren. Die Arbeit ist daher vorwiegend "reproduktiv" zu nennen: es werden keine neuen Güter geschaffen, sondern vor allem weiterverarbeitet und zubereitet. Damit besitzt die Hausarbeit der Meisterin bereits einen charakteristischen Zug der Arbeit der Frau im modernen Arbeitnehmer-Haushalt.

Im bürgerlichen Haushalt werden diese zum Teil noch produktiven Aufgaben entweder ganz an den Markt abgegeben oder dem Dienstpersonal zugeteilt. Sieht man davon ab, daß der bürgerliche Haushalt in seinen Anfängen der Hausfrau jedes eigene "Handanlegen" geradezu verbot - es sei denn es handelte sich um die Auswahl von Möbeln, Gardinen, das Zusammenstellen eines Menus oder Aufträge an Dienstboten - so kann Leben und Arbeit der bürgerlichen Hausfrau doch als Vorbild für die moderne Hausfrau genommen werden. Dies gilt vor allem unter einem Aspekt: Je mehr die Größe des Haushalts und damit sein Aufgabengebiet schrumpfte, je mehr Dienstleistungen nach außen verlagert und damit oft verberuflicht wurden, desto mehr wurden die Kinder zum eigentlichen Aufgaben gebiet der Frau. Als Arbeit mit den und für die Kinder, als Eingehen auf ihre natürlichen Bedürfnisse, bleibt die Arbeit der Frau wieder naturgebunden (daneben bleibt natürlich auch die Sorge für den berufstätigen Mann und eine, seinem Beruf angemessene Lebensführung).

" Neben dem mit allen patriarchalischen und vormundschaftlichen Rechten ausgestatteten pater familias, der außerhalb des Hauses dem Beruf und Gelderwerbe nachging, waltete als Gegenpol am häuslichen Herd die Mutter, die züchtige Hausfrau, deren Aufgaben sich auf die Pflege des Haushaltes und die Aufzucht der Kinder konzentrierten.

Es entstand die differenzierte und spezialisierte Wohnkultur des Biedermeiers mit Wohnzimmer und "Kinderstube" - ein Begriff, der in seiner vielfältigen Bedeutung aus dem 19. Jahrhundert stammt ..." (Weber-Kellermann 1975, 2. Aufl., S. 108).

Die Arbeit der Frau, als Arbeit im Reproduktionsbereich, als Disposition über Reproduktionsmittel, die qua Tausch erworben werden, hängt damit zunehmend von den Markt-/Tauschchancen der "männlichen Arbeit" ab. Die materielle Sicherheit der Reproduktionseinheit ist also im Gegensatz zu Subsistenzwirtschaften - sieht man von der weiblichen Heimarbeit, kleinen Länderbewirtschaftung, Viehhaltung, dem Gartenbau etc. ab - vollkommen der Willkür des Marktes bzw. des Warenverkehrs ausgesetzt. Damit gewinnt die Arbeit der Frau eine andere Besonderheit, als ihr durch die Arbeitsteilung in Subsistenzwirtschaften zukam: Der Frau gehen wesentliche produktive Aufgaben verloren, vor allem in der Haushaltung (Arbeit im Haus, um das Haus, vgl. Pinchbeck in Rosenbaum 1974). Bereits das Ausbreiten der Familienindustrien (Heimarbeit/Verlagswesen) zwang die Frauen zu einer Reduzierung der häuslichen Arbeit und führte zur Verkleinerung der Wohnungen etc. (vgl. auch Ziehe 1975). Andererseits rückt die Sorge für eine formadäqute (d.h. tauschadäquate) Reproduktion von Arbeitskräften immer mehr in den Vordergrund, vor allem nachdem Kinderarbeit als langfristig gesellschaftsschädigende Arbeit erkannt und verboten wurde. Anders als in Subsistenzwirtschaften verlieren Kinder allmählich als Noch-Nicht-Arbeitskräfte Kontakt (und Bedeutung für) zur Arbeitsrealität.

Nun gab es die hier erwähnten Haushaltstypen - außer vielleicht dem bäuerlichen ganzen Haus - selten in reiner Form. Ein "Mischtyp" sowohl der handwerklichen wie auch der bäuerlichen Familie war die Heimarbeiterfamilie.

Die Heimarbeit ist aus zwei Gründen wichtig in diesem Kontext: Sie stellt nicht nur ein extremes Beispiel für eine "Verkümmerung" hauswirtschaftlicher Fähigkeiten durch das direkte Eindringen von Zeitnormen industrieller (beruflicher) Arbeit zu Zeiten des bäuerlichen "ganzen Hauses" dar; sie macht auch deutlich, was es bedeuten würde, wenn heute nicht nur vereinzelt (nur in strukturschwachen Gebieten) sondern auf gesamtgesellschaftlicher Ebene in der Familie Entspannung und Freizeit unmöglich würden. Die Reproduktion hängt erst recht an der Frau. Gelingt es ihr nicht neben ihrer Heim-Lohnarbeit eine "arbeitszeitfreie" Atmosphäre aufrechtzuerhalten, ist die Reproduktion ernsthaft gefährdet.

Für die weiblich-reproduktive Arbeit bedeutet "Heimarbeit" also nicht nur eine zusätzliche Belastung: Ist die Grundlage der Heimarbeit nach wie vor bäuerliche subsistenzwirtschaftliche Produktion, so tritt zur innenwirtschaftlichen Tätigkeit und zur unmittelbar reproduktiven Arbeit noch die quasi industrielle Heimarbeit hinzu, was eine "Loslösung vom ländlichen Arbeitsrhythmus" bedeutet (Schneider in Rosenbaum 1974, S. 238 f); (vgl. "Sozialdemokrat-Magazin" 12/74).

Heimarbeit bedeutet auch heute noch immer ein Eindringen von industriellen Arbeitsnormen in die Familie.

> " Jetzt war auch sie in das erwerbswirtschaftliche Denken eingespannt. Wie für den Mann wurde für sie die Zeit knapp, wurde von ihr die Zeit in Geld bewertet. Darunter mußte zwangsläufig der Haushalt leiden. Kochen wurde nebenbei erledigt, ein Übergang zu schnell bereitbaren Speisen bahnte sich an. Von den hauswirtschaftlichen Funktionen der Frau blieben nur Kochen und evtl. noch Waschen und Flikken übrig: Alles andere wurde vernachlässigt bzw. vom Markt gegen Entgelt übernommen." (Schneider in Rosenbaum 1974, S. 239)

Heim und Betrieb sind auf engstem Raum miteinander vereinigt, besondere Räume zum Erholen entfallen, um die Frau von der Hausarbeit zu entlasten. Eine Trennung von Arbeitszeit und Freizeit wird unmöglich, vor allem für die Frau; allerdings wird der Arbeitstag jetzt "dichter" als unter traditionell bäuerlichen Bedingungen der Arbeit der Frau. Er wird zum dichten "Arbeitszeit"-Tag. Auch die unmittelbare Reproduktion unterliegt im großen und ganzen diesem Rhythmus - es bleibt der überforderten Frau überlassen, den immer noch ihrer unmittelbar reproduktiven Fürsorge überantworteten Familienmitgliedern freie, dehnbare Zeit zu verschaffen, also eine regenerative Atmosphäre. Das geht, ähnlich wie bei der Bäuerin, unmittelbar an ihre psychische und physische Gesundheit.

Dadurch, daß Heim und Betrieb auf engstem Raum verschmolzen sind, werden allerdings die Beziehungen zu den Kindern wie zu allen anderen Familienmitgliedern wieder - wie im bäuerlichen "ganzen Haus" - zu unmittelbaren Arbeitsbeziehungen. Die Kinder nach der Schule, selbst die ganz kleinen, der Mann nach seiner Berufsarbeit, alle helfen der Mutter, "springen ein". Berufliche Arbeit ist damit unmittelbarer Teil der Familienwirklichkeit.

Die Heimarbeit, die auch heute noch in den strukturschwachen Gebieten der Bundesrepublik Deutschland existiert, stellt für die Frau oft die Möglichkeit dar, die durch die außerhäusliche Arbeit des Mannes nur hinlänglich garantierte Reproduktion zu sichern. Heimarbeit ist deshalb eine besondere Form nicht der beruflichen, sondern der weiblichen reproduktiven Arbeit - allerdings mit Merkmalen beruflicher Tätigkeit, wie "Arbeitszeitnorm", Entlohnung nach Stück bzw. Zeit. Eine weitere historische Darstellung der Eigenart von Hausarbeit kann - wegen der Materialknappheit - und soll hier nicht geleistet werden. Ich glaube, die Darstellung ist soweit gelungen, daß das wesentliche Moment weiblicher Arbeit in ihrem historischen Lauf gezeigt werden konnte: die alltägliche Sorge für körperliche Bedürfnisse.

Historisch hat sich also die Arbeit der Frau aus einer eigentlich geschlechtsunspezifischen, primär überlebensbezogenen Arbeit heraus entwickelt. Als Sorge um das alltägliche leibliche Wohlergehen bleibt die unmittelbar reproduktive Arbeit primär naturgebunden und naturnotwendig: sie folgt natürlichen Äußerungen und Rhythmen; Wissen, Fähigkeiten, Situationsdeutungen etc. entsprechen zumindest in archaischen und bäuerlichen Gesellschaften noch dem unmittelbaren (konkret sinnlichen) Umgang mit Natur - sie basieren auf Erfahrung und "Mimesis" (hier: Wissen durch Angleichung an Natur).

Dagegen erinnert die Arbeit der Frau im modernen Arbeitnehmer-Haushalt, abhängig meist vom Lohn des Mannes, nur noch rudimentär an jene archaische produktive und reproduktive Arbeit. Aber der "Arbeitsgegenstand" ist unverändert: die alltägliche Sorge für psychisches und materielles Wohlergehen.

Die Entwicklung von "Hausarbeit", wie wir sie heute kennen, wurde kurz nachgezeichnet:[23]
Mit der Wendung einer noch traditionell bäuerlichen Wirtschaftsweise zum Markt beginnt sich "Hausarbeit", wie wir sie heute kennen, abzuzeichnen. Das "ganze Haus" des zünftigen Meisters ist keine Eigenbedarfswirtschaft mehr: viele Lebensmittel werden durch die Arbeit des Mannes auf dem Markt eingetauscht. Die Frau erhält vorwiegend reproduktive Aufgaben. Die Frau im bürgerlichen Haushalt repräsentierte vor allem den Status des Mannes: Sie "führte" sein Haus, sie legte nicht selbst Hand an. In ihrer Existenz ist sie vollkommen abhängig vom beruflichen Wohlergehen des Mannes - ein Moment, das sich für die meisten Frauen bis heute erhalten hat.

Mit dem Anwachsen bürgerlicher Schichten (Beamte, Angestellte) und dem Ausbreiten des "Kleinbürgertums" [24], spätestens Ende des 19. Jahrhunderts, erscheint die Hausfrau wie wir sie bis heute als dominierenden Typ kennen. Die "Hauswirtschaft" (Vorratshaltung, Kochen, Pflege der Wohnung, Kleidung ...) ist heute (vor allem im Vergleich zur Hausarbeit der Frau im "ganzen Haus" des Meisters) so reduziert, daß als einzig ausfüllende Arbeit der Frau nur die Kinder bleiben. Um das Kind dreht sich der Tagesablauf der Frau, es wird ihr Lebensinhalt. Ziehe (1975) spricht sogar von einer "Instrumentalisierung der Kinder für ihre Eigenzwecke": die Frau hat nichts anderes.

Deshalb muß heute Hausarbeit vor allem als psychische und materielle Sorge für die Kinder und auch noch für den vom Beruf heimkehrenden Mann begriffen werden. Wenn im folgenden "Hausarbeit" näher bestimmt wird, dann vor allem als Beziehung zwischen Mutter und Kind.

Damit hat sich jedoch der Arbeitsgegenstand der Hausarbeit nicht geändert. Es sind immer noch unmittelbar körperbezogene Bedürfnisse, vor allem der Kinder, auf die die Frau alltäglich eingehen muß.

3.3. Die strukturelle Eigenart der Hausarbeit - Ähnlichkeiten zwischen traditionell bäuerlicher und weiblich reproduktiver Arbeit

Hausarbeit heute ist weit entfernt von der Arbeit der Frau in archaischen Gemeinschaften oder im traditionell bäuerlichen "ganzen Haus". Dennoch bleibt der Arbeit der Frau im modernen Haushalt eine Gemeinsamkeit mit jener "archaischen" und jeder agrarischen Wirtschaftsweise: die unmittelbare Abhängigkeit der Arbeit von natürlichen, nicht ohne weiteres einkalkulierbaren materiellen Voraussetzungen und ihre Orientierung am Alltagsbedarf. Beides unterscheidet sie fundamental von beruflicher Arbeit.

3.3.1. Zur Vergleichbarkeit von traditionell bäuerlicher und weiblich reproduktiver Arbeit

Die Beschreibung von Entstehung und Eigenart von "Beruf" und die sozialgeschichtliche Skizze von Entwicklung und Bedeutung der Arbeit der Frau haben bereits eine Ähnlichkeit zwischen einer bäuerlichen bedarfsorientierten und einer weiblichen alltäglichen bedürfnisbezogenen Arbeit nahegelegt: Als "gemeinsamer Nenner" können ihre "Naturwüchsigkeit" gelten und das Faktum, daß die traditionell bäuerliche Arbeit (außer in Monokulturen und Großbetrieben) wie die Hausarbeit bis heute typische Merkmale beruflicher Arbeit entbehrt.

Wenn also hier untersucht werden soll, inwieweit traditionell bäuerliche und weiblich reproduktive Arbeit verglichen werden können, dann vor allem um eine konkret inhaltliche Basis für einen Vergleich und eine Abgrenzung von "Beruf" und "Hausarbeit" zu finden.

Damit soll die "bäuerliche Familie", die als reiner Typ ohnehin ebensowenig existiert wie die "Hausarbeit", keineswegs verherrlicht werden. (Wie im Nationalsozialismus oder in der Romantik bei Riehl, vgl. dazu: Weber-Kellermann 1974, S. 176 f). Der Vergleich von Hausarbeit mit der traditionell bäuerlichen Arbeit funktioniert wie die Trennung von "Beruf" und "Hausarbeit" nur auf einer analytischen Ebene. Die gegenwärtige "bäuerliche Lebensweise" entspricht wie die Hausarbeit heute auch nicht mehr einem adäquaten Begriff von "Unterhaltswirtschaft".

Versucht man, den bäuerlichen Familientypus, wie er heute zwar im Verschwinden begriffen, dennoch noch vorhanden ist, nicht zu mystifizieren, so findet man, daß er immer noch virulente Reste der Familie "germanisch-bäuerlicher" Herkunft enthält (vgl. Weber-Kellermann 1974, Linde in Rosenbaum 1974 u. a.): Dieser Familientypus war gekennzeichnet durch die Alleinverfügungsgewalt des Mannes über Besitz einschließlich Frau (en), Kinder, Sklaven, auch über deren Leben und Tod, z. B. auch über Anzahl der Kinder, der Ehefrauen etc. Der "Hausverband" war "Lebens- und Wirtschaftsgemeinschaft ... wirtschaftlich und rechtlich vertreten von dem "Hausvater" im verantwortlichen Geiste autoritärer Patriarchalität" (Weber-Kellermann 1974, S. 15). Die Ehe war ein "reines Rechtsgeschäft". Sie wurde wie jeder Kauf damals als "Bargeschäft vollzogen". Wegen der vaterrechtlich organisierten Erhaltung des Besitzstandes galt es "als Vergehen, wenn eine Frau nur Töchter bekam und Kindesaussetzungen waren an der Tagesordnung" (ebenda S. 27), wie auch schon vorher - allerdings noch geschlechtsunspezifisch - in subsistenzwirtschaftlichen Gesellschaften.

> " Die familiäre Organisationsform der Sippe in der frühgeschichtlichen Epoche war also auf die Kumulation von Besitz und Macht ausgerichtet ... Die Frau und ihr Recht in der Ehe standen unter rechtlich-wirtschaftlichen Bedingungen, die sonst sachlichem Eigentum zukommen. Nach germanischem Recht galt also die Frau mit den gemeinsamen Kindern als Eigentum des Mannes. Alles Besitzrecht - mit Ausnahme ihrer persönlichen Mitgift - war durch den Ehevertrag an ihn übergegangen ..." (Weber-Kellermann 1974, S. 30).

Wenn auch nicht mehr in dieser patriarchalischen Härte, so kann man doch auch heute noch die bäuerliche Arbeits- und Lebensweise als Fortsetzung dieses historischen Familientypus beschreiben.

In ihrer historischen Weiterentwicklung partizipierte die bäuerliche Produktionseinheit schon mit Ausbreiten einer wachsenden Stadt-Land-Differenz (Stadtbildung und Weiterentwicklung, Versorgung der Handwerker mit Viktualien, Heimarbeit in Familienindustrien etc. vgl. Kreckel in

Aschenbrenner, Bolte u.a. 1970) am Marktgeschehen, was z.B. im England des 18. Jahrhunderts bereits zu einer völligen Strukturveränderung des Bauerntums führte: Der Bauer rechnete ebenfalls in Kosten-Nutzen-Relationen ... (Pinchbeck in Rosenbaum 1974). Nicht nur Privateigentum der bigenerativen Familieneinheit und entsprechende Herrschaftsstrukturen, sondern auch die stetige Einbeziehung "bäuerlicher" Lebensweisen in das Geld-Marktgeschehen und die daraus resultierende Zersetzung der ursprünglich subsistenzwirtschaftlich orientierten Arbeits-/Lebensform machen es kaum noch möglich, diese Lebensweise als unmittelbar bedürfnisbezogen zu kennzeichnen; dennoch besteht tatsächlich eine Besonderheit dieser Lebensweise, die ähnliche Elemente wie die Besonderheit der Arbeit der Frau allgemein wirkt und zugleich im Gegensatz zu Elementen beruflicher Arbeit stehen.

Obwohl es heute schwierig ist, empirische Reste einer "Unterhaltswirtschaft" in der traditionell bäuerlichen oder weiblich reproduktiven Arbeit zu finden, kann man immer noch von einer Ähnlichkeit dieser Arbeitstypen sprechen. Die Hypothese - Ähnlichkeit von bäuerlicher, rudimentär subsistenzwirtschaftlicher Arbeits- und Lebensweise und Hausarbeit - kann durch empirische Materialien zur bäuerlichen Arbeitsweise, Arbeitsauffassung, Lebensführung, Zeiterfahrung etc. bestätigt werden.[25]

Daß die bäuerliche Arbeits- und Lebensweise zugleich - wie die Hausarbeit - in einiger Distanz zur Berufsarbeit steht, läßt sich an einem aktuellen Beispiel zeigen. Analysiert man die Streiks in der Metallindustrie der letzten Jahre, vor allem aber die Streiks bei FIAT in Italien, so stellt man fest, daß vor allem die Arbeiter sich gegen die Intensivierung der Arbeit auflehnen, deren lebensgeschichtliche Erfahrung im strikten Gegensatz zur Erfahrung mit industrieller Arbeit steht. Es sind vor allem die Arbeiter, die erst in erster Generation und erst kurz "am Fließband stehen" und ähnliche hochintensive aufgesplitterte Funktionen ausüben. In bestimmten Regionen Europas (Süditalien!) ist der Übergang von einer bäuerlichen Unterhaltswirtschaft zur industriellen Arbeit noch nicht vollzogen. Hinter diesem Widerstand der Arbeitenden gegen bestimmte Formen beruflicher Arbeit scheint eine qualitative Differenz von bäuerlich-ländlichem Lebens-, Arbeits- und Zeitrhythmus und der Eigenart beruflicher Arbeit zu stehen.

Und schließlich: Eine Überprüfung der Ähnlichkeit von traditionell bäuerlicher und weiblich reproduktiver Arbeitsweise empfiehlt sich um so mehr, als zur Arbeit des Bauern zu seiner Lebensführung und Einstellung zur Arbeit wesentlich mehr (auch emirisches) Material vorliegt als für die Hausarbeit. Studien zur inhaltlichen Erforschung der Hausarbeit liegen bislang überhaupt nicht vor.

In den folgenden Abschnitten soll also die inhaltliche Eigenart der privaten weiblichen Reproduktionsarbeit durch einen Vergleich mit einer traditionell bäuerlichen Arbeit näher bestimmt werden. Wesentlicher Bereich der Hausarbeit ist dabei die Mutter-Kind-Beziehung bzw. die ihr entsprechende Arbeitsweise. (Auf Unterschiede der traditionell bäuerlichen Arbeitsweise und der Hausarbeit soll an dieser Stelle nicht eingegangen werden.[26]

Merkmale, die mit dem (quasi) "Subsistenzcharakter" beider Arbeitsweisen zusammenhängen und für Berufsarbeit nur beschränkt oder qualitativ verschieden gelten, sind

a) die Naturwüchsigkeit der Arbeitsaufgabe
b) ein besonderes Wissen, d.h. Aneignungsweise des unmittelbar naturwüchsigen Arbeitsgegenstandes (Empathie, Intuition und Erfahrungswissen)
c) die "organische Ganzheit" der Arbeit, eine persönliche "Synthesis" der anfallenden Einzeltätigkeiten
d) ein "natürlicher" Zeitrhythmus, der im Gegensatz zur industriellen "Arbeitsnorm" steht
e) Fehlen der Kategorie "Freizeit"
f) der "Arbeitscharakter" zwischenmenschlicher Beziehungen
g) eine Unabhängigkeit des Arbeitserfolges von einer besonderen (außerhäuslichen) Ausbildung.

Diese einzelnen Merkmale lassen sich ebenfalls nur analytisch getrennt darstellen; sie zusammen machen das aus, was in etwa unter subsistenzwirtschaftlichen Arbeits-/Lebensweisen verstanden wird. Bei nur einer flüchtigen Betrachtung dieser ausgewählten unsystematischen Einzelmerkmale ergibt sich sofort ein Zusammenhang zwischen z.B. Merkmalen "Naturwüchsigkeit", Fehlen von "Freizeit" bei Gebundenheit an "natürliche

Zeitrhythmen"; daß dies und das Fehlen einer "arbeitszeitfreien" Zeit andere als industrielle zwischenmenschliche Beziehungen (mit einer Dichotomie: sachlich/persönlich) konstituiert, erscheint konsequent; daß andererseits die "Naturwüchsigkeit" der Arbeitsaufgabe eine berufliche Ausbildung, wie sie übrigens inzwischen auch für landwirtschaftliche Berufe üblich ist, eigentlich nicht unbedingt erfordert, die Ausbildung vielmehr unmittelbar konkret, durch Anschauung, Mitarbeit, Arbeit erfolgen kann, erklärt sich dann von selbst.

Was steht inhaltlich hinter den einzelnen Merkmalen von "Subsistenzwirtschaft", kann man tatsächlich von einer Existenz dieser Merkmale bei bäuerlicher und weiblich-reproduktiver Arbeit sprechen, sowie von deren Nicht-Existenz bei beruflicher Arbeit? Ergibt sich durch einen solchen Vergleich tatsächlich ein Weg, Hausarbeit begrifflich zu fassen?

3.3.2. Die "Naturwüchsigkeit" des Arbeitsgegenstandes

Die Naturwüchsigkeit ist das konstitutive Element jeder archaischen und unmittelbar bedarfsorientierten Arbeit. Naturwüchsigkeit oder -gebundenheit bedeutet dann, daß der Arbeitende von natürlichen Ertragsverhältnissen, vom Klima, von Jahreszeiten, Tag- und Nachtwechsel, von natürlichen Bedürfnissen und Besonderheiten der anvertrauten oder anzueignenden Lebewesen (Tiere, Pflanzen, Menschen ...) abhängig ist. Die Arbeit der Frau bleibt auch heute noch abhängig vom Rhythmus biologischer, aber sozial geformter Bedürfnisse, der eigenen und der der anvertrauten Menschen. (Daß die Hausarbeit heute von den durch Beruf und Lohn verdienten Subsistenzmitteln abhängig bleibt, daß diese Abhängigkeit naturgegeben erscheint, würde Ottomeyer 1973 als "sekundäre Naturwüchsigkeit" bezeichnen.)

In einer "archaischen" Subsistenzwirtschaft (bis zur Herausbildung einer marktorientierten Wirtschaftsweise) war die Arbeit von Mann und Frau gleichermaßen "naturwüchsig", die Frau hatte allerdings zusätzlich Sorge für das leibliche Wohl der Produktionseinheit zu tragen. Die Arbeit aller im "ganzen Haus" war unmittelbar gebunden an das, was die innere und äußere Natur menschlicher Existenz ermöglichte bzw. abverlangte.

Heute wird die Arbeit der Frau durch die natürliche (zyklische, alltägliche) Wiederkehr gleicher, aber nicht identischer Bedürfnisse (eigene, der Kinder, des Mannes) bestimmt; diese Lebensäußerungen und persönlichen Eigenheiten sind unmittelbar körperbezogen. Es sind jene Bedürfnisse und Besonderheiten, die in Berufen entweder ausgeklammert und in den Reproduktionsbereich verwiesen oder in beruflicher Form, also tauschrelevant geschnitten, oder nur repressiv zugelassen werden. "Repressiv" bedeutet hier, daß z. B. Hunger und Müdigkeit, eigentlich nur begrenzt aufschiebbare und nie auflösbare menschliche Lebensäusserungen, in der Sphäre beruflicher Arbeit der Rationalität eines zeit- und kostenökonomischen Arbeitsprozesses untergeordnet werden (vgl. Arbeitszeitregelung, Wechselschicht, Pausenregelung, die Möglichkeiten, am Arbeitsplatz zu essen, sich kurz zu entspannen, Krankheit als Entlassungsgrund ...). Die Arbeit der Frau im Haus wäre es nun, diesen Bedürfnissen in der für sie konstitutiven "naturwüchsigen" Form entgegenzukommen; die Arbeit bleibt also naturwüchsig. Dahinter steckt vielleicht eine Ahnung, daß solche Bedürfnisse beruflich organisiert, nicht wirklich befriedigt werden können.

Auch Berufsarbeit ist letztlich naturgebundene Arbeit. Nur ist mit der Wendung einer noch unmittelbar bedarfsbezogenen Wirtschaftsweise zu "Markt" und "Tausch" zwischen den "Stoffwechsel Mensch/Natur" der Tausch getreten. Unter Bedingungen industrieller Warenproduktion und beruflicher Arbeit vermittelt "Tausch" zwischen konkreten menschlichen Fähigkeiten, Bedürfnissen und der "warenproduzierenden" Arbeit; auch die natürliche Umwelt (Rohstoffe, "Menschenmaterial") wird nach Maßgabe von Tauschprinzipien, wie z. B. Zeit- und Kostenökonomie angeeignet (vgl. Kap. 2. 3.). Dennoch bleibt auch die Berufsarbeit "Formveränderung der Materie gemäß ihrer Gesetzmäßigkeit" (Schmidt 1971, 2. Aufl., S. 75).

" Alle Erscheinungen des Weltalls, seien sie hervorgerufen von der Hand des Menschen oder durch die allgemeinen Gesetze der Physik, sind nicht tatsächliche Neuschöpfungen, sondern lediglich eine Umformung des Stoffes. Zusammensetzen und Trennen sind die einzigen Elemente, die der menschliche Geist immer wieder bei der Analyse der Vorstellung der Reproduktion findet; und ebenso verhält es sich mit der Reproduktion des Wertes ... und des Reichtums ..." (Verri zit. nach Schmidt 1971, 2. Aufl. S. 75).

" So wie die von Menschen unabhängige Naturprozesse ihrem Wesen nach stofflich-energetische Umsetzungen sind, so fällt auch die menschliche Produktion aus dem Naturzusammenhang nicht heraus. Natur und Gesellschaft sind einander nicht starr entgegengesetzt ..." (ebenda, S. 75-76).

Wo menschliche Arbeit nicht nach der "Gesetzmäßigkeit der Materie" verfährt, also nach innerer und äußerer Natur, von konkreten menschlichen Fähigkeiten oder Bedürfnissen, von der Eigenart der Rohstoffe etc. abstrahiert, ist die Reproduktion der Gesellschaft immer strukturell gefährdet.

Ziel menschlicher Arbeit war neben der Sicherung des alltäglichen Lebens (als Arbeit der Frau vor allem) immer auch, von dieser unmittelbaren Naturabhängigkeit loszukommen. In der industriellen Warenproduktion hat bisher die Naturbeherrschung ihren fortgeschrittensten Stand erreicht.

" Ein Jahr ist in Jahreszeiten gegliedert und je abhängiger die Tätigkeiten des Menschen von den Jahreszeiten - von Pflanzenwachstum, Temperatur, Dauer der täglichen Helligkeit - sind, desto stärker wirkt sich dieser Unterschied aus. Helligkeit und Dunkelheit gliedern den Kalendertag in Tag und Nacht, der Tag gliedert sich nach dem Sonnenstand in Morgen und Abend. Das sind objektive vorgegebene Faktoren, die von kosmischen Bewegungen abhängig sind, die der Mensch nicht beeinflussen kann. Was er aber tun kann, ist, s i c h v o n i h n e n u n a b h ä n g i g z u m a c h e n. Und das tut er mit Fleiß, indem er sich gegen die Hitze in den Schatten begibt, indem er immer vollkommenere künstliche Beleuchtungsgeräte entwickelt, mit denen er die Nacht zum Tage macht, indem er in der landwirtschaftlichen Produktion Tiere und Pflanzen züchtet, die unterschiedlichen Witterungsbedingungen angepaßt sind, und indem er sich von den Fesseln (?) der landwirtschaftlichen Produktion befreit und Industriegüter erzeugt, mit denen die notwendigen Lebensmittel eingeteilt werden können ..." (Kramer 1975, S. 15).

Kramer hat nur zum Teil recht: Weder kann auf rudimentär "archaische" agrarische Produktion verzichtet werden - diese selbst sperrt sich objektiv gegen eine totale Rationalisierung - noch kann menschliche Arbeit allgemein restlos unabhängig werden von der Willkür der inneren und äußeren Natur des Menschen.[27] So zehrt z. B. "Wechselschichtarbeit", also z. B. "Nachtschicht" und lineare Arbeitszeit, also Arbeit ohne Rücksicht auf Hunger und Müdigkeit, sehr wohl am lebendigen Arbeitsvermögen, an seiner Gesundheit.

Nun kann Berufsarbeit als Versuch begriffen werden, von jenen objektiv vorgegebenen naturgebundenen Faktoren so weit wie möglich unabhängig zu werden. Man könnte die Entwicklung von Beruf auch als Kampf der Arbeitenden um die notwendige Reproduktionszeit im Beruf und außerhalb beschreiben. So haben viele vor allem arbeitsintensive Betriebe die Tendenz, die notwendige Reproduktionszeit so knapp wie möglich zu bemessen.

> " ... Je reicher ein Mahl, desto mehr Zeit braucht man dafür. Aber unbegrenzt verkürzen kann man die Zeit zum Essen auch nicht. Wenn man jahrelang gewohnt ist, sein Essen hastig im Stehen herunterzuschlingen, so gewöhnt sich der Magen doch genausowenig daran wie im Schwank das Pferd des Zigeuners an den Futterentzug: als er es glücklich so weit hatte, ging ihm das Tier ein. Der Magen reagiert mit Magengeschwüren, Krebs usf.
>
> Die Zeit zum Essen und Trinken während der Arbeit ist vielfach Kampfobjekt zwischen Arbeiter und Unternehmer. Wenn man den Arbeiter zwingt, zwischen den Maschinen, in schlechter Luft und mit schmutzigen Händen sein Mittags"brot" einzunehmen, so bedeutet das schlechtere Reproduktionsbedingungen als etwa die Frühstücksbude, die für Bauarbeiter aller Art fester Bestandteil der vertraglich abgesicherten Arbeitsbedingungen ist. Und die Länge der Mittagspause ist genau so wenig dem Zufall überlassen, wie ihre Lage: Das warme Mittagessen, längst nicht in allen Industriestaaten üblich, war auch schon gefährdet, als im 19. Jahrhundert die Unternehmer versuchten, die Mittagspause zu verkürzen und die Arbeiter nicht mehr zum Essen nach Hause gehen konnten." (Kramer 1975, S. 79)

Auf den ersten Blick erscheint in der traditionell bäuerlichen und in der weiblichen reproduktiven Arbeit die Grenze einer Abstraktion von den natürlichen Voraussetzungen jeder Arbeit sichtbarer als im "Beruf". Arbeitet der Bauer oder die Frau jedoch fast ohne Pause (z. B. während der Ernte oder bei Krankheit des Kindes), so hat dieses Verdrängen natürlicher Bedürfnisse seinen objektiven Grund in der unmittelbaren Naturgebundenheit der Arbeit; ein Sommertag läßt sich nicht beliebig verlängern und die Krankheit nicht auf den nächsten Tag schieben. Der Berufstätige hat dagegen - will er nicht eine Entlassung riskieren - Krankheiten, die chronisch zu werden drohen, einfach zu vergessen. Im Beruf dient die Abstraktion von natürlichen Lebensäußerungen der Aufrechterhaltung oder Steigerung des eingesetzten Wertes - ohne dieses

Produktionsziel wäre die Abstraktion nicht notwendig.

Bei der Hausarbeit und bei der Arbeit der Bauern im kleinen Betrieb ist eine Abstraktion von natürlichen Voraussetzungen der Arbeit (Jahreszeit, Bodenbeschaffenheit, bei der Frau: Hunger, Durst, Müdigkeit etc.) objektiv beschränkt. Beide sind im Vergleich zur Berufsarbeit unmittelbar naturgebunden. Deshalb bleibt beiden ein Rest jener archaischen "abstrakten Identität von Mensch und Natur" (Schmidt 1971, 2. Aufl. S. 80).

> " Daß der Mensch ans vorgefundene natürliche Dasein gekettet ist wie an seinen Leib, ist hier nicht mehr kennzeichnend für den Arbeitsprozeß schlechthin, sondern für seine vorbürgerlichen (vorberuflichen - I. O.) Formen ... Diese ursprüngliche und deshalb abstrakte Identität des Menschen mit der Natur, die so weit geht, daß der Mensch nicht nur als eine Weise des organischen Daseins der Natur auftritt, sondern die Natur umgekehrt auch als "unorganisches Dasein seiner selbst", geht mit dem Entstehen bürgerlicher Produktionsbedingungen über in ihr ebenso abstraktes Gegenteil: die radikale Scheidung der Arbeit von ihren objektiven Naturbedingungen.
>
> ... Solange die Natur agrarisch angeeignet wird, also ein von den Menschen schlechterdings Unabhängiges ist, sind diese mit ihr abstrakt identisch, versinken sie sozusagen im naturalen Sein; wo es ihnen dagegen gelingt, die Natur allseitig technisch-ökonomisch und wissenschaftlich zu beherrschen, indem sie sie in eine Maschinenwelt verwandeln, erstarrt sie zu einem abstrakten, den Menschen äußerlichen Ansich" (ebenda, S. 80-81).

Wie keiner beruflichen Arbeit verbleibt gerade der Arbeit der Frau im Haus ein "unmittelbares Verhaftetsein", eine nicht ohne weiteres aufzulösende, gleichsam statische Bindung an die natürliche Basis menschlichen Lebens. Damit ist die Bindung der Frau an den Rhythmus ihres eigenen Körpers, an die Beziehung zu ihrem Kind, an Zubereitung der Nahrung für den unmittelbaren Bedarf, an die Sorge für eine wohnliche Atmosphäre zum Ausruhen, Schlafen etc. gemeint.

Mit dieser Naturwüchsigkeit (quasi) subsistenzwirtschaftlicher Arbeitswesen notwendig verbunden, mit der Gebundenheit der Arbeit an eine nicht ohne weiteres durch menschliche Eingriffe zu manipulierende Naturbasis, ist eine gewisse Statik der Lebensweise, ein Abwarten,

Verweilen, Verharren, Verhalten etc. gesetzt (vgl. den Vorwurf eines Konservatismus oder Nachhinkens von bäuerlicher oder weiblicher Lebensart, die in dieser natürlichen Gebundenheit ihre rationalen Wurzeln besitzen!).

Prototypisch kann hier die isolierte Mutter-Kind-Beziehung betrachtet werden: Gerade eine Schwangerschaft und die Stillsituation erfordern eigentlich von der Frau jene Fähigkeit von "geduldigem Verharren", von Ruhe, beinahe von jener sprichwörtlich weiblichen Passivität (abwarten können), wie sie Frauen wesenhaft zugeschrieben wird. Erinnert wird hier zugleich an ein Bild des Bauern, der sein Feld bestellt und auf das Wachsen der Früchte wartet und zugleich der Willkür der Natur ausgesetzt bleibt ...

Tatsächlich hat auch ein Vergleich von TAT-Geschichten (Thematic Apperception Test), die von stillenden Müttern erzählt wurden, ergeben, daß diese mehr Geschichten, Anspielungen auf die "Archaik" des weiblichen Arbeitszusammenhangs enthalten als bei nicht-stillenden.

" ... in den Geschichten der stillenden Mütter kehren Themen häufig wieder, in denen Handlungen wegen der ihnen innewohnenden (intrinsischen) Befriedigung ausgeführt werden und nicht als Mittel zum Zweck ... Diese Geschichten enthalten mehr Hinweise auf ein Zeitbewußtsein, in dem Vergangenheit, Gegenwart und Zukunft miteinander verschmelzen, und weniger Hinweise auf ein chronologisches Zeitgefühl ... Schließlich sind in diesen Geschichten weniger Momente logischer, kognitiver Vorgänge (Wissen, Planen) enthalten ..." (Wilsnack, in: Psychologie heute, April 1976, S. 24).

Die Mutter-Kind-Beziehung komprimiert also - zumindest idealtypisch - jene archaischen Elemente von Geduld, Passivität, Naturergebenheit, die kennzeichnend für das sind, was hier primäre Arbeit heißt.

3. 3. 3. Erfahrungswissen, sinnliche Intuition und Empathie - Aneignungsweisen für einen unmittelbar naturgebundenen Arbeitsgegenstand

In diesem Abschnitt sollen einige Verhaltensweisen, Fähigkeiten und Situationsdeutungen beschrieben werden, die der unmittelbaren Naturgebundenheit bäuerlicher und weiblicher Arbeitsweise entsprechen.

3.3.3.1. Erfahrungswissen, Intuition oder Empathie: Begriffserklärung

Eine Folge des eher unmittelbaren Naturbezugs der Arbeit im bäuerlichen "ganzen Haus" und der Frau, eine Folge einer nur beschränkt möglichen Verfügung über und Verfügbarkeit von exakt-wissenschaftlichen Erkenntnissen, ist die mannigfaltige Vertrautheit der Arbeitenden mit der sie umgebenden natürlichen Umwelt.

Diese Vertrautheit mit dem natürlichen (körperlichen und unorganischen) Milieu basiert auf einem empirischen "Laienwissen", auf "alltäglichem Wissen" in der Sprache von Luckmann/Sprondel. Um menschlichen, immer wiederkehrenden nicht auflösbaren Lebensäußerungen gerecht zu werden, um, wie beim Bauern, der Unberechenbarkeit des Klimas, des Bodens etc. in ihrer zyklischen Abfolge begegnen zu können, braucht es andere als abstrakt gewonnene (z. B. berufliche), also nicht konkret sinnliche Aneignungsweisen natürlicher Umwelt.

Die Berufsarbeit mit ihrer abstrakt gewonnenen Sachkompetenz ("Spezialwissen") ist auf die Besonderheiten von Situationen, Problemen, von Individuen, nicht eingerichtet. Vielleicht gelingt deshalb eine "Verberuflichung" von unmittelbar natur-gebundenen Aufgaben (Erziehung, Heilkunde ...) auch nicht wirklich und erfolgreich. Der Arzt, der Lehrer, der Psychologe - als "Professionals" müssen sie den Patienten, Klienten, Schüler entweder als gesund, arbeitsfähig etc. definieren oder ihn aufgeben, wenn die abstrakte Sachkompetenz versagt, wenn der Fall nicht der Typisierung entspricht.

Unmittelbar naturgebundene Arbeit setzt eine Vertrautheit, Erfahrung mit der "Materie" voraus. Ich denke hier an die Berichte von Levi-Strauss (1973, S. 16 f) über die "archaische" Aneignungsweise natürlicher Umwelt. Man kann sich auch noch einmal an das Beharren der zünftigen Arbeitsweise auf Tradition, "Werktreue", auf "vorväterverbürgte" Qualität des Produktes ... erinnern.

Levi-Strauss schildert dieses "Wissen aus Erfahrung" so:

" Selbst ein Kind kann oft die Baumart aufgrund eines winzigen Holzteilchens bestimmen und, was noch entscheidender ist, das Geschlecht dieses Baumes aufgrund der Vorstellungen, die sich die Eingeborenen über das Geschlecht der Pflanzen machen, und dies durch Beobachtungen des Holzes und der Rinde, des Geruches, der Härte und anderer Eigenschaften gleicher Art. Dutzende und Aberdutzende von Fischen und Muscheln sind unter eigenem Namen bekannt, desgleichen ihre besonderen Eigenarten, ihre Lebensgewohnheiten ..."

" Diese Menschen treiben Ackerbau: für sie sind die Pflanzen ebenso wichtig und ebenso vertraut wie die menschlichen Wesen. Ich selbst habe nie auf einem Bauernhof gelebt und bin mir nicht einmal sicher, ob ich Begonien von Dahlien oder Petunien unterscheiden kann. Pflanzen haben wie mathematische Gleichungen die verräterische Eigenart, ähnlich zu scheinen oder verschieden zu scheinen und ähnlich zu sein ... Zum erstenmal in meinem Leben befinde ich mich in einer Gemeinschaft, wo zehnjährige Kinder mir nicht in Mathematik überlegen sind; gleichzeitig aber bin ich an einem Ort, wo eine jede Pflanze, ob wild oder gezüchtet, einen Namen und eine ganz bestimmte Verwendung hat, wo jeder Mann, jede Frau und jedes Kind Hunderte von Arten kennt. Keiner von ihnen wird jemals glauben wollen, daß ich unfähig bin, soviel davon zu wissen wie sie, selbst wenn ich es wollte." (Eine Forscherin, zitiert ebenda).

Diese Vertrautheit beruht nicht auf exakt-wissenschaftlichen Erkenntnissen, sondern sozusagen auf "sinnlicher Intuition", einer Vorgehensweise der Naturaneignung, wie sie für Subsistenzwirtschaften zutreffen muß(te).

Der Begriff "sinnliche Intuition" stammt von Levi-Strauss (1973), der unterstellt, daß es zwei Arten menschlichen Denkens (das "wilde, mythische", unmittelbar sinnliche, im Gegensatz zum wissenschaftlichen unserer Zeit) gibt, die parallel laufen, ohne daß inhaltlich eine Art der anderen überlegen wäre - es sei denn wiederum unter der Perspektive "Zeit": Das mythische Denken komprimiert Jahrtausende an Erfahrung, Irrtum und Erfahrung, die auf der Basis von "Sinnlichkeit" (Ähnlichkeit des Aussehens, des Geschmacks, des Geruchs und dann auf einer anderen Ebene assoziativ geschlossen von der Ähnlichkeit eines bestimmten Geschmackes einer Pflanze z. B. auf die Ähnlichkeit einer bereits bekannten Heilpflanze mit gleichem Geschmack und dann Erprobung der Heilwirkung dieser neuen Pflanze etc.) gewonnen wird. Das Wissen erfolgt sinnlich und assoziativ, also nicht abstrakt, wie etwa die moderne Chemie verfährt (1973, S. 14), außer da, wo sie "die Sinneswahrnehmung als Zeugen anerkennt".[28]

Intuition heißt im exakten Sprachgebrauch ein Begreifen von Gegenständen unter Verzicht auf wissenschaftliches Denken,bzw. dessen Unkenntnis oder mangelnde Verfügbarkeit. "Intuitiv" erscheinen dem Beobachter oft schnell ablaufende Denk-, Wahrnehmungsprozesse, Reaktionen und Urteile über einen Gegenstand oder eine Situation, ohne langwierige Analyse, die dann auch meistens Gültigkeit besitzen. Solche Intuition ist im seltensten Fall persönliches "Charisma" (oder Magie), sie beruht vielmehr auf Erfahrung im Umgang mit nicht berechenbaren Situationen und Problemen.

Die Empathie (Einfühlung) ist die Methode der Intuition. Adorno würde vielleicht für Empathie "Mimesis" (Angleichung an die Eigenart der Materie) sagen. Man kann etwas nur wirklich verstehen, wenn man versucht die "Gestalt" des Unverstandenen, Fremden, anzunehmen, selbst der, das Fremde zu sein - auch das, was man eigentlich fürchtet, was man nicht kennt. Ich denke hier an Methoden, Kindern, auch Erwachsenen die Angst zu nehmen, in dem sie selbst das Angstbesetzte sein sollen. Hierin hat der Kult, selbst der bis heute anhaltende Wunsch nach Verkleidung seinen Ursprung. Man kann auch an kindliche Verkleidungsspiele denken oder an Mutter-Kind-Spiele mit wechselnden Rollen. Auf solch einer Angleichung beruht Erfahrungswissen, Empathie und Intuition. Die Intuition selbst erscheint dem Beobachter als richtiges, erfolgreiches Verhalten, Handeln, das auf einem Verstehen der Situation oder des Problems beruht, ohne daß dem Handelnden eine Erklärung der Situation, des Problems (oder über die) der Wahl der Lösung parat oder bewußt wäre: Das Verstehen der Situation geht unmittelbar, d.h. ohne Erklärung, Analysen, ohne die Verfügbarkeit von Erklärungsschemata etc. in ein erfolgreiches Handeln über. Solch ein Handeln beruht auf einem Erfahrungswissen und seiner Methode, der Fähigkeit zur Empathie, der Fähigkeit, in Situationen, die sich einer Kalkulierbarkeit i.w.S. entziehen, also nicht oder noch nicht wissenschaftlich bewältigt werden können.

Berufliche Arbeit kommt - es sei denn, sie ist "innovativ" - dagegen oft ohne "Verstehen" aus. Ihre "Kreativität" (z. B. im Entwerfen von Problemlösungen) besteht in der Regel in der geschickten Anwendung und Kombination von außen gesetzter Regeln und Verfahrensweisen (Lukacs, Kuhn [29]); deshalb wurde auch behauptet, daß der Idealtyp "Beruf" auf einer abstrakten Sach- und Handlungskompetenz beruht.

Intuition und Empathie sind gegenwärtig umstrittene Qualifikationen menschlichen Handelns. Man weiß, daß es so etwas wie "Empathie" gibt und geben muß, - eben da, wo abstrakte Sachkompetenz versagt; aber man weiß nicht, wie man heute Empathie und Intuition ausbilden kann, man weiß auch nicht, warum der eine diese Qualifikationen besitzt, der andere aber nicht. Soweit sich der Alltagsmensch etwas unter Empathie vorstellen kann, wird er sie als eher "weibliche" Fähigkeit bezeichnen.

Kohut (1973, S. 338 f) meint, allerdings nur für den psychischen Bereich, daß die Unfähigkeit, Einfühlung zu verwenden, daß ...

" die Ersetzung von Einfühlung durch andere Wahrnehmungsweisen ... zu einer mechanistischen und leblosen Auffassung der psychischen Realität führt."

Letzteres, das Ersetzen von Verstehen (Empathie) durch formal logische Erklärung, will Kohut dann aber doch als eigentlich adäquates berufliches Handeln bezeichnen. Die Empathie leistet nur Hebammendienste für die therapeutische Analyse, ist an sich aber keine objektive Methode; sie verhindert zugleich Sachkompetenz.

Bei Kohut schleicht sich wie bei Piaget u. a. eine wertende Unterscheidung in der Verwendung von Empathie ein; diese Unterscheidung trifft genau jene zwischen beruflicher Arbeit mit ihrer spezifischen, affektiv neutralen Sachkompetenz und diffuser, unspezifischer (irrationaler), emotionaler Hausarbeit, die nur auf Alltagswissen gründen und gegen Berufsarbeit zurückfällt.

Für nicht-psychische Sachverhalte ist Empathie unangebracht: sie führt

" zu einer falschen, prärationalen, animistischen Wahrnehmung der Außenwelt und ist im Allgemeinen Ausdruck eines Infantilismus (!) im Bereich der Wahrnehmung und Erkenntnis." (ebenda)

Für die Beziehung Therapeut - Klient, Mutter - Kind, allerdings bezeichnet Kohut den Mangel oder das Fehlen von Empathie bzw. die Unfähigkeit, eine empathische Beziehung herzustellen als krankhafte Störung.

Sinnliche Intuition und Empathie sind also keineswegs nur archaische (hier im Sinne von: primitive, nicht entwickelte) Aneignungsweisen einer noch nicht begriffenen natürlichen Umwelt; sie sind nicht der Ausdruck einer ("infantilen") Unfähigkeit zu denken,[30] sondern entsprechen der unmittelbaren Naturwüchsigkeit des Arbeitsgegenstandes, des Bauern z. B. oder der Frau in der Hausarbeit. Sie sind durchaus "rational", aber nicht "rational" im Sinne abstrakter Kompetenz und Zeit-/Kostenökonomie.

3.3.3.2. "Anwendungsmöglichkeiten" für Erfahrungswissen und sinnliche Intuition

Man kann, um den Unterschied zwischen beruflicher Arbeitsweise und der des traditionellen Bauern oder der Frau im Haus am Begriff "sinnlicher Intuition" zu verdeutlichen, auf Levi-Strauss' Beschreibung der "Basteltätigkeit" zurückgreifen. Die Basteltätigkeit, die im übrigen der zünftigen handwerklichen Arbeitsweise ähnelt, kann als nicht-berufliche Problemlösung begriffen werden. Sie unterscheidet sich nur wenig von vielen hauswirtschaftlichen Arbeiten (Vorratshaltung, Nahrungsbereitung, Nähen für den Eigenbedarf, kleinere Reparaturen ...).

Typisch für diese Art der Arbeit ist die Beschränktheit von Rohstoff und Werkzeug, die den Arbeitenden zum permanent wechselnden Arrangement derselben Elemente zwingt. Typisch ist auch die Vielfalt und Unterschiedlichkeit (einfach, kompliziert) der anfallenden Aufgaben - typisch auch der abverlangte Einfallsreichtum, das "intuitive" Vorgehen, wo Arbeitsmittel und "Wissen" knapp und nicht ohne weiteres ausdehnbar sind.

" Der Bastler ist in der Lage, eine große Anzahl verschiedenartigster Arbeiten auszuführen; doch im Unterschied zum Ingenieur macht er seine Arbeit nicht davon abhängig, ob ihm die Rohstoffe oder Werkzeuge erreichbar sind, die je nach Projekt geplant und beschafft werden müßten: die Welt seiner Mittel ist begrenzt,und die Regel seines Spiels besteht immer darin, jederzeit mit dem, was ihm zur Hand ist, auszukommen, d.h. mit einer stets begrenzten Auswahl von Werkzeugen und Materialien, die überdies noch heterogen sind, weil ihre Zusammensetzung in keinem Zusammenhang zu dem augenblicklichen Projekt steht, wie überhaupt zu keinem besonderen Projekt, sondern das zufällige Ergebnis aller sich bietenden Gelegenheiten ist, den Vorrat zu erneuern oder zu bereichern oder ihn mit den Überbleibseln von früheren Konstruktionen oder Destruktionen zu versorgen ... Sehen wir ihm (den Bastler - I. O.) beim Arbeiten zu: von seinem Vorhaben angespornt, ist sein erster praktischer Schritt dennoch retrospektiv: er muß auf eine bereits konstituierte Gesamtheit von Werkzeugen und Materialien zurückgreifen; eine Bestandsaufnahme machen oder eine schon vorhandene umarbeiten; schließlich und vor allem muß er mit dieser Gesamtheit in eine Art Dialog treten, um die möglichen Antworten zu ermitteln, die sie auf das gestellte Problem zu geben vermag. Alle diese heterogenen Gegenstände, die seinen Schatz bilden, befragt er, um herauszubekommen, was jeder von ihnen "bedeuten könnte". (Vgl. auch den Begriff der "Bedeutungswahrnehmung bei Holzkamp 1975, 2. Aufl.).

Mit der Basteltätigkeit gemeinsam hat die private Reproduktionsarbeit die Isoliertheit und unmittelbare Naturwüchsigkeit, die Statik und Beschränktheit. Es ist eine Arbeit, die sich durch Problemlösungen auf der Basis knapper, aufgabenunabhängiger, d.h. relativ unspezifischer Arbeitsmittel und deren permanente Umstrukturierung auszeichnet. Damit enthält sinnlich-intuitives Denken und/oder die sinnlich-intuitive Arbeitsweise jene projektübergreifenden Fertigkeiten, wie sie ein automatisierter Arbeitsprozeß verlangen würde. Gedacht wird hier an jene prozeßunabhängigen allgemeinen Fertigkeiten, wie sie durch die Berufsbildungsreform, die Gesamtschule, Kurssysteme etc. vermittelt werden sollten. Auch von dieser Seite gewinnen eher "weibliche" Fertigkeiten (eben jene sinnliche Intuition, Spontanität, Kreativität, die prozeßunabhängig erfolgt) eine neue Wertigkeit.

Ähnlich intuitiv müssen alle Arbeitsweisen verfahren, die einer exakten Kenntnis der jeweiligen Arbeitssituation entbehren, also mehr oder weniger von natürlichen Bedingungen abhängen. Für bäuerliche und weiblich reproduktive Arbeit gilt dies vor allem da, wo traditionell überlieferte Vorgehensweisen (Techniken) versagen und zugleich ein wissenschaftliches Wissen fehlt; die Mittel zur Problemlösung also vorgegeben und beschränkt sind.

Ich denke an eine Situation in der Mutter-Kind-Beziehung, wo z.B. ein länger andauerndes Weinen des Kindes bei der Mutter zu einer Kette von Assoziationen führt, ähnliche Situationen zurückruft, ihre Lösungen wiederholen läßt, bis der natürliche Rhythmus wieder hergestellt ist. Auch der Bauer kennt solche unerwarteten Situationen, die im und um das Haus, bei der Fütterung der Tiere, beim Gartenbau etc., im Umgang mit den Tieren, oder bei der Arbeit auf dem Feld, immer wieder auftreten, mit ähnlich intuitiven Verhalten und Problemlösungen. Im übrigen steht jeder Forscher auf einem völlig neuen Gebiet vor einer ähnlichen Situation, nur daß der Gang der "Normalwissenschaft" (Kuhn) nicht oder selten sinnlich intuitiv verläuft, es sei denn in den nicht veröffentlichten Vorüberlegungen des Wissenschaftlers selbst. Man kann aber auch an den Einfallsreichtum von Frauen, als Agenten der unmittelbaren Daseinsvorsorge, in Krisen- oder Kriegszeiten denken.[31]

Ich denke hier auch an die Fähigkeit, Trauer, Unglück, Freude, Angst, Gefahr aus dem Gesicht des Gegenübers zu lesen, Gesichtszüge, Körperhaltungen (auch bei Tieren!) sinnlich interpretieren zu können. Kinder besitzen solche Fähigkeiten noch eine Zeit lang.

Sie besitzen, wie schon einmal erwähnt, bis zu einem gewissen Alter solche magischen Fähigkeiten noch. Das Kind lernt gerade wegen seiner noch unzureichenden kognitiv-emotionalen Entwicklung sehr schnell sich "mimetisch" zu verständigen: so durch sinnliche Wahrnehmung und Interpretation der Mimik der Mutter und Nachahmung dieser Mimik, so daß eine Mutter auf dem Gesicht des Kindes ihre eigenen Gefühle und seine wiederfinden kann.[32] Die kindliche Aneignung gesellschaftlicher Wirklichkeit muß sinnlich intuitiv erfolgen. Gerade weil eine kognitive rationale Handlungsorientierung erst Folge primärer Prozesse sein kann, muß sich das Kind die Welt "magisch", mimetisch, sinnlich-intuitiv aneignen, was zugleich eine entsprechende Fähigkeit der Bezugspersonen erfordert, die immer noch der Frau durch ihre Sozialisation im größeren Maße verbleibt als dem Mann. Mit sinnlicher Intuition ist ein wesentliches Merkmal weiblicher Kultur angesprochen, das aus der Langfristigkeit, Statik, der unmittelbaren Naturwüchsigkeit der Arbeitsaufgabe resultiert.

Spätestens bei Eintritt ins Berufsleben werden diese kindlichen Fähigkeiten endgültig verdrängt oder nicht mehr besonders gewertet. Menschliche Erfindungsgabe, Kreativität, eigene Initiative ist in der Berufsarbeit meist in der objektiven Struktur der Arbeit aufgehoben, Arbeitsgegenstand,

Arbeitsmittel vorgegeben und unabhängig vom Arbeitenden geplant: für die Berufspraxis genügt dann ein abstraktes Spezialwissen in der jeweiligen Detailarbeit.

Ein extremes Beispiel für solch eine verlorengegangene Vertrautheit soll kurz zitiert werden. Es handelt sich hierbei um ein aufgezeichnetes Gespräch zwischen Hebammen in den USA, die gerade gegen ihr Berufsverbot kämpfen. (In den Hebammenberuf sind, wie in keinem anderen weiblichen Beruf, Elemente der weiblichen Kultur, wie Intuition, Geduld, Anschauung, Spontaneität, Kreativität etc. eingegangen - ein Grund, warum dieser Beruf lange Zeit als anrüchig und rückständig galt - die Hebammen andererseits aus berufsstrategischen Gründen sich professionalisieren, d.h. hier u.a. verwissenschaftlichen mußten, vgl. dazu auch Gubalke 1964).

" ... Wir (die Hebammen - I. O.) haben gelernt, all das zu tun, indem wir die Frau anschauen und ihr zuhören - was sie mit ihrem Körper und mit ihrem Baby tut, und wie sie sich anhört. Sie (die Ärzte) sind von den einfachsten Dingen, die einem sofort ins Auge springen, dermaßen weit entfernt! Sie messen die Stärke der Wehen mit ihren Maschinen. Ich sitze da und lege meine Hand auf den Bauch der Frau und fühle die Wehen ... ich kann mein Ohr auf ihren Bauch legen und den Herzschlag des Babys hören ... Wenn ich eine Frau in die Klinik bringe, und sie schnallen ihr einen Kardiographen (Gerät zum Registrieren der kindlichen Herztöne) um den Bauch, legen eine Infusion in die Armvene, die klick, klick, klick ... macht, die Tropfen zählt ... der Arzt hat in drei Stunden nicht ein einziges Mal seine Hand auf die Frau gelegt - eine Maschine registriert die Wehen - das ist wie eine computer-programmierte Medizin ... Es ist vorgekommen, daß sich Frauen mit diesen Bändern um den Bauch auf die andere Seite gedreht haben, und das Oszilloskop, das die kindlichen Herztöne mißt, hat nicht mehr funktioniert, und die Frauen sahen das und gerieten in Panik und dachten, das Herz ihres Babys hat aufgehört zu schlagen ... Das ist mir einmal passiert, als ich eine Frau in die Klinik brachte. Die Maschine sagte, es seien keine Wehen da, aber ich konnte sehen, daß welche da waren ... Der Arzt kam rein, guckte auf die Maschine und sagte: "Ihre Wehen kommen nicht in Gang. Ich werde einen Kaiserschnitt machen müssen." Aber ich konnte sehen, daß sie schon in eine neue Geburtsphase überwechselte, ihr Atem änderte sich ... Sie schauen die Frau nicht einmal an, bloß die Maschine. Und daher stellte er ihr das Ultimatum, daß sie sich jetzt sofort entscheiden muß, ob sie einen Kaiserschnitt will, weil der Operationssaal nicht noch weitere zwei Stunden zur Verfügung steht. Und er sagt ihr, das Baby könne vielleicht sterben, wenn sie's nicht tut ... Der Arzt, der dein Kind entbindet, hat dich vorher vielleicht noch nie gesehen, oder nur ein paarmal. Vielleicht kriegt er nicht mit, daß jemand Zwillinge bekommt oder daß jemand Schwangerschaftstoxikose hat oder nicht gut beieinander ist ..." (Auszüge aus Ehrenreich/English 1975, S. 69 f.).

An diesem amerikanischen Beispiel, das zugleich ein Licht auf berufliche Ausübung von Tätigkeiten wie "Heilen" und "Pflegen" etc. wirft, kann der Rationalisierungsprozeß beobachtet werden, der mit der Verberuflichung vormals nicht beruflicher Arbeitsaufgaben einhergeht. Die sinnlich intuitive, unmittelbar konkrete Qualität der Arbeitsaufgabe wird aufgebrochen und verdrängt, an ihre Stelle tritt das zweckrationale Handlungsmuster. Dies gilt auch für die bislang "feminisierten" Frauenberufe, gerade da, wo sie sich auf dem Weg zu einer Professionalisierung befinden.

Erfahrungswissen (Intuition und Empathie) als eine Form menschlicher Aneignung von Wirklichkeit hat somit seinen Ursprung in der Beschränktheit der Subsistenzmittel (Wissen, Techniken etc.). Diese Knappheit an Subsistenzmittel, das gilt für traditionell bäuerliche und weiblich-reproduktive Arbeit, verhindert oft alternative Problemlösungsmuster, die keinen unmittelbaren Bezug zum akuten Hier- und Heute-Problem besitzen. In der Realität muß die Frau auf der Basis der durch den Lohn des Mannes und durch ihre Arbeit geschaffenen Subsistenzmittel alle anfallenden Probleme, dann aber sinnlich intuitiv (kreativ!) lösen.

Vielleicht erklärt sich aus diesem sinnlich-intuitiven Element weiblicher Kultur auch die Differenz in den Intelligenzfaktoren "problemlösendes Denken" und "Kreativität" - die ja zusammenhängen - zwischen Männern und Frauen: Frauen zeigen (nach Maccoby 1967, S. 25 f) eine besondere Fähigkeit zur Problemlösung da, wo es noch keine bekannten üblichen Lösungen gibt. Ihre Problemlösungen sind weniger analytisch als spontan und neuartig, während Männer in der Regel in analytischen Problemlösungen stärker sind.

3.3.4. Die Ganzheit der Arbeitsaufgabe als Leistung des Arbeitenden

Mit Ganzheit ist zunächst eine Vielfalt der anfallenden Einzeltätigkeiten, des dazugehörigen Wissens, die Komplexität und zugleich Spezifität in jeden Arbeitsvollzug gemeint. So kann ein Vorgang wie Kochen einmal in sehr einfache Detailaufgaben zerlegt werden: In der Art, wie er im Reproduktionsbereich angegangen und dann ausgeführt wird, erweist er sich aber in seiner vollen Komplexität. Beispiel: Überlegung, was koche ich, was brauche ich dazu, muß ich einkaufen gehen, habe ich noch genug Geld, Beschaffung der notwendigen Zutaten, evtl. Umdisponieren, wenn eine Zutat fehlt, Vorbereitung, Ausführung, richtiges "timing" - nicht nur des Kochvorganges selbst, auch "timing" von Kochen und anderen noch in der Hauswirtschaft anfallenden Tätigkeiten - (im Haushalt wird ja zur gleichen Zeit, anders als in der Berufsarbeit, nicht nur eine bestimmte Aufgabe gelöst, hier: nicht "nur" gekocht, sondern während dessen u. U. geputzt, evtl. telefoniert, die Tür geöffnet, gewaschen ...) - und "timing" von Kochen und der Heimkunft der Kinder aus der Schule, des Mannes von der Arbeit, letztlich richtiges "timing" von Kochen und biologischen Bedürfnissen, - Reste aufbewahren, Resteverwertung usw. Der Vorgang Kochen verkompliziert sich noch, wenn die Frau berufstätig ist. Ähnlich beispielhaft kann für alle anfallenden Arbeiten vorgegangen werden.

Hier handelt es sich um das, was die typisch für bäuerliche und weiblich-reproduktive Arbeit anfallende persönliche Synthesis der Tätigkeiten einer Arbeitsaufgabe genannt wurde.

Im Zuge der Verberuflichung solcher Tätigkeiten werden die in der nichtberuflichen Arbeitsaufgabe komprimierten Einzeltätigkeiten ausdifferenziert, in spezielle Einzelberufe untergebracht und hierarchisiert, je nach verbleibendem Komplexitäts- und/oder Qualifikationsniveau. Die ganzheitliche weiblich-reproduktive (und bäuerliche) Arbeitsaufgabe zeichnet sich also der beruflichen Arbeitsaufgabe gegenüber auch dadurch aus, daß in ihr häufig hochkomplexe und hochkomplizierte Tätigkeiten ohne besondere Hierarchisierung zusammen mit einfachen, z.B. schematischen, zu einer einzigen Arbeitsaufgabe verschmolzen werden. Weiblich-reproduktive Tätigkeiten sind nicht hierarchiekonform geschnitten - die Aufteilung der einzelnen Arbeitsaufgaben besitzt objektiv keine

Hierarchisierung, d.h. z.B. auch keine unterschiedliche Wertigkeit. Die Schneidung der Arbeitsaufgaben im Reproduktionsbereich, wie beim Bauern, erfolgt jeweils nach der organischen Ganzheit des zu befriedigenden Bedürfnisses, nach der organischen Ganzheit eines natürlichen Vorganges, und bringt deshalb auch ganzheitliche Arbeitsaufgaben hervor.

Ganzheitliche Arbeitsaufgaben, d.h. daß der Arbeitende einen Arbeitsvorgang von seinem Entstehungsprozeß bis zu seiner Vollendung beim Ackerbau oder beim Kochen bis zur "Genußreife" (Fleckenstein 1948, S. 22) des "Arbeitsgegenstandes" bis zu seinem unmittelbaren Gebrauch vollzieht: Wo diese Ganzheit nicht unmittelbar anschaulich in der Arbeit praktisch miterlebt werden kann, bleibt doch der Arbeitsvorgang von seiner ursprünglichen Notwendigkeit bis zu seiner Vollendung für die geistige Vorstellung unmittelbar konkret. Hier liegt ein Unterschied z.B. zu einer hocharbeitsteiligen beruflichen Arbeit, wo die einzelnen isolierten Arbeitenden die Synthesis ihrer jeweiligen Einzeltätigkeiten nicht mehr herstellen können. Diese ist vielmehr im gesellschaftlichen Gesamtarbeitsprozeß aufgehoben, der sich jenseits der geistigen und praktischen Aneignung der Arbeitenden vollzieht. Ein sinnvoller Zusammenhang der hochspezialisierten Arbeitstätigkeiten wird zugleich durch die Tatsache verhindert, daß, was mit der Anonymität der Synthesis zusammenhängt, der jeweilige Adressat der Arbeit entweder ganz oder in der Besonderheit seiner ganzen umfassenden Lebensweise anonym bleibt.

Damit ist ein inhaltlicher Zusammenhang zwischen Ganzheit der Tätigkeit i.o.S. und einer Unmittelbarkeit der Arbeitsaufgabe hergeleitet, die sich u.a. aus der Anschaulichkeit eines ganzheitlichen Arbeitsvollzuges, aus der persönlichen Partizipation am Erfolg oder Mißerfolg, aus der Sichtbarkeit, Konkretheit des Arbeitsergebnisses und seiner unmittelbaren Adressaten (Bedürfnisse und/oder bedürftige Personen) ergibt.

Dieser Zusammenhang von "Ganzheit" und "Unmittelbarkeit" läßt ein besonderes "Arbeitsethos" zu. Mit der Ganzheit der Arbeitsaufgabe, ihrer Anschaulichkeit und Unmittelbarkeit, wächst die Verantwortung des Arbeitenden für ein Gelingen des Arbeitsergebnisses, Mit einem Mißerfolg ist der Arbeitende und sein Milieu unmittelbar betroffen. Andererseits sinken mit diesem Anstieg des Arbeitsinteresses und der Veranwortung für ein Gelingen der Arbeit Ansprüche an Befriedigungsmöglichkeiten, die nicht unmittelbar aus der Arbeitsaufgabe resultieren.

Deshalb konnte man lange Zeit (Rationalisierungsprozeß!) von einer Anspruchslosigkeit bäuerlicher und weiblich-reproduktiver Lebensweisen sprechen! (Vgl. dazu: Müller 1964, S. 268 f).

Die Qualifikationen, wie sie mit einer ganzheitlichen unmittelbar reproduktiven Arbeitsaufgabe einhergehen, wurden im Vergleich von "Bastelei" und beruflicher Arbeit schon genannt: Die Qualifikation muß unspezifisch und doch spezifisch genug sein, einmal um der Komplexität und Vielfalt der anfallenden Tätigkeiten Rechnung tragen zu können, zum anderen um immer noch das notwendige Wissen für konkrete Ausübung einer Tätigkeit bereithalten zu können. Deshalb liegt die besondere Qualifikation weiblich-reproduktiver Tätigkeit auch eher darin, die vorhandenen, zum Teil knappen Mittel (Wissen und andere, auch materielle Subsistenzmittel) geschickt zu kombinieren (sinnlich-intuitive Synthesis!) als völlig neuartige und ungewohnte, von der konkreten Arbeitsaufgabe zeitlich losgelöste Techniken anzuwenden; d.h. letztere erst einmal abstrakt allgemein zu lernen, jenseits der konkret empirischen augenblicklichen Problemstellung, dann erst auf den je besonderen Fall anzuwenden, mit einem entsprechenden Mißerfolgsrisiko. Deshalb ist die sinnlich-intuitive Methode in der Reproduktionstätigkeit über lange Etappen hinweg einem verwissenschaftlichten beruflichen Arbeitsvollzug überlegen. Für unmittelbare Reproduktionstätigkeit ist zugleich das Risiko eines mißlungenen "Transfers" verwissenschaftlichter Techniken und Arbeitsanweisungen ungleich größer; greift doch ein Fehlschlag abstrakt allgemein gewonnener Verfahrensweisen unmittelbar in die Subsistenz ein, in den psychischen und physischen materiellen Bestand der Betroffenen. Gedacht werden hier vor allem an verwissenschaftlichte Erziehungsmethoden, die in ihrer Allgemeinheit die jeweilige Besonderheit kindlicher Aneignungsweisen von Wirklichkeit ebenso behindern, wie ihr nützen können; aber auch als eine "Rationalisierung" z. B. der Lebensmittelzubereitung, überhaupt der Ernährung, (vgl. keineswegs gesundheitsfördernde Fertigprodukte etc.) oder z. B. an Waschmittel, die in ihrer chemischen Zusammensetzung keineswegs dem Begriff einer gesunden Sauberkeit entsprechen.

Hausarbeit ist idealtypisch betrachtet ganzheitlich, d. h. u. a. auch nicht funktional spezifisch, sondern diffus organisiert. Diese Diffusheit ergibt sich aus der für Hausarbeit konstitutiven Unmittelbarkeit ihres Arbeitsgegenstandes: Herstellung und Wiederherstellung von Arbeitsvermögen. Ganzheitliche, diffuse Arbeitsaufgaben und entsprechend diffuse Arbeitssituationen verlangen vom Arbeitenden ein hohes Maß an persönlicher Synthesis, Initiative, Intuition und Flexibilität. Vernachlässigt man das gesellschaftliche Gewaltverhältnis und die Isolation, in denen sich die weibliche Reproduktionsarbeit vollzieht, so enthält sie per se - vor allem im Vergleich zu den meisten Berufstätigkeiten die Chance zu positiver Identifikation. Wie für die bäuerliche Arbeit ist für die Hausarbeit eine besondere Ausbildung, ein abstrakt gelerntes Wissen nicht unbedingt erforderlich - im Hinblick auf die Diffusheit der Aufgaben oft eher hinderlich. Hausarbeitswissen ist ein "learning-by-doing"-Wissen, das sukzessive und unmittelbar durch Anschauung, Mithilfe, Übung und Informationen der anderen Familienmitglieder während des kindlichen Entwicklungsprozesses gelernt wird. Dies gilt für Mädchen aus unterschiedlichen subkulturellen Milieus heute immer noch, wenn auch in schwindendem Ausmaß. Die Ausbildung eines Mädchens für die weiblich-reproduktive Aufgabe umfaßt daher in der Regel ein sinnlich-konkretes Mitlernen, Anschauung und Beobachtung der räumlich und zeitlich konkret vorhandenen Mutter, - dies während einer Zeitspanne kindlicher Entwicklung, die ungefähr 15 Jahre umfaßt ... Hausarbeitswissen kann nicht extern gelernt werden.

3.3.5. Die Abhängigkeit der Arbeit von natürlichen Zeitabläufen und das Fehlen von Freizeit

Ein weiteres Merkmal traditionell bäuerlicher und weiblich reproduktiver Arbeit, das sich von Berufsarbeit unterscheidet, ist die besondere Qualität und Struktur von Zeit, in der sich eher naturgebundene Produktionsprozesse vollziehen. Die besondere Gegenstandskonstitution der Hausarbeit, ihre Abhängigkeit von natürlichen Prozessen, von daher Langfristigkeit, Geduld, Verweilen, eine intensive unmittelbare Identität des Menschen mit seinem natürlichen Milieu, Vertrautheit etc., all das wären identische Ausdrücke für den naturgebundenen Zeitrhythmus subsistenzwirtschaftlicher Arbeitsweisen. Einige Autoren gehen so weit, in der Realität keineswegs vorhandene "natürliche", "geduldige", "verharrende" etc. Zeitstrukturen in der Hausarbeit einer Ökonomie der Zeit im beruflichen Bereich gegenüberzustellen.[33] Tatsächlich sind berufliche Arbeitsprozesse nach dem Prinzip einer Ökonomie der Zeit organisiert; die industrielle Produktionsweise verlangt vom Arbeitenden eine Verinnerlichung dieser Zeitstruktur, damit auch eine Verinnerlichung der mit Zeitökonomie verbundenen Abstraktion von konkreten Bedürfnissen - ohne daß jedoch die Fähigkeit, freie dehnbare Zeitstrukturen aufrechtzuerhalten , verloren gehen darf. Was "Zeitökonomie" im beruflichen - und extrem - in arbeitsintensiven industriellen Produktionsprozessen bedeutet, brauche ich nicht zu schildern: es ist eine Arbeitshetze, durch die sich langfristig betrachtet, die Chancen einer Wiederherstellung des Arbeitsvermögens zunehmend verschlechtern.

Solch ein zeitökonomischer Rhythmus ist für private Reproduktionsarbeit eigentlich nicht denkbar. Das Eindringen von beruflichen Zeitstrukturen in die Familie, wie es alltäglich passiert, zerstört gerade das, was in fortgeschrittenen warenproduzierenden Gesellschaften ohnehin durch die Trennung von Beruf und Reproduktion nur mühsam aufrechterhalten werden kann: die Wiederherstellung von Arbeitsvermögen, die

Befriedigung der aus einem zeitökonomischen beruflichen Arbeitsprozeß verdrängten Bedürfnisse. Zeitökonomie ist, wenn noch nicht für Berufsarbeit, so doch für unmittelbare Reproduktion selbstzerstörerisch. Man muß sich nur die Abfütterung eines Säuglings im industriellen Rhythmus vorstellen, oder weniger extrem, die Massenabfertigung von Kindern, Schülern, in Horten, Heimen, Schulen. Die Verberuflichung dieser eher naturgebundenen Arbeitsaufgaben zieht als Folgeproblem - durch die affektive Neutralität, die Abstraktion von der Besonderheit der Person, durch die zeitliche und emotionale Distanz und den Vorrang der Zeit- und Kostenökonomie - eigentlich eine Nichtbearbeitung und Verschiebung dieser Probleme nach sich.

Die Schwierigkeit, in allen Lebensbereichen eine an beruflicher Arbeitszeitnorm orientierte Zeitökonomie zu institutionalisieren, verdeutlicht, daß freie dehnbare Zeitstrukturen wesentliche Voraussetzungen einer naturgebundenen Arbeit sind. Dies gilt auch da, wo diese Zeitstrukturen verdrängt sind, aber sozusagen hinterrücks in negativen Folgelasten existieren. Daß erst mit der Perfektionierung von Warenproduktion sich der Bereich der Familie und Hausarbeit jenseits vom Mehrwertbildungsprozeß eigens entwickelte, bestätigt die These einer primären Abhängigkeit der Berufsarbeit von anderen als beruflichen zeitökonomischen Strukturen.

In unmittelbarem Zusammenhang mit der qualitativen Differenz beider Zeitstrukturen steht ein anderes Merkmal, das eher naturabhängige Arbeiten wie die des Bauern oder der Frau in der Familie von Berufsarbeit unterscheidet: das Fehlen von Freizeit. Das Fehlen von Freizeit, wie es sie für die berufliche Arbeit als qualitative und meist zeitlich-räumliche Differenz von Arbeitszeit und Regenerationszeit existiert, hängt vor allem auch mit den Merkmalen "Ganzheit", Naturgebundenheit und Unmittelbarkeit der subsistenzwirtschaftlichen Arbeitsaufgabe zusammen. Natürliche Bedürfnisse lassen sich nicht ohne weiteres "nach der Uhr" abrufen und befriedigen, auch wenn das ansatzweise (z. B. bei einer Fütterung des

Kleinkindes im strengen Vier-Stunden-Rhythmus etc.) längst Praxis geworden ist. Läßt man dem Kinde s e i n e Zeit, so kann man schnell merken, daß es sehr wohl einen Rhythmus, eine Regelmäßigkeit in seinen Bedürfnissen besitzt, daß dies aber keineswegs unbedingt ein Vier-Stunden-Rhythmus sein muß, wie man allgemein behauptet, sondern der besondere Rhythmus des Kindes. Zur Feststellung dieses natürlichen Rhythmus', in dem das Kind nach Kontakt, Spiel, Zärtlichkeit verlangt, kann es gar keinen abstrakt, also unabhängig von dem konkreten Kind, gewonnenen Zeitplan geben. Die vertraute(n) Person(en), die das Kind umgibt (umgeben), lernt (lernen) langsam und in dem Maße, wie sie selbst noch fähig ist (sind), sich dem Kind "mimetisch", sinnlich-intuitiv zu nähern, diesen Rhythmus kennen und (hoffentlich) zu akzeptieren. Solch eine sinnlich-intuitive Vorgehensweise erfordert nicht nur viel Zeit, sondern damit auch eine Zeit, die insofern keine Unterbrechung im Sinne von "arbeitszeitnorm-freier" Zeit besitzt, wie sie eine permanente Disponibilität der Arbeitenden (hier: Mutter), die Möglichkeit zu spontaner Intervention etc., also "Unmittelbarkeit" von Bedürfnisäußerung und Bedürfnisbefriedigung einschließt.

Nun kann man behaupten, daß auch die Hausfrau freie Zeit, viel Zeit hat, vor allem wenn man sieht, wieviel Zeit sie verschwendet beim Gespräch mit der Nachbarin, mit der Verkäuferin an der Kasse, beim Zeitunglesen zwischen den einzelnen Arbeitsaufgaben, bei einem kurzen Spiel mit den Kindern, der Katze, beim Blumengießen.

Dieser Behauptung unterliegt ein "Bias", der jede Arbeit, ungeachtet ihrer Besonderheit, beruflichen, d.h. zeitökonomischen Prinzipien unterwirft und diese zum alleingültigen Maßstab nimmt. (Gedacht wird hier z.B. an die Verwunderung von Pross/Schweitzer 1975, warum eine berufstätige Frau am Wochenende so viel Zeit mit Kochen verschwendet. Auch wenn man zugesteht, daß hinter diesem extensiven "Wochenendkochen" ein schlechtes Gewissen der Frau wegen ihres subjektiv vermeintlich vernachlässigten Haushalts steht, so besitzt doch dieses extensive "Wochenendkochen" eine andere (Zeit-)Qualität als die meisten Berufstätigkeiten, die man Frauen überläßt.) Bislang zumindest war eine Zeitaufteilung des täglichen Lebens unter subsistenzwirtschaftlichen Arbeitsverhältnissen in "Arbeitszeit" und "Freizeit" unsinnig. Wenn ein Bauer z.B. während eines abendlichen Spazierganges zugleich Beobachtungen zum Wohlbefinden seiner Tiere, zum Wachstumsstand der Feldfrüchte etc. macht, oder eine Frau während der Bügelarbeit etc. fernsieht oder mit den Kindern einen Ausflug macht, ist eine Trennung von effektiver Arbeit und "Muße" fast unmöglich. Das Besondere der ganzheitlichen, unmittelbaren, subsistenzwirtschaftlichen Tätigkeit liegt gerade darin, dem Arbeitenden u. U. beides zu gewähren: Muße und damit Freude an und in der Arbeit und Veräußerung von Fähigkeiten. Diese Arbeitsweise ist ja quasi identisch mit natürlichen Zeitrhythmen.

Auch Müller geht in seiner empirischen Studie zur "Einstellung zur Landarbeit in bäuerlichen Familienbetrieben" zunächst von der Gebundenheit der Arbeit an einen natürlichen Zeitrhythmus aus:

" Die Arbeitszeiten des landwirtschaftlichen Betriebes folgen, im Großen gesehen, dem naturgegebenen Rhythmus der landwirtschaftlichen Produktion. Für die Landarbeit ist folglich ein Wechsel zwischen Zeiten hoher und geringer Arbeitsbeanspruchung charakteristisch. Daneben verursacht der Arbeitsanspruch laufender Arbeiten (Innenwirtschaft) einen weitgehend konstanten Zeitaufwand. Die Erfüllung der laufenden Arbeitsansprüche ist zeitlich nicht verschiebbar (Unmittelbarkeit! - I. O.) und macht eine kontinuierliche Bindung von Arbeitskräften an den Betrieb unvermeidlich. Die geregelten Arbeitszeiten der gewerblichen Produktion sind folglich auf landwirtschaftliche Verhältnisse nur bedingt übertragbar."

Dann weist auch Müller auf die Schwierigkeit hin, "effektive" Arbeit und "Muße" zu trennen ...

" Ungenügende Planung, Sitte und Gewohnheit, aber auch persönliches Interesse lassen der einzelnen Arbeitsaufgabe häufig einen größeren Arbeitsaufwand angedeihen als wirtschaftlich erforderlich. Die exakte Trennung von effektiver Arbeit und Beschäftigung ist deshalb problematisch, insbesondere, wenn der Betrieb dem Bauern zugleich "Arbeitsplatz und Lieblingsbeschäftigung" bietet. Außer diesen subjektiven Gründen haben auch objektive Gründe, wie Gestaltung der Flurverhältnisse und Verfügbarkeit über arbeitssparende Gebäude und

Maschinen wesentlichen Einfluß auf die Länge der Arbeitszeit.

Subjektive und objektive Gründe zusammen verursachen einen hohen Anteil der "unproduktiven" Teilzeiten im bäuerlichen Betrieb. So erscheint gerade im bäuerlichen Familienbetrieb die Arbeitszeit im Verhältnis zu außerlandwirtschaftlichen Berufen erheblich verlängert."

Zugleich wird deutlich, daß mehr noch als im "Arbeitnehmer-Haushalt", wo der Hausfrau im Gegensatz zur Bauersfrau wesentliche "produktive" Funktionen durch Verberuflichung entzogen wurden (allerdings andere Funktionen hinzugekommen sind), der Bäuerin als Agenten der unmittelbaren Reproduktion und Leiterin der "Innenwirtschaft" eine "Freizeit" kaum zukommt.

" ... In den Genuß der zusätzlichen Mittagspause kommen fast überall nur die Männer; denn die Frauen sind unterdessen mit dem Spülen und anderen Hausarbeiten beschäftigt ... (1964, S. 114). Es ist sicher, daß die Frauen in der Regel länger arbeiten als in diesen Zahlen (errechnete Größen von Müller - I. O.) angedeutet. Sie stehen vor allem im Winter vielfach eine halbe bis eine Stunde früher auf als die Männer. Der Arbeitstag ist für sie normalerweise nach dem Abendessen noch nicht beendet. Die Versorgung von außerhalb des Betriebes arbeitenden Familienmitgliedern, die Vorbereitung des Mittagessens für den folgenden Tag im Sommer, sowie zusätzliche Arbeiten in der Einmachzeit lassen die Frau regelmäßig später zur Ruhe kommen, als die übrigen Familienangehörigen" (1964, S. 118).

Eine derart "gefüllte", gedrängte Zeit läßt sich immer noch für die Hausfrau, vor allem aber für die berufstätige Frau ausmachen.

Diese Beispiele zeigen auch, daß "Subsistenzwirtschaft", trotz bestimmter intrinsischer Befriedigungen, wie sie diese Arbeitsweise bietet, gerade doch im Vergleich zu bestimmten privilegierten Berufstätigkeiten und im Hinblick auf eine reale Möglichkeit, schwere, aufreibende Arbeitsaufgaben sinnvoll zu rationalisieren, daß also Subsistenzwirtschaft keineswegs die von Brinkmann, Krovoza oder Negt/Kluge behauptete Idylle, Ruhe und Muße aufweist. Fehlen von Entspannung auch in der weiblich-reproduktiven Arbeit kann ebenso kräfteaufreibend sein, wie die Arbeitssätze industrieller Produktion.

3.3.6. Die besondere Qualität zwischenmenschlicher Beziehung: unmittelbare Arbeitsbeziehung

Es wurde bereits erwähnt, daß unter subsistenzwirtschaftlichen Arbeitsverhältnissen die zwischenmenschlichen Beziehungen immer zugleich unmittelbare Arbeitsverhältnisse konstituieren. Das ist auch mit dem Begriff eines "askriptiven Status" gemeint, der für subsistenzwirtschaftliche Produktionsweise auf die schon unmittelbar bei Geburt, durch das Geschlecht und die Geschwisterfolge festgelegte und sichtbare Arbeitsteilung unter den Gemeinschaftsmitgliedern hinweist. Eine Dichotomisierung von betont "sachlichen", im Gegensatz zu betont "persönlichen" Beziehungen, wie sie idealtypisch für die berufliche Sphäre und dann auch zugleich für die strukturelle Differenz von Außen- und Innenbereich warenproduzierender Gesellschaften festgemacht werden kann, fehlt. Die Kinder sind so bald wie möglich zur Mithilfe in einer bäuerlichen Produktionsgemeinschaft angehalten. Man kann im übrigen auch an süditalienische Verhältnisse denken, wo eine hohe Kinderzahl, wie in allen unterentwickelten Regionen, der Garant der Subsistenzerhaltung der ganzen Sippe darstellt: Kinder also immer schon in ihrer Arbeitsfähigkeit begriffen werden ... Andererseits bringt es eine derartige Eltern-Kind-Beziehung mit sich, daß Kinder sehr bald als alles andere als klein, unselbständig und hilflos wahrgenommen werden. Die "künstliche Kleinhaltung" der Kinder (overprotection) im typischen "Arbeitnehmer-Haushalt" entfällt (vgl. dazu: Linde 1974, S. 194 f, Planck 1974, S 169 f, Oeter 1958, S. 46 f).

Derartige Kind-Eltern-Verhältnisse galten lange Zeit auch für die typische proletarische Familie.

" Das Bauernkind ist meistens mit wenig und einfachen Spielzeug aufgewachsen. Von früh an ist der Hof das eigentliche "Kinderzimmer", seine Geräte "das Spielzeug", die reale Arbeits- und Lebenswelt der Erwachsenen in Familie und Dorf die prägende Umwelt des Kindes. Es begreift beizeiten Sinn, Zuordnung und Gebrauch aller Dinge und Vorgänge auf dem Hof, ohne daß ihm die Zusammenhänge im einzelnen bewußt zu sein brauchen. Aber es gewinnt dabei praktische Kenntnisse und Fertigkeiten, die zur frühen Mithilfe bei der täglichen Arbeit führen. Bereits in diesem frühen Stadium werden auch die Anschauungen und Gewohnheiten des Erwachsenen grundlegend vorgeformt ... So erhalten die Kinder ... beim Kartoffelauflesen zum

Zeichen der Anerkennung wie zum Ansporn kleine Geldprämien für jeden vollen Korb. Den Schlepper selbständig zu fahren, ist für Jungen, aber auch für viele Mädchen eine Selbstverständlichkeit, sowie ihre Körpergröße und Stärke das Niedertreten des Kupplungspedals ermöglicht. In fast allen Betrieben mit Kindern im schulpflichtigen Alter ist der Einsatz dieser Kinder auf dem Schlepper bei Arbeiten, die keine große Sorgfalt der Steuerung verlangen, auch für den Betriebsleiter selbstverständlich geworden (z. B. Lade- und Abladearbeiten auf dem Acker, Getreideschnitt, Kartoffelroden sowie alle Arbeiten im Kriechgang). Eine solche "Mitarbeit" der Kinder im Betrieb entbehrt nicht der besonderen Problematik. Dennoch betonen die Befragten, auf diese Art der Kinderarbeit nicht verzichten zu wollen; denn in genannter Weise eingesetzt, vermag das Kind eine vollwertige Arbeitskraft von lästigen Nebenarbeiten innerhalb des gleichen Arbeitsganges zu befreien. So ist auch die Kinderarbeit in den Untersuchungsbetrieben oft von beachtlicher praktischer Bedeutung und es fällt schwer, aus dem Zusammenwirken der Motive von Sorge um die Nachfolge im Betrieb, Beaufsichtigung, Arbeitserziehung und Arbeitskräftemangel die tatsächlich zutreffenden Beweggründe für den Arbeitseinsatz von Kindern im Betrieb zu ermessen." (Müller 1964, S. 108-109).

Ein Beispiel für Kinderarbeit in proletarischen Familien der zwanziger Jahre:

" ... im Gegensatz zu ... der oft vorhandenen Gewichtslosigkeit in Gemütsbeziehungen, die in der frühen Kindheit verwurzelt ist, fällt der ausgesprochene Sinn für Reales auf. Das hat seinen Grund in der frühen Durchbrechung der Spiel- und Märchenwelt des Kindes durch reale Not. Es war lange schon bekannt, ... daß das ungepflegte Kind viel früher die Fähigkeit besitzt, aufgetragenen Pflichten nachzukommen.

Man kann achtjährige antreffen, die bei Krankheit der Mutter das Kochen und Abwaschen besorgen und nebenher noch ein einjähriges Brüderchen betreuen. Vier- bis fünfjährige helfen bei der Heimarbeit, stopfen tagelang dieselben Puppenbeine oder kerben kleinen Tieren die Beine ein. Ein Sechsjähriger trägt vor der Schule zwei Stunden die Zeitungen aus, obwohl Kinderarbeit vor der Schule verboten ist. Diese arbeitenden Kinder wirken nicht altklug. Sie nehmen sich nicht wichtig, sondern arbeiten mit Selbstverständlichkeit und müder Resignation in der Haltung" (Franzen-Hellersberg 1932, S. 44).

Für den typischen "Arbeitnehmer-Haushalt" heute, scheinen zunächst derart unmittelbare, aus der Arbeit resultierende, zwischenmenschliche Beziehungen zu fehlen. Der Reproduktionsbereich ist ja gegen die Sachlichkeit, Zweckrationalität, Tauschorientiertheit der Berufssphäre abgeschirmt. Die Tätigkeiten sind von den Merkmalen beruflicher Arbeit gereinigt. Was bleibt, sind arbeits(-zeit-)freie, allerdings eigentlich inhaltsleere Beziehungen, weil der Bezug auf eine gemeinsame (Arbeits-) Gegenständlichkeit fehlt. Deshalb sind vielleicht auch eine mangelnde Interessenidentität, von daher eine "Langeweile" und ihre negativen Folgelasten in einer einer eingespielten Beziehung heute das vordringlichste Problem in der psychologischen Partnerberatung. Holzkamp (1975, 2. Aufl. S. 255 f) charakterisiert diese persönlichen Beziehungen in der typischen Arbeitnehmerfamilie folgendermaßen:

> " Die ökonomische Funktion der Familie besteht in der Organisation und Effektsteigerung individueller Konsumtion in Ausrichtung auf den Produktionsprozeß. Von der Beteiligung an der Planung und Gestaltung der gesellschaftlichen Produktionstätigkeit und damit allseitigen Entwicklung menschlicher Möglichkeiten, ist die Familie als Institution des außerberuflichen Bereichs abgetrennt ... Als "Bindemittel" für die Familie erscheint demgemäß nicht der ökonomische Vorteil und die ökonomische Abhängigkeit im Zusammenhang mit individueller Konsumtion, sondern "Liebe" als Voraussetzung und Inbegriff "privaten Glücks", die ausgeprägteste Form der "Sympathie" als "private" Verbundenheit zwischen Menschen. Für die "Liebe" gilt zugespitzt, ...: Die "Liebe" als abstrakte Negation der "Tüchtigkeit", die dadurch charakterisiert ist, daß sie sich "auszahlt", ist "Zweck in sich". "Wirkliche Liebe" - ist eine Liebe, in der die Partner sich buchstäblich für "nichts" lieben. Mehr noch: Eine solche "Liebe" beweist sich gerade darin, daß sie in ihrem Fortbestand und ihrer Intensität gänzlich unberührt davon ist, ob der Partner mit seinem Benehmen die Interessen des anderen verletzt; der Anspruch, um seiner selbst willen geliebt zu werden, bedeuten den Anspruch auf Liebe sowohl, oder gerade weil man in seinen Lebensäußerungen nicht "liebenswert" ist.
>
> Die Bezogenheit der Liebe auf die von sichtbarer Tätigkeit unabhängigen "eigentlich-menschlichen" Potenzen beinhaltet ein bedingungsloses Akzeptieren des jeweils anderen, ein "Alles-Verstehen" und "Alles-Verzeihen", das sich als solches quasi selbst aufhebt ..."

Dennoch soll hier behauptet werden, daß durch diese Dichotomisierung menschlicher Beziehungen in einmal "persönliche" inhaltsleere und zum anderen in sachliche, affektiv-neutrale, wie sie einmal für den Reproduktionsbereich, dann für berufliche Arbeit gelten soll, durch diese Dichotomisierung hindurch sich zumindest für Mädchen und Frauen solch eine unmittelbare Arbeitsbeziehung durchhält. Was heißt das?

Das neugeborene Mädchen, das heranwachsende weibliche Kind wird immer schon sozusagen antizipatorisch, aber auch unmittelbar in seinen weiblich-reproduktiven Funktionen von den Familienmitgliedern, aber auch von der gesamten Umwelt gesehen. Nicht nur, daß Frauen eher auf die Mithilfe ihrer Töchter zurückgreifen, auch das heranwachsende Mädchen springt sozusagen für die Mutter ein, wenn Subsistenzmittel (Wissen, Zeit, aber auch Geld) knapp sind. Gedacht wird hier an auch heute noch aktuelle Beispiele, wo jugendliche Industriearbeiterinnen in ungleich größerem Ausmaß als ihre männlichen Geschwister durch ihren Lohn zur Subsistenz der Familie beitragen (vgl. die Arbeiterinnen-Befragung, Eckart, Jaerisch, Kramer 1975/76). Für proletarische Familien gilt diese unmittelbare Betrachtung der Frau in ihrer Arbeitsfähigkeit in größerem Ausmaß:

" Charakteristisch und oft bestätigt ist die Haltung der proletarischen Familie zum weiblichen Nachwuchs. Nirgends ist die Stellung der Frau so gering geachtet wie im Proletariat. Das spiegelt sich schon in den bereits beleuchteten Verhältnissen in Fabrik und Werkstatt. Es hat aber seinen eigentlichen Grund im Privatleben. Schon die kleinen Mädchen beklagen sich bitter, mit welcher Selbstverständlichkeit sie jede freie Stunde für ihre Geschwister oder für den Haushalt hergeben müssen. Vom Bruder im gleichen Alter verlangt man viel weniger, läßt ihm bedeutend mehr Freiheit, erlaubt ihm ohne weiteres, den Sonntag mit Kameraden oder in Klubs zu verbringen. Einem Vereinsleben der Mädchen stellt man dagegen jedes Hindernis entgegen. Sie werden oft als die Bedienerinnen ihrer Brüder betrachtet und gelten nur als "Mittel zum Zweck". Ich prüfte bei 35 Mädchen, die aus schlechtesten Verhältnissen stammten, wie weit die Anforderungen gingen, die an die Brüder gestellt wurden, sofern solche vorhanden waren. Die Mitarbeit der Mädchen im Haushalt begann schon mit ihrem fünften bis sechsten Lebensjahr. Für die Knaben wurde das keinmal festgestellt; vereinzelt halfen sie beim Zeitungen austragen oder machten bezahlte Botengänge. Nur in großen Verlegenheitsfällen griffen die Jungen im Haus mit zu.

... in der proletarischen Familie lassen sich Väter und Brüder mit größter Selbstverständlichkeit von den schon müde von der Arbeit heimkehrenden Mädchen bedienen. (Vgl. erwerbstätige Frau heute! - I. O.) Häufig wird erzählt, wie gerade diese häuslichen Pflichten nach Arbeitsschluß die Mädchen veranlassen, sich außerhalb des Hauses aufzuhalten und sich dort zu zerstreuen, was dann allerdings nicht ohne Freund, Kinobesuch usw. möglich ist.

Die erstaunlichste Gewohnheit in proletarischen Familien ist die Enteignung der Einnahmen des Mädchens ... Was aber die Erbitterung über die Enteignung auf die Spitze trieb war die Tatsache, daß für die Brüder zuweilen Lehrgeld aufgebracht wurde, während die Mädchen verdienten und keine Gelegenheit zur Ausbildung und Lehrzeit bekamen ... Es ist ganz selbstverständlich, daß man bei mehreren Kindern die Zukunft der Knaben eher bedenkt als die der Mädchen. Daran hat sich auch durch die fortschreitende Berufstätigkeit und durch die Erwerbstätigkeit der verheirateten Frauen absolut nichts geändert.

Nirgendwo bedenkt man die Zukunft des weiblichen Nachwuchses weniger als in der Arbeiterschicht. Im Grunde meint man: Wenn sich das Mädchen verbessern will, kann sie ja "besser" heiraten ..." (Auszug aus: Franzen-Hellersberg, 1931, S. 46-47).

Daß sich daran, an der Erziehung der Mädchen und ihrer Ausbildungssituation, bis heute wenig geändert hat - über alle Schichten hinweg - ist allgemein bekannt. Ein anderes Indiz für eine nur zögernde Veränderung dieses Faktums wäre die inhaltliche Beschränkung des Berufsschulgrundjahres für Mädchen auf Fächer wie vor allem Hauswirtschaft, die ja nur eine Vorbereitung auf Ehe, nicht aber auf selbständige Existenzsicherung bedeutet.

Zwischenmenschliche Beziehungen, die unmittelbare Arbeitsverhältnisse konstituieren, erhalten sich aber für Frauen allein schon deshalb rudimentär, weil sie auch in fortgeschrittenen warenproduzierenden Gesellschaften Träger der unmittelbaren Subsistenzsicherung bleiben! Dazu ein Beispiel aus der heutigen Sowjetunion:

"Was ein Mädchen können muß"

" Mit drei Jahren: Sich anziehen und waschen, beim Tischdecken helfen, sein Spielzeug aufräumen.
Mit vier Jahren: Schuhe zuschnüren, Staubwischen, Blumen gießen.
Mit fünf Jahren: Einen Knopf annähen, Bettenmachen, ... und Kleider seiner Puppe waschen, der Mutter beim Einkaufen helfen.
Mit sechs Jahren: Teegeschirr abwaschen und unter Aufsicht der Mutter bügeln, den Boden fegen, einen kleinen Kissenbezug nähen, aus fertigem Teig mit Förmchen Gebäck zubereiten.
Mit sieben Jahren: Gemüse für Salat säubern und schneiden oder für Kompott zubereiten, Getreide für Grütze auslesen, Anhänger an Nachthemden und Handtücher nähen.
Mit acht Jahren: Lebensmittel (Brot, Milch) einkaufen, mit einem

Staubsauger umgehen, für die Schuluniform sorgen: Manschetten waschen und annähen, Mantel bürsten und Schuhe putzen.
Mit neun bis zehn Jahren: Sticken, Eier und Kartoffel kochen, Fußboden wischen." [34]

Aus diesem russischen Beispiel wird nicht nur die besondere Arbeitsdisziplin, die Arbeitserziehung, Ordentlichkeit etc. deutlich, wie sie für staatssozialistische warenproduzierende Gesellschaften typisch ist, nicht nur das Fehlen von anderen technischen Arbeitshilfen, sondern auch die Wichtigkeit weiblich-reproduktiver Fähigkeiten in einem von der Berufssphäre ausdifferenzierten Lebensbereich. Auch in diesen Ländern kommt Frauen die Aufgabe der unmittelbaren Reproduktion zu. Ihre Sozialisation erfolgt dementsprechend.

Die These dieses Abschnitts wäre etwa, daß sich rudimentär "archaische" unmittelbare Arbeitsbeziehungen in der modernen Familie bis zu einem gewissen Grad in der weiblichen Sozialisation erhalten.

3.4. Zusammenfassung

Die Ähnlichkeit zwischen traditionell bäuerlicher und weiblich-reproduktiver Arbeit als Typen subsistenzwirtschaftlicher Produktionsweise kommt vor allem zustande durch die Merkmale

- Naturwüchsigkeit
- Unmittelbarkeit: daher durch Intuition und Empathie gewonnenes Erfahrungswissen
- Ganzheit der (verbleibenden) Arbeitsaufgaben
- durch einen Arbeitsrhythmus, der sich von "beruflicher" "Zeitökonomie" noch signifikant unterscheidet
- Fehlen von Freizeit: Zeit und Freizeit haben allerdings bereits für weiblich reproduktive Arbeit im "Arbeitnehmer-Haushalt" eine andere Qualität als im bäuerlichen Familienbetrieb
- zwischenmenschliche Beziehungen, "Arbeitsbeziehungen": allerdings müssen zwischenmenschliche Beziehungen im Reproduktionsbereich unter fortgeschrittenen Warenproduktionsbedingungen formdetermi-

niert, d.h. nicht mehr vorrangig durch das Merkmal "unmittelbare Daseinsvorsorge" geprägt, begriffen werden; dies gilt noch im gleichen Ausmaß für die soziale Konstruktion des weiblichen, askriptiven Status'

- mangelnde Spezialausbildung.

Alle erwähnten Merkmale, die die Ähnlichkeit von weiblicher Hausarbeit und einer traditionell bäuerlichen Arbeit im "ganzen Haus" ausmachen, existieren "negativ" für "Beruf" (vgl. Schema 2, s.S. 147).

Liest man die Aussagen zu den einzelnen Punkten (im Schema 2) nicht nur als Gegenüberstellung, sondern auch in der Richtung von "unmittelbarer Reproduktion" zu "fortgeschrittener Warenproduktion", hat man zugleich den Ausgangspunkt und den aktuellen Stand jenes historischen Prozesses, den Gesellschaftsformationen in etwa auf dem Weg von einer Subsistenzwirtschaft zur Warenproduktion und deren totalen Entfaltung durchlaufen.

Es ist der Zivilisationsprozeß - Webers Rationalisierungsprozeß - in dem die innere und äußere Natur des Menschen zunehmend beherrscht oder verdrängt wird: Sie wird nur noch repressiv zugelassen, u.a. in einem gesonderten Bereich - dem Ghetto Familie. Der Familie kommt jetzt die ganze kompensatorische Last unmittelbarer Bedürfnisbefriedigung zu.

Gerade weil Berufsarbeit versucht, ihre materielle Basis zu verdrängen, also z.B. die Gesetzmäßigkeit der natürlichen Umwelt, die Abfolge und Wiederkehr "lebendiger" Bedürfnisse, bleibt sie auf Hausarbeit als andere, immer noch mehr oder weniger naturgebundene Arbeit angewiesen. Damit sind schon strukturell Grenzen für eine Verberuflichung von Hausarbeitsaufgaben gesetzt. Jede Verberuflichung zieht als Folge die Notwendigkeit einer anderen "arbeitszeitfreien" noch naturgebundenen Arbeit nach sich.

Damit unterscheidet sich die Konstitution der Arbeit der Frau in der Familie von der traditionell bäuerlichen Arbeit dadurch, daß sie nicht mehr aus einer einseitigen Naturabhängigkeit resultiert, sie also nicht

SCHEMA 2:

Merkmale beruflicher Arbeit, die im Gegensatz zu Merkmalen unmittelbar reproduktiver Tätigkeit stehen

fortgeschrittene Warenproduktion:	unmittelbare Reproduktion:
1. Arbeit als etwas Objektives, vom Arbeitenden Unabhängiges; Adressat der Arbeit und Stellung der Detailarbeit im Gesamtarbeitsprozeß unbekannt; Trennung zwischen den natürlichen Bedingungen der Arbeit und der Arbeit selbst; dem Arbeiter gegenüber verobjektivierte Arbeitsverhältnisse;	1. Arbeit als unmittelbar konkrete Auseinandersetzung Mensch/Natur; Identität von natürlichen Rhythmen und Arbeitsprozeß; Einheit der lebendigen Menschen mit den natürlichen Bedingungen des Stoffwechsels mit der Natur;
2. Arbeitsverhältnisse als "zweite Natur"	2. "primäre" Naturwüchsigkeit (quasi) subsistenzwirtschaftlicher Arbeit
3. Berufe als Vermittlungsinstitutionen, objektive Formen konkreter Arbeitsfähigkeiten	3. -----
4. Arbeitszeitnorm	4. natürlicher Zeitrhythmus
5. Mechanisch sich wiederholende Spezialfunktion	5. Ganzheit der Arbeitsaufgabe und persönliche Synthesisleistung; organisch, in einem natürlichen Rhythmus wiederkehrende Arbeiten
6. Reduktion qualitativer Dimensionen menschlich konkreter Fähigkeiten auf Quantität, Berechenbarkeit in Arbeitszeit; Äquivalenz, nicht Verschiedenheit aller Detailarbeiten qua Arbeitszeit	6. Virulenz und Bedeutung besonderer konkreter Eigenschaften (sinnliche Intuition, Irrationalität, divergentes Denken)
7. Berufliches Sonderwissen, an exakter Naturwissenschaft abstrakt gewonnene Fachkompetenz	7. alltägliches Erfahrungswissen Intuition und Empathie
8. Freiheit des Arbeitenden und Konkurrenz	8. Abhängigkeit des Arbeitenden von seinem natürlichen Milieu

mehr primär naturwüchsig ist. Der subsistenzwirtschaftliche Charakter der Hausarbeit ist vielmehr Folge einer tauschfreien Ausdifferenzierung und damit privaten Bearbeitung nicht ohne weiteres aufschiebbarer und in Berufen (also im Sinne von Kosten- und Zeitökonomie) zu lösender Probleme; es sind Probleme, die die Reproduktion von Arbeitsvermögen angehen. Als alltägliche unmittelbare Herstellung und Wiederherstellung der Voraussetzung von Arbeitsvermögen bleibt Hausarbeit immer noch primäre Form gesellschaftlicher Arbeit; aber sie hängt zunehmend von Berufsarbeit, von beruflich erworbenen Subsistenzmitteln, damit auch von beruflichen Strukturen und deren Verinnerlichung ab (vgl. 4. Kap.).[35]

Anders als in wirklich archaischen unmittelbar bedarfsbezogenen, mit innerer und äußerer Natur abstrakt identischen Gemeinschaften verdanken sich Gleichmut und Statik, Passivität und Geschichtslosigkeit weiblicher Arbeits- und Lebensweise nicht mehr nur dem besonderen Gegenstand naturgebundener Arbeit. Zwar bringt die nicht ganz auflösbare Naturgebundenheit privater Reproduktionsarbeit - auch die der Frau selbst - eine Besonderheit des weiblichen Arbeitsvermögens hervor: Sie verlangt von Frauen in ihrer biologischen Reproduktionsfähigkeit und als wesentliche Trägerinnen des privaten Reproduktionsprozesses Empathie, Geduld und Ausdauer, Erfahrungswissen und divergentes Denken - sie bestimmt, was typisch weiblich zu sein scheint. Es ist aber nicht richtig, diese Besonderheit weiblicher Kultur heute und deren Statik und Bornierung allein auf die Naturgebundenheit des Arbeitsgegenstandes privater Reproduktion zurückzuführen: Es ist vielmehr die Auswegs- und Perspektivelosigkeit der gesellschaftlich hergestellten und erzwungenen Ghettosituation weiblichen Daseins unter Bedingungen beruflicher Arbeit, die strukturelle Unmöglichkeit für Frauen über die Ghettomauern zu blicken, erst recht diesen zu entkommen - es ist der den Frauen auferlegte Zwang, tagaus tagein eine der beruflichen Qualität entgegengesetzte Qualität zu inszenieren, die hier Langeweile und Resignation, Apathie und Gleichgültigkeit aufkommen läßt.

Die Analogie von Hausarbeit und traditionell bäuerlicher Arbeit hinkt also: Gerade weil die industrielle Warenproduktion mit der Einheit von Arbeit, Arbeitsvermögen, und innerer und äußerer Natur als materieller Basis gebrochen hat, Arbeit also nicht mehr von sich aus bedarfsbezogen ist, wird der Arbeit der Frau in der Familie die Orientierung an naturgebundenen Problemen von außen eigens aufgezwungen, verinnerlicht in der rigiden weiblichen Sozialisation.

Gerade die auf Naturbeherrschung aufbauende berufliche Arbeit bleibt also auf eher naturgebundene Hausarbeit angewiesen; dennoch existiert eine Geringschätzung und Mystifizierung dieser Arbeitsweise und ihrer Trägerinnen - auch da, wo sie gesellschaftlich erzwungen und perpetuiert wird - weiter fort. Was sich einer Rationalisierung, damit auch einer Verberuflichung entzieht und entziehen muß, wird diskriminiert.

Der Frau rigide
im weibl. Sozialisationsprozess
aufgezwungene Arbeitsverhalten
„Bedarfsbezogenheit"
Bedürfnisbezogenheit

4. Zum Zusammenhang von Beruf und Hausarbeit - unterschiedliche Arbeitsweisen unter Bedingungen einer Produktionsweise: industrielle Warenproduktion

In diesem Kapitel soll versucht werden, auf die Formbestimmtheit privater weiblicher Reproduktionsarbeit einzugehen. "Formbestimmtheit" heißt, daß der Arbeit der Frau eine Qualität und Besonderheit in einer (industriell) warenproduzierenden Gesellschaft zukommt. Diese Qualität läßt sich nicht einfach mit der Kategorie "Gebrauchs(wert)orientierung" umschreiben: Weiblich unmittelbar reproduktive Arbeit verlangt einen anderen Begriff.

Für die vorliegende Arbeit ist der Begriff der Formbestimmtheit fundamental, auch wenn er zunächst leerformelhaft erscheint. Hausarbeit ist sicher keine warenproduzierende Arbeit, wie die berufliche Arbeit. Sie ist weder unmittelbar noch mittelbar (Zirkulations- und Dienstleistungsbereich) mehrwertbildende bzw. -realisierende Arbeit. Auch ist die weibliche Produktion und Reproduktion von Arbeitskräften keine Produktion im tauschrelevanten Sinn, auch nicht, wenn man Sozialisation als eine spezifische Produktionsweise faßt (dazu: Krovoza, Lefebvre, Prokop). Dennoch werden durch die private Reproduktionsarbeit der Frau wesentliche oder: die wesentlichen Voraussetzungen für berufliche Arbeit, nicht nur für Arbeit überhaupt, sondern speziell für eine Arbeit für Tausch geschaffen. Die Hausarbeit ist also eine Arbeit in Bezug auf industrielle Warenproduktion: Sie ist durch diese formbestimmt, d.h. auch, daß sie in der Form, wie wir sie heute vorfinden, also in der Kleinfamilie, jenseits beruflicher Arbeit, ausschließlich emotional etc., nur unter Bedingungen industrieller Warenproduktion existiert. Beruf und Hausarbeit bilden also nur einen scheinbaren, aber in der Form notwenigen Gegensatz.[1]

Hausarbeit läßt sich zwar idealtypisch mit einer bedarfswirtschaftlichen Arbeitsweise, wie der im traditionell bäuerlichen "ganzen Haus" vergleichen: Ihr Arbeitsgegenstand ist unmittelbar naturwüchsig, die Arbeit nicht beruflich, d.h. nach Maßgabe von Kosten- und Zeitökonomie mit entsprechenden Kompetenzschneidungen etc. organisiert. Aber beide, berufstätiger Mann und unmittelbar reproduktiv arbeitende Frau, bleiben "eingetaucht" in Prinzipien industrieller Warenproduktion: Die Frau "weiß" in ihrer Arbeit um Strukturprinzipien von "Beruf"; sie stellt sie in deren Ambivalenz - naturwüchsiges Arbeitsvermögen und tauschgerechte Form - alltäglich in ihrer Sozialisations- bzw. Reproduktionsarbeit her. Der Mann regeneriert sich in der Familie für den "Beruf" und in Beziehung zu Beruf; er setzt also berufliches Verhalten in der Reproduktionszeit fort: als totale Negation (z.B. von industriellen, "gehetzten" Zeitabläufen) oder in Angleichung an berufliche Rhythmen, auch an entsprechende Autoritätsstrukturen. Formbestimmt bleibt die Reproduktion auch, weil die Reproduktionseinheit aus sich heraus nicht existieren kann - außer in Krisensituationen, wo "Beruf" nicht mehr die einzig relevante Überlebenschance darstellt. Sie bleibt abhängig vom Lohn, von beruflich erarbeiteten Subsistenzmitteln (Lebenschancen im weitesten Sinne).[2]

In diesem Kapitel geht es also um das Zusammenspiel von Beruf und Hausarbeit. Dieses funktioniert nur so lange, wie Hausarbeit und Beruf je besondere, d.h. unterschiedliche Lebens- und Arbeitsweisen konstituieren.

Daß die Hausarbeit trotz ihrer besonderen (naturwüchsigen etc.) Qualität formbestimmt ist, läßt sich vor allem an der Beziehung Mutter-Kind zeigen. Die Mutter-Kind-Dyade wird oft als letzter Rest einer archaischen, ausschließlich bedarfs-/bedürfnisbezogenen Produktionsweise unter Bedingungen industrieller Warenproduktion angesehen.[3]

4.1. Die "Mutter-Kind-Beziehung" als vorindustrielle (archaische) Kategorie?

" In der Mutter-Kind-Beziehung erhalten sich Rudimente einer vorindustriellen, auf Bedürfnisbefriedigung durch reale Gebrauchswerte beruhenden Produktion ...

In den Umgangsformen gelungener (?) Mutter-Kind-Beziehungen hält sich eine Produktionsweise durch, die man als Rest matriarchalischer Produktionsweise ansehen kann ... hier (verteidigt sich) eine auf Bedürfnisbefriedigung gerichtete eigene Produktionsweise der Frau ... ("das Kind nach seinen Fähigkeiten behandeln, seine Bedürfnisse um jeden Preis stillen") gegenüber der patriarchalischen und kapitalistischen Umwelt. Diese Produktionsweise ist den Mechanismen (?) ihrer Umwelt absolut überlegen ... In der Überlegenheit dieser Produktionsweise liegt der eigentliche Emanzipationsanspruch der Frau: sie verfügt, wie immer unterdrückt und verformt, über Erfahrungen in einer überlegenen Produktionsweise, sobald diese das Ganze der Gesellschaft erfassen könnte ..." (Negt/Kluge 1972, S. 48-50).

Negt/Kluge u. a. sprechen von den Rudimenten einer überlegeneren Produktionsweise, die sich in der Mutter-Kind-Beziehung erhalten haben soll. Dabei vergessen sie,

- daß eine Mutter-Kind-Symbiose und eine "arbeitsfreie" Kleinfamilie Resultat sich entwickelnder Warenproduktion sind
- daß der Begriff bzw. die Bewertung "überlegen" historisch betrachtet unsinnig ist [4]; archaische Gesellschaftsformationen waren alles andere als überlegen - sie waren gekennzeichnet von Hunger, Mühsal, Angst und Apathie; mit anderen Worten: die Individuen konnten eine solche "Überlegenheit" (aus unserer Perspektive!) gar nicht erfahren; andererseits ist diese "Überlegenheit" erst heute durch Wissenschaft und Technik möglich geworden
- daß "Bedürfnisbezogenheit" eine Qualifikation des lebendigen Arbeitsvermögens - nicht nur jeder Form von Arbeit - ist, also subjektiv erst und immer wieder lebensgeschichtlich hergestellt werden muß: dies gilt für alle Arbeitsweisen, in der die Überlebensfrage nicht mehr unmittelbar gestellt werden muß; das Überleben der Reproduktions-einheit hängt heute aber zuerst vom Lohn ab, nicht von Empathie und Intuition, d.h. von typischen naturwüchsigen Verhaltensweisen
- daß - gerade weil "Bedürfnisorientierung", Empathie etc. subjektive,

also auch variable Qualifikationen der Frau sind - immer zuerst Bedingungen und ein Maßstab dafür angegeben werden müssen, was mit einem objektiven oder mit einem subjektiv vermeintlichen bedürfnisbezogenen Verhalten gemeint ist,[5] und wie solche Verhaltensweisen zustandekommen: Wer weiß genau, welches von der Frau im besten Sinn gewollte Verhalten unter welchen Bedingungen auch wirklich dem Kind entspricht?

- ferner, daß die Naturwüchsigkeit, Unmittelbarkeit, die sinnliche konkrete Basis (auch Erfahrungswissen, Empathie und Intuition), also die Besonderheit lebendiger Arbeitsvermögen auch in der Berufsarbeit erhalten bleibt, daß also "Emanzipation" (vgl. Negt/Kluge oben) kein "weibliches" Potential ist oder ohne "Weiblichkeit" verloren wäre, sondern ein allgemein menschliches (vgl. "Reklamation von Sinn" Abschnitt 2.4.).

Auf einige dieser Kritikpunkte soll näher eingegangen werden. Dabei erscheint mir vor allem eine Entmystifizierung der Mutter-Kind-Beziehung wichtig - sowohl für die Frage nach dem Unterschied von Beruf und Hausarbeit, nach einer Emanzipation der Frau (hier: Selbstfindung, -werdung [6]), wie auch für die Frage nach Bestimmungsgründen weiblicher Berufspraxis: Frauen sind trotz der ihnen zugeschriebenen Merkmale von Feinfühligkeit, Emotionalität durchaus in der Lage, einmal errungene oder zukünftige Positionen mit allen Mitteln zu verteidigen.

4.1.1. Mutterliebe und arbeitsfreie Kleinfamilie - eine Erfindung der Moderne: zur Entwicklung der Mutter-Kind-Beziehung von einer instrumentellen zur ausschließlich emotionalen Beziehung

" Die Mutterliebe zu Kleinkindern ist eine Erfindung der Moderne. In der traditionellen Gesellschaft standen die Mütter der Entwicklung und dem Glück ihrer Kinder unter zwei Jahren gleichgültig gegenüber. In der modernen Gesellschaft ist ihnen das Wohlergehen ihrer kleinen Kinder wichtiger als alles andere ..." (Shorter 1975, S. 256).

Shorter (im Anschluß an Aries 1975) weist weiter darauf hin, daß die moderne Kleinfamilie nicht so sehr durch eine Veränderung in Haushalts-

und Familiengröße, im Familientyp etc. gekennzeichnet werden kann.[7] Wichtig für ein Verständnis der Eigenheit der modernen Kleinfamilie ist dagegen die Auflösung des "ganzen Hauses" mit seiner unmittelbaren Identität von Leben und Arbeit und den entsprechend arbeitsbezogenen Interaktionen zur ausschließlich emotionalen "arbeitsfreien" Eltern-Kind- und Mann-Frau-Beziehung. Diese Auflösung und damit die Herausbildung der Kleinfamilie geht Hand in Hand mit der Wende einer unmittelbar bedarfsbezogenen Wirtschaftsweise zum Markt.

Bereits im Haus des "zünftigen" Meisters ist den Eltern das Kind nicht mehr primär Arbeitskraft. Andererseits kann noch nicht von einer emotionalen Beziehung gesprochen werden: die männlichen Kinder verlassen sehr früh das Haus des Vaters und wachsen beim zukünftigen Lehrherrn auf; wie auch im bäuerlichen "ganzen Haus" gehören nicht-blutsverwandte Kinder selbstverständlich zur Familie des Meisters (Mitterauer 1975).

Hatte das kleine Kind erst einmal überlebt - und dieses Überleben war weniger wahrscheinlich als der Tod - so gab es für den Jungen oder das Mädchen keine Trennung mehr zwischen Erwachsenenwelt und (Spiel-)Welt des Kindes: alle Kinder zählten fortan ausschließlich als Arbeitende.

> " Damals waren die Kinder Erwachsene im Miniformat ... Die Kinder unterschieden sich so wenig von den Erwachsenen, daß es kein spezielles Vokabular zu ihrer Kennzeichnung gab ... Die Kinder unterschieden sich von den Erwachsenen nur durch ihre wirtschaftliche Abhängigkeit. Sie wurden als ... zeitweilige Diener benutzt, mit dem einzigen Unterschied, daß dies, da alle Erwachsenen ihr Leben in dieser Klasse begannen, nicht als erniedrigend galt ... Das Kind war nur ein weiteres Mitglied des großen patriarchalischen Haushalts ..." (Firestone 1975, S. 75).

Kinder waren also sehr früh gleichberechtigte Arbeitskräfte im patriarchalisch geleiteten "ganzen Haus". Als solche wurden sie weder liebevoller noch strenger behandelt als andere verwandte oder nicht-verwandte Glieder der Gemeinschaft. Zugleich - und das wird in einer romantisierenden Perspektive vom Leben in einer traditionalen Gemeinschaft übersehen - überdeckte der Kampf um das alltägliche Leben jede besondere und jede andere als unmittelbar überlebensbezogene zwischenmenschliche Beziehung. So wurde bei großer Kinderzahl - und bei nicht ausdehnbarem Grundbesitz, Boden ("Nahrung") - der Tod eines Kindes eher als himmlisches Geschenk empfunden als die Geburt weiterer Kinder (Leoprechting 1855).

Wie sehr die Arbeitenden in Arbeit, d.h. hier: in Überleben, verschlungen waren, zeigt auch ihr Verhalten kleinen Kindern gegenüber, das mit dem modernen Begriff "Gleichgültigkeit" nicht richtig erfaßt werden kann. Säuglinge blieben in der Regel bis auf minimalste Pflege sich selbst überlassen: kamen sie durch, war es ein Gottesgeschenk (oder bei Armut auch ein Schicksalsschlag); starben sie, war ihr Tod (im Volksmund "himmeln" genannt) gottgewollt und gut für das Kind ...

> " ... denn dem Kind ist ja die Gnade zuteil geworden, direkt in das Paradies einzugehen, ohne die Bitterkeit des Lebens kennen zu lernen ..." (Lebrun 1971, zit. nach Shorter a.a.O. S. 262).

Eine mit jeder archaischen unmittelbar naturabhängigen Arbeitsweise einhergehende "Naturergebenheit" und Apathie, ein "gottergebener" Gleichmut der Menschen, ihr Wissen, daß Natur, Tod, Krankheit mächtiger sind als menschliches Eingreifen, bestimmt ihr Verhalten zu den anfälligen Neugeborenen und Säuglingen.

> " (die) ... traditionellen Mütter waren keine Ungeheuer ... Wenn sie kein ausgeprägtes Gefühl der Mutterliebe besaßen, so hatte dies seine Ursache darin, daß sie durch materielle Umstände ... gezwungen waren, das Wohlergehen ihrer kleinen Kinder auf ihrer Prioritätenliste stärker hintan zu stellen und ... das Funktionieren des Bauernhofes oder die Unterstützung des Mannes beim Tuchweben wichtiger zu nehmen ... Es war die Alltagsroutine selber, die die Kinder brutal behandelte, nicht nur wilde Ausbrüche elterlichen Zorns ..." (Shorter 1975, S. 255-257).

Man klagt darüber, daß Eltern ihre Kinder zu viel unbeaufsichtigt zu Hause lassen, daß "Kinder Stunde um Stunde in ihren eigenen Exkrementen schmoren, wobei sie stramm in Windeln gewickelt sind; wie Kinder unbeaufsichtigt vor der Herdstelle liegen und verbrennen, wenn ihre Kleidung Feuer fängt; und wie unbewachte Kinder von Hofhunden angegriffen und gefressen werden ..." (ebenda).

Nicht nur die Unsitte des Steckwickels, nicht nur die mangelnde Aufsicht und die schlechte Ernährung - Frauen stillen in der Regel nicht, sondern geben ihren Kindern Mehlmilchbreis - verursachen die hohe Kindersterblichkeit: es fehlt den Arbeitenden eine materielle (i. w. S.) Sicherheit, freie dehnbare Zeit, vor allem Zeiten ohne Existenzangst, Aberglauben etc., die eine wirkliche zwischenmenschliche Beziehung erst ermöglichen.

Es ist daher nicht verwunderlich, daß so etwas wie eine Bewegung für das Kind, ein Aufruf an die Frauen, wieder zu stillen u. ä. im 18. Jahrhundert von den Frauen der bürgerlichen, besitzenden (also materiell gesicherten) Schichten ausgeht und sich, je nach sozialer Lage und entsprechenden Lebensverhältnissen auf andere Haushalte auszuwirken beginnt (ebenda).

Dabei darf allerdings nicht übersehen werden, daß die bürgerliche Mutter entweder bereitwillig restliche produktive Funktionen aus der Familie abgegeben hat (Pinchbeck 1974) oder diese ihr entzogen wurden; die Frau sucht nach einem neuen Betätigungsfeld. Hier beginnt das, was einige Familientherapeuten für viele Frauen heute feststellen: Die Frau instrumentalisiert die Kinder für ihre Eigenzwecke, diese werden - da ihr ein eigener fehlt - zu ihrem Lebensinhalt. Dies gilt sicher weniger für Frauen sozial schwacher Schichten.

Zugleich hat sich ein wesentliches Moment industrieller Produktionsweise herauskristallisiert: Kinder werden zwar als potentielle Arbeitskräfte wichtig, sie bedürfen auch eines behaglichen Milieus zur Verinnerlichung beruflicher Normen. Aber Kinder unter zehn Jahren - mit Verbot der Kinderarbeit im 19. Jahrhundert unter fünfzehn Jahren - gelten jetzt nicht als Arbeitskräfte, sie müssen als Noch-Nicht-Arbeitskräfte daher in geeigneten Institutionen aufbewahrt und auf die industrielle Arbeitsweise vorbereitet werden.

Mit der industriellen Arbeitsweise hatte sich dann auch gegen Ende des 19. Jahrhunderts der "moderne Stil der mütterlichen Kinderfürsorge durchgesetzt" (ebenda).

Für die vorliegende Arbeit ist der historische Prozeß der Ausbildung von "Mutterliebe" als besonderer Qualität nicht wichtig: Wesentlich ist allerdings die Tatsache, daß eine "symbiotische" Mutter-Kind-Abhängigkeit, wie auch die Kleinfamilie im modernen Sinn, historische Erscheinungsformen sind; daß diese ferner erst durch eine Ablösung menschlicher Arbeits- und Lebensweise von einem unmittelbaren Verstricktsein in den Kampf um das alltägliche Dasein möglich wurden.[8]

Die Beziehung Mutter-Kind wird von jetzt an als Substitut für die verloren gegangenen produktiven Funktionen der Frau im und um das Haus begriffen; das Kind wird - was es vorher nie war - zum wichtigsten Arbeitsinhalt der Frau.

4.1.2. Die empirische Unzulänglichkeit der Kategorie "Bedürfnisorientierung" zur Kennzeichnung der Mutter-Kind-Beziehung

Die Arbeit der Frau ist unmittelbar "gebrauchsbezogen", "bedürfnisorientiert", weil sie direkt (räumlich, zeitlich) mit dem Kind und seinen Lebensäußerungen konfrontiert ist und deshalb versuchen wird, so gut sie kann, dem Kind entgegenzukommen. Unmittelbar bedürfnisbezogene Arbeit der Frau heißt dann, daß z. B. immer wenn das Kind ein Bedürfnis äußert (?), die Mutter bereit ist, diesem Bedürfnis nachzukommen. Es wird sehr schnell deutlich, daß nicht einmal für die kindliche Artikulation quasi "biologischer" Funktionen, die ja immer nur sozial interpretiert verstanden werden, so ohne weiteres mit einem mütterlichen bedürfnisbezogenen Verhalten gerechnet werden kann. Tatsächlich bleibt die Definition der Situation - "kindliche Artikulation eines Bedürfnisses", Interpretation der Situation als "Bedürfnissituation" durch die Mutter (auf der Basis von Intuition und Empathie), Wahl der Mittel zur Bedürfnisbefriedigung (auf der Basis von Erfahrung), Bestimmung des Zeitpunktes der Beendigung der einzelnen Zuwendung, - immer der Frau selbst überlassen: die Mutter erkennt und bearbeitet also diese kindlichen Belange auf dem Hintergrund eines objektiv gegebenen und subjektiv - je nach Lebensgeschichte, Gemütslage etc. - interpretierten gesellschaftlichen Arbeitszusammenhanges. Ein Zustand gelungener Befriedigung beim Kind kann dann jedoch nicht darüber hinwegtäuschen, daß nur ein winziger Ausschnitt aus der Komplexität kindlicher Lebensäußerungen durch die Mutter "bearbeitet" wurde. Denn das Kind besitzt bereits pränatal mehr Lebensäußerungen, als ihm traditionell zugestanden werden. Aber die Mutter als Repräsentantin einer bestimmten historischen Gesellschaft definiert, welche Bedürfnisse ein Kind überhaupt haben kann und darf.

Diese Unsicherheit, was nun überhaupt kindliche "legitime" Lebensäußerung sein, bzw. sein dürfe, spiegelt sich dann auch in den sog. Erziehungsratgebern.[9]

Gerade die Tatsache, daß mütterliche, aber auch sonst jede Zuwendung zum Kind, diesem immer nur innerhalb eines bestimmten (historisch variablen) Interpretationsschemas und nur in winzigen Aspekten gerecht wird, macht dessen eigene konkret individuelle Aneignung gesellschaftlicher Wirklichkeit aus; hier lernt es gesellschaftliche (durchaus schon berufliche) "Bedeutungen". Das Kind entwickelt aber in diesem Aneignungsprozeß auch Verhaltensweisen, die über diese "formadäquate" (hier: tauschrelevante berufliche) Reproduktion hinausweisen: das lebendige Arbeitsvermögen (Verhaltens- und Fähigkeitspotential) ist komplexer als Berufsstrukturen es zulassen und realisieren können. Gerade das Faktum einer immer nur hinlänglichen Befriedigung kindlicher Bedürfnisse zwingen das Kind zur Entfaltung von Eigeninitiative, Widerstand, Anpassung, Widerstand ... als Prozeß der Ich-Entwicklung, die es später als Erfahrung in den beruflichen Arbeitsprozeß einbringen wird.

Andererseits kann dieser notwendige Prozeß der Ich-Entwicklung gerade durch eine allzu "symbiotische" oder eine - was oft mit der ausschließlich emotionalen Atmosphäre als permanente Überforderung der Frau, auch des Mannes, in der Familie zusammenhängt - versteckt aggressive Beziehung der Eltern zum Kind boykottiert werden. "Overprotection" oder "laisser-faire", zwei Äußerungsformen jener Überforderung zwingen das Kind zum Rückzug in Apathie, in Passivität oder quasi "autistisches" Verhalten, wobei jener "Autismus" als extreme kindliche Reaktion auf Mißachtung seiner Person, als lebendiges "Nicht-Leben-Können" (Wollen) verstanden werden kann. Solch ein "Autismus" ist in der engen Kleinfamilie, in der die Frau ihre ganze Energie - ist sie nicht berufstätig - über die Kinder und den Mann stülpen muß, strukturell angelegt. (Vgl. dazu Bettelheim 1971 und 1976). Nimmt er keine extremen (psychotischen) Formen an, so begünstigt er u. U. als Fähigkeit zur Distanz und Distanzierung, als Unfähigkeit, den anderen als besondere Person wahrzunehmen etc. die Verinnerlichung beruflicher Normen (vgl. Abschnitt 2.4.).

"Hausarbeit" kann als unmittelbar bedürfnisbezogene Arbeit gefaßt werden. Dennoch besagt diese Tatsache wenig über die Art, wie diese Bedürfnisse nun wirklich befriedigt werden. So kann z. B. eine Mutter ihr hungriges Kind füttern, indem sie es ununterbrochen anschaut, eine andere, indem sie ein Buch liest, wieder eine andere, indem sie dem Kind die Flasche ins Bett an den Mund legt. Jedesmal wird ein Kind befriedigt, jedesmal anders und mit anderen Konsequenzen. Und solche mütterlichen Verhaltensweisen entziehen sich eigentlich einer Beurteilung mit Hilfe der Skala sehr ... bis gar nicht "gebrauchsorientiert".

Es gibt Mütter, die ihre Kinder konsequent zur Sauberkeit anhalten, andere, die die Sprache des Kindes fördern, jedesmal wird ein angenommenes Bedürfnis des Kindes - hier: Leistungswillen - unterstützt, jedesmal anders und mit anderen Konsequenzen. Dennoch hat auch die rigideste und/oder ungeduldigste Erziehung als Konsequenz doch noch Erwachsene mit konkreten Bedürfnissen und Fähigkeiten ... Was ein "kindliches" oder überhaupt "menschliches" Bedürfnis genannt werden könnte, liegt weder für den Erziehenden noch für den Arbeitenden allgemein (im Beruf z. B.) sofort auf der Hand. "Kindliche Bedürfnisse" werden auf der Basis einer "formbestimmten" Reproduktion innerhalb eines gesellschaftlichen Arbeitszusammenhangs definiert, ohne daß das heranwachsende Individuum in dieser historischen Form restlos aufgeht.

Was sind solche "formbestimmten" kindlichen Bedürfnisse? In der Mittelschicht z. B. dürfte kindliche Leistungsbereitschaft über Förderung der kognitiven Entwicklung laufen; inwieweit dabei emotionale Qualitäten zugleich angeregt und/oder ausgetauscht werden durch diese vorwiegend sprachliche, erklärende, allerdings keineswegs herrschaftsfreie Erziehung, bleibt offen.

In Schichten, die unter materiellem und sozialem Druck stehen, heißt Leistung oft Anpassung, Ordnung, Sauberkeit. Die Leistungsbereitschaft des Kindes wird dahingehend gesteuert. In Mittelschichten besteht die Tendenz, die Motorik des Kindes bis zur Einschulung auf die Reproduktionseinheit, überhaupt seine Neugier auf eine eher homogene, vor allem von der Mutter-Kind-Beziehung dominierte Atmosphäre zu beschränken. (Autismus ist ein Phänomen bei Kindern aus eher emotionslosen, eher intellektuellen Schichten, ähnlich dem kindlichen Narzißmus, als Unfähigkeit des Kindes, zwischen der Mutter und dem eigenen Ich, der eigenen Person, stabile Grenzen zu ziehen.) (Jacobsen 1973, Bettelheim 1976). Die Motorik des Kindes aus sozial schwächeren Schichten ist zwar innerhalb der Wohnung, der Familie beschränkt. Sie erhalten jedoch sehr früh die Möglichkeit einer eher kollektiven Orientierung nach außen.

Daß solche unterschiedliche Erziehungsstile und die daraus resultierenden kindlichen Verhaltensweisen "formbestimmt" in dem Sinn sind, daß sie auf eine spätere, bislang mit einiger Wahrscheinlichkeit typisch zu erwartende Arbeitssituation vorbereiten, ist offensichtlich.

Nach diesen wenigen Beispielen aus dem Alltag privater Reproduktionsarbeit, aus der Mutter-Kind-Beziehung, zeigt sich ein Paradox: Die Arbeit der Frau im Haus ist auf den ersten Blick unmittelbar bedürfnisbezogen, erst bei eingehenderer Analyse zeigt sich die Schwierigkeit der Definition, was nun wirklich kindliche Bedürfnisse sind. Gerade weil nicht, wie beim Tier, festgelegt ist, was Bedürfnis und dessen Befriedigung ist, gelingt der Frau - sicher unbewußt - eine Interpretation kindlicher Bedürfnisse auf der Folie gesellschaftlich sanktionierter Situationsdeutungen. Ihre Arbeit erweist sich als formbestimmt, d.h. sie ermöglicht eine Verinnerlichung beruflicher Normen. Dieses Paradox: "Bedürfnisorientierung" und dennoch Tauschbezogenheit (Formbestimmtheit) ähnelt dem anderen: "Beruf" hat sich auf den ersten Blick als Arbeit nur für Tausch erwiesen; dennoch bleibt "Beruf", wenn auch tauschvermittelt, bedürfnisbezogene Arbeit.

4.1.3. "Hausarbeit": so wenig einseitig bedürfnisbezogen wie "Beruf" einseitig "tauschorientiert"

Eine Mutter (oder ein Berufstätiger) kann annehmen, daß ihre (seine)

Arbeit sinnvoll ist, (subjektiv vermeintlicher Sinn) ohne nun auch wirklich über die einzelne Reproduktionseinheit (beschränkte einzelne Berufsaufgabe) hinaus, einen konkret sichtbaren "Sinn" festmachen zu können. Oft erscheint eine einzelne abgeschlossene Arbeitsaufgabe für den Arbeitenden (im Reproduktions- und Produktionsbereich) gerade sinnvoll, weil zumindest kurzfristig überschaubar, z.B. Wäsche waschen, Essen kochen, Putzen ... Korrespondenz erledigen, Rechnungen ordnen, Ärmel im Akkord nähen, Löcher stanzen, Telefonverbindungen herstellen ..., ohne daß jedoch der Gesamtzusammenhang, in dem diese Tätigkeiten notwendig werden, so und nicht anders angeordnet sind, als ein sinnvoller Zusammenhang vom einzelnen erkannt werden kann (objektiver Sinn).

Ebensowenig kann eine Mutter - trotz der unmittelbaren Bedürfnisbezogenheit ihrer Arbeit - ein realistisches Urteil über die Bedürfnisbezogenheit ihrer Arbeit bzw. letztlich über die Konsequenzen ihrer Erziehung abgeben.[10] So sind nach Lorenzer die Mütter unseres Kulturkreises nicht in der Lage, bestimmte Erziehungsarrangements in ihrer Abträglichkeit für kindliche Bedürfnisse zu durchschauen (z.B. Reinlichkeit, Leistungsdressur), geschweige denn deren gesellschaftliche Bedingtheit. Auch für Lorenzer ist die Sozialisationspraxis der Mütter "Realisierung von Handlungsentwürfen", die sich in gesellschaftlicher und d.h. historisch-materieller Praxis bilden. "Einzelpraxis" - also hier: Arbeit der Frau (dasselbe gilt aber für jede Art von Arbeit und jede einzelne Arbeitstätigkeit) - bleibt immer (1972, S. 135 f.) abhängig von der Form, in der sich praktische Naturbewältigung vollzieht. Nichts anderes meint ja der Begriff Formbestimmtheit der Arbeit der Frau.

Wie erklärt sich nun aber die Blindheit der Mütter ihrer Sozialisationspraxis gegenüber (des Berufstätigen seiner Berufspraxis gegenüber)? Zwar kann die Frau subjektiv ihre Arbeit als sinnvolles Ganzes entwerfen und begreifen. Sie begleitet in der Regel einen Arbeitsvorgang vom Bedürfnis bis zu seiner Befriedigung. Aber diese "Synthesisleistung" bleibt nur auf die isolierte Reproduktionsarbeit beschränkt. Sie "greift nicht über"; sie gilt nicht für die gesamtgesellschaftliche Arbeit, auch nicht für "Beruf". In der Berufsarbeit ist ja diese persönliche Synthesisleistung meist in der Arbeitsorganisation und ihrem Tauschcharakter aufgehoben. Berufsarbeit erscheint daher für den Berufstätigen so wenig als gesellschaftliche Arbeit wie die Hausarbeit der Frau. Der einzelne steht vor der Schwierigkeit, seine Arbeit, Beruf oder Hausarbeit, in ein sinnvolles Ganzes zu integrieren. Lorenzer spricht von einer "systematisch gebrochenen Praxis".

Auch für die Arbeit der Frau gilt wie für Beruf, daß zwischen subjektiv vermeintlichem Sinn der Arbeit, entsprechender Praxis (hier: Erziehung) und objektiven Sinnstrukturen nicht vermittelt werden kann. Sind subjektiv sinnvolle, wenn auch "klischeehafte" Prinzipien wie "Sauberkeit", "Nicht-Auffallen", "Angst-Vermeidung", "Nicht-Eingestehen-von-Versagen" etc. wirklich sinnvoll? Was können Frauen aller Schichten konkret über dieses Ineinandergreifen von subjektiv-objektiven Sinnelementen schon wissen (vgl. z.B. Wissen zur Erziehung zur Leistungsfähigkeit, oder Wissen um Angstproblematik usw.)? An diesem mangelnden Wissen und der daraus resultierenden Unsicherheit der heranwachsenden Frauen würde auch keine extern institutionalisierte Ausbildung für Frauen etwas ändern. Die erwähnten "Klischees", das sind dann auch Klischees "gebrauchsorientierten" Verhaltens der Mutter in der Dyade, gehen in den subjektiv vermeintlichen Sinn der Arbeit der Frau ein. Klischees überbrücken die Unwissenheit, hier: der Frauen über den objektiven Sinn ihrer Erziehungspraxis. Sie machen zunehmend Reproduktionstätigkeit überhaupt erst möglich. Dahinter steht eine gesellschaftliche Wirklichkeit, die es der einzelnen Frau unmöglich macht,[11] bei bestem Willen und Einsatz ihrem Kind gerecht zu werden. Sie bleibt geradezu abhängig von diesen Klischees, die definieren, was unter bedürfnisbezogenem Verhalten der Mutter dem Kind gegenüber verstanden werden muß. Ein Abweichen der Frau vom Klischee birgt immer die Gefahr in sich, das Kind zum sozialen Außenseiter zu machen, ohne ihm gleichzeitig die notwendigen Verhaltensweisen für eine Auseinandersetzung mit dem Außenseitertum mitgegeben zu haben. Da die Klischees oft die Umweltbedingungen überlebt haben, für die sie vielleicht einmal sinnvoll waren, schwindet ihre reale Bedürfnisbezogenheit. Sie können sich schnell als unsinnig und - trotz Gebrauchsversprechen - für ein Kind als unzumutbare Versagung erweisen.

Zugleich bedeutet diese objektiv gegebene "blinde" Erziehungspraxis (objektiv gegeben, weil in systematisch gebrochene gesellschaftliche Praxis eingebunden) eben jene bereits von Anfang an enthaltene Widersprüchlichkeit, Gestörtheit der Mutter-Kind-Beziehung, wie sie am kommunikationstheoretischen Beispiel des Auseinanderfallens von Beziehungs- und Inhaltsaspekt in der sprachlichen Interaktion deutlich wird. Auch Sprache kann für verzerrte Praxis stehen: Sprache gründet in praktischer Sprachkonstruktion (Lorenzer 1972, S. 135), in Arbeit. Von daher lassen sich Sprachverzerrungen (vgl. das Phänomen des double-bind) auf Praxisdefekte, d.h. auf Widersprüchlichkeit in einer historisch konkreten Produktionsweise zurückführen. Daß und wie diese Widersprüche gegenwärtig virulent sind, wurde mehrfach gezeigt.

Zusammenfassend ließe sich sagen, daß eine systematisch gebrochene gesellschaftliche Praxis sich noch einmal für die "Einzelpraxis" ausmachen läßt: Die Gebrochenheit gesellschaftlicher Praxis für fortgeschrittene warenproduzierende Gesellschaften ergibt sich aus dem für diese Produktionsweise konstitutiven Widerspruch von Arbeit als Arbeit für den Tausch, also aus einer Unterordnung konkreter menschlicher Bedürftigkeit unter Prinzipien von Tausch, Markt ..., sowie der zugehörigen Arbeitsteilung. Dieser Widerspruch läßt sich dann auch als Differenz von Form und Inhalt innerhalb des Verhaltens des einzelnen festmachen. Das Verhalten des einzelnen trägt die Formbestimmtheit der Produktionsweise, ohne Rücksicht darauf, ob sich seine Arbeit im Produktions- oder Reproduktionsbereich vollzieht. Für die Arbeit der Frau läßt sich dieser Widerspruch als keineswegs nur punktuelle, sondern als systematische Gestörtheit der Reproduktionstätigkeit ausmachen (Lorenzer),

Wurde im Berufskapitel gegen eine Dichotomisierung von gesellschaftlicher Arbeit bzw. Arbeitsweisen in hier: für den Tausch / da: für Bedürfnisse, hier: Tauschorientiertheit / da: Gebrauchsorientiertheit argumentiert, so gelten die gleichen Argumente für die Einzelpraxis. Gerade die Beispiele zur Reproduktionstätigkeit der Frau zeigen die Schwierigkeit, darüber zu urteilen, was tatsächlich unter gebrauchsbezogenem Verhalten/Arbeit verstanden werden kann. Tauschelemente durchziehen eben auch die Reproduktionstätigkeit. Diese ist zwar nicht unmittelbar tauschbezogen, aber sie enthält immer schon Elemente, die als klischeehaftes Verhalten charakterisiert wurden. Für die Einzelpraxis, d.h. für die Arbeit des einzelnen Individuums, sein Verhalten, ist eine Dichotomisierung ebensowenig zulässig, wie für gesellschaftliche Praxis überhaupt. Vielmehr muß eine Ambivalenz in jedem Verhalten, in jeder Tätigkeit angenommen werden, die nicht zuläßt, individuelles Verhalten (einzelne Arbeit) oder gesellschaftliche Praxis (Arbeit) nach der Achse Qualität/Leistung aufzuspalten. Die Arbeit der Frau ist keineswegs systemextern, als tauschfreie Sphäre, "Nische", die nur sekundär, wenn überhaupt, von Tauschelementen durchzogen ist, sondern in ihrer Besonderheit, die ihr sicher zukommt (Zeitstruktur, Synthesis, Isolation), als dennoch von Anfang an formbestimmte, also systemimmanent, d.h. in der auch für Reproduktionstätigkeit konstitutiven Ambivalenz zu begreifen.

Will man der Berufskategorie gerecht werden und einer Idealisierung von Familie und der Arbeit der Frau in der Familie vorbeugen, kann man nicht weiter mit einer unmittelbaren Bedürfnisbezogenheit der Arbeit der Frau in der modernen Familie argumentieren: zwar ist der Arbeitsgegenstand "private Reproduktion" noch naturwüchsig, diese besondere Konstitution des Arbeitsgegenstandes bedeutet aber noch lange nicht, daß Bedürfnissen in entsprechender Weise (also mit Geduld, Beharrlichkeit, Empathie etc) entgegengekommen wird. Mit "Bedürfnisbezogenheit" allein ist auch weder die Besonderheit der Arbeit der Frau noch deren Ambivalenz richtig erfaßt: Mir erscheint der Begriff "weibliche Kultur", wenn auch nur als Hilfskonstruktion gedacht, immer noch angemessener als die Kategorie "Bedürfnis- oder Gebrauchs(wert)-orientierung".

Der Kulturbegriff verweist ursprünglich auf Arbeit, auf Wissen, Techniken, Fähigkeiten, Situationsdeutungen, die aus einer bestimmten Arbeitsweise resultieren. Weibliche Kultur verweist dann auf die Besonderheit der Arbeit der Frau im Haus, auf eine objektive (weibliche) und subjektive Lebensgeschichte und erlaubt es, weibliche subkulturelle Verhaltensweisen noch einmal von anderen, schichtspezifischen etc. abzuheben. Der Begriff läßt zugleich eine Besonderheit privater weiblicher Reproduktionsarbeit trotz und innerhalb industrieller Warenproduktion in ihrer Ambivalenz zu. Damit bleibt der Begriff komplex genug, widersprüchliches weibliches Verhalten, wie auch ein Verhalten, das von der Sollforderung einer unmittelbaren Bedürfnisbezogenheit (z. B. Aufopferungsbereitschaft etc.) abweicht, immer noch als besonderes weibliches Verhalten zu fassen; es unterscheidet sich immer noch von beruflich geforderten Verhaltensweisen und trägt die lebensgeschichtliche Erfahrungvon Frauen mit unmittelbar reproduktiver Arbeit.

4.2. Die Besonderheit des typischen "Arbeitnehmer-Haushalts" - Unterschied von traditionell bäuerlicher Arbeitsweise und Hausarbeit heute

Mit dieser knappen Entmystifizierung der Mutter-Kind-Beziehung, auf die die meisten Arbeiten in der Familie bezogen sind, mit dieser Relativierung einer nur behaupteten unmittelbaren "Bedürfnisorientierung" der Hausarbeit allgemein, ist bereits der erste Schritt zur Bestimmung von Hausarbeit innerhalb industrieller Warenproduktion vollzogen: Die Arbeit der Frau im Haus besitzt zwar - idealtypisch betrachtet - wesentliche Elemente einer noch unmittelbar naturgebundenen Arbeitsweise:

Hausarbeit ist daher auf keinen Fall berufliche Arbeit.

Aber sie unterscheidet sich ebenso fundamental von jener archaischen naturgebundenen Arbeit. Auf einige dieser Unterschiede, die zugleich eine Beziehung von Beruf und Hausarbeit vermuten lassen, soll hier kurz eingegangen werden.

Daß z. B. die Familie und hier speziell: die Beziehung Eltern/ Kind innerhalb industrieller Warenproduktion eine andere Form und Bedeutung hat als noch im bäuerlichen "ganzen Haus", wurde schon gezeigt. Daß zugleich der Reproduktionsbereich von durchaus "beruflichen" Strukturen durchzogen ist, daß der Mann und die Frau in der Familie nicht ohne weiteres die berufliche Hülle abstreifen können, also primär dem zyklichen Rhythmus ihrer natürlichen Lebensäußerungen nachgeben können, ist plausibel.

M. E. liegt jedoch ein sehr wesentlicher Unterschied zwischen einer archaischen Lebens- und Arbeitsweise und der Hausarbeit heute in der Abhängigkeit privater Reproduktionsarbeit vom "Lohn" des Mannes:

Anders als im "ganzen Haus" des Bauern (OIKOS) oder allgemeiner: in archaischen Subsistenzwirtschaften verbindet Mann, Frau, Kinder u. a. - ungeachtet von Verwandtschaft, Geschlecht und Alter - nicht mehr die Gleichheit von Arbeitsgegenstand und Produktionsziel: Unmittelbare Sicherung des alltäglichen Überlebens.

Heute fällt der Frau in der Regel dieser naturwüchsige Teil menschlicher Arbeit durch eine geschlechtsspezifische Arbeitsteilung zu, in der nur Beruf Arbeit und zwar nicht mehr naturgebundene Arbeit ist. Die Familie und die Hausarbeit gelten jedoch als "arbeitsfreie" (weil naturwüchsig) und ausschließlich emotionale "Nische". Dabei bleiben beide, Mann und Frau, abhängig vom "Lohn": Die Sicherung unmittelbar körperbezogener Bedürfnisse wird sozusagen durch die Berufsarbeit und ihren Lohn erst erkauft.

Für die Frau ist in der Regel diese Lohnabhängigkeit vielfältig: sie kann nicht nur die Subsistenz der Reproduktionseinheit, sondern auch ihren eigenen Unterhalt (Bedarf und Bedürfnisse) ausschließlich über die (Berufs-)Arbeit eines anderen sichern - außer sie ist selbst berufstätig mit einer hinreichend kontinuierlichen Erwerbschance ...

Gerade weil die Hausarbeit nicht die Subsistenz einer Frau sichern kann, - es sei denn, sie wird verberuflicht (Tätigkeit einer Haushälterin etc.) - ist sie neben vielen anderen Merkmalen nicht Beruf; und einer Verberuflichung von Hausarbeiten sind nicht nur Grenzen gesetzt, - die verberuflichte Hausarbeit ist nicht mehr naturwüchsige Arbeit im hier entwickelten Sinn, sondern enthält alle Merkmale beruflicher Arbeit.

Überdenkt man die Verschiedenheit von weiblich-reproduktiver und traditionell bäuerlicher Arbeit, dann gelangt man sehr schnell zu den Kriterien, die die Formbestimmtheit und den Zusammenhang von Beruf und Hausarbeit im typischen Arbeitnehmer-Haushalt ausmachen. Diese Kriterien sollen hier sehr kurz unter den Stichworten "Lohn", "Trennung von Familie und Betrieb", "abstrakte Synthesis" (kein unmittelbar sinnfälliger Zusammenhang der Arbeiten) und "Rationalisierungsprozeß" abgehandelt werden:

a) Zum Lohn als Kriterium der Formbestimmtheit der Hausarbeit: Beide Formen gesellschaftlicher Arbeit sind vom Lohn, bzw. von qua Tausch erworbenen Subsistenzmitteln abhängig. Hausarbeit wird erst durch die Abhängigkeit des Berufstätigen von einer tauschadäquaten Form seines Arbeitsvermögens garantiert. Sehr pointiert und vereinfacht könnte man sagen, daß der sozusagen "äußere Rahmen" der Reproduktionstätigkeit durch die qua berufliche Arbeit eingetauschten Subsistenzmittel aufrechterhalten wird. Von daher sind weiblich reproduktive und berufliche Arbeit über "Lohn" (der hier für alle Formen des Tauschs von Arbeit und auf für die Konstitutionsprinzipien von fortgeschrittener Warenproduktion überhaupt stehen soll) vermittelt. Deshalb kann man sagen, daß in fortgeschrittenen warenproduzierenden Gesellschaften "die Produktion übergreift" (Ritsert 1973).

Diese unter Bedingungen fortgeschrittener Warenproduktion einseitige Abhängigkeit der weiblich-reproduktiven Arbeit vom Lohn des Mannes - und nicht mehr eine einseitige Abhängigkeit der Arbeit von natürlichen Reproduktionsprozessen, Ertragsverhältnis etc. konstituiert die für Hausarbeit heute typische "Naturwüchsigkeit". Die Naturwüchsigkeit der weiblich-reproduktiven Arbeit stellt sich auch noch doppelt her, weil der Zusammenhang von "Lohn" als Preis der Ware Arbeitskraft, Verwertungsprozeß und jeweiligen Reproduktionskosten weder von den Berufstätigen noch von den von der Tauschsphäre isolierten (Haus-)Frauen begriffen wird.[12]

Diese einseitige Abhängigkeit der Reproduktionseinheit vom Lohn (des Mannes in der Regel!) konstituiert für den Träger (Frau) der unmittelbaren Reproduktion ein einseitigeres "Besitzverhältnis" als in traditionell bäuerlichen Lebensbereichen: also z. B. eine Gesetzgebung, eine Verfügungsgewalt etc., wo alle Rechte und Privilegien über den Lohnträger laufen - gleichgültig, wer wieviel Arbeitslast für die Lebenserhaltung der Familie trägt.

b) Zur Trennung von Familie und Betrieb als Kriterium der Formbestimmtheit:

Ein weiteres Kriterium der weiblich-reproduktiven Arbeit der Frau im "Arbeitnehmer-Haushalt", das im Gegensatz zur traditionell bäuerlichen Arbeit steht, ist die Trennung von Familie als Ort weiblicher unmittelbarer Reproduktionstätigkeit und Betrieb, als Ort beruflicher Arbeit, als Ort des eigentlichen gesellschaftlichen produktiven Arbeitsprozesses. Der bäuerliche Familienbetrieb vereinigte Reproduktion und Produktion.

Von daher sind zwischenmenschliche Beziehungen im Reproduktionsbereich von Arbeitsbeziehungen "gereinigt". Der Mann als typischer Berufstätiger und die Frau als typische Agentin des unmittelbaren Reproduktionsprozesses beziehen sich (im Gegensatz zum bäuerlichen Familienbetrieb) auf eine jeweils andere (Arbeits-)Gegenständlichkeit. Der Mann identifiziert sich idealtypisch mit der "Warenform" seiner Fähigkeiten, die Frau mit "weiblicher Kultur", mit den mit weiblicher Kultur verbundenen Fähigkeiten.

Gerade weil der Vater für seine Familie sozusagen aus einer "anderen Welt" kommt, und ihm wiederum seine Familie partiell als "Sonderwelt" erscheinen muß, fehlt zwischen den Familienmitgliedern so etwas wie eine Gemeinsamkeit stiftende Sache: Inwieweit ist der berufstätige Mann überhaupt in der Lage, mit seiner Frau über Beruf und seine Erfahrungen mit Beruf zu reden; inwieweit ist die Frau in der Lage, mit dem Mann über seine Berufserfahrungen im weitesten Sinn zu kommunizieren? Die wechselseitige Verständigung dürfte aber ein wesentliches Moment für die Wiederherstellung von Arbeitsvermögen (Regeneration) vor allem im Hinblick auf die Verarbeitung aktueller beruflicher Erfahrungen sein. (Beck-Gernsheim/Ostner/Pieper 1977, S. 207).

Man kann davon ausgehen, daß diese Einheit von Mann und Frau meist klischeehaft (im Sinne Lorenzers) durch jeweils herkunftsmilieuspezifische Deutungsmuster rekonstruiert wird: da die Deutung der Frau von Beruf jedoch nicht die spezifische Situation des Mannes, die Deutung des Mannes vom weiblichen Lebenszusammenhang nicht den konkreten Reproduktionsalltag der Frau trifft, bleibt die nur klischeehaft hergestellte Familiensolidarität labil.

c) Zur abstrakten Synthesis als Kriterium der Formbestimmtheit:

Ganz anders als im traditionell bäuerlichen Familienbetrieb wird die Synthesis der weiblich-reproduktiven Arbeitsaufgabe, d.h. hier: ihr Zusammenhang mit den arbeitsteilig ausdifferenzierten Arbeitsaufgaben, nicht unmittelbar und konkret durch die gemeinsame (Arbeits-)Gegenständlichkeit hergestellt. Im bäuerlichen Familienbetrieb existiert eine "gemeinsame Sache" durch ein gemeinsames Interesse aller Arbeitenden an ein und demselben Arbeitsgegenstand, durch die daraus resultierende Vertrautheit mit dem jeweiligen Arbeitsmittel bei allen Arbeitenden, durch ein gemeinsames Eingebundensein in einen natürlichen Zeitrhythmus etc.

Zwar verbleibt der Frau für die ihr überlassenen, von einer Verberuflichung bislang ausgeschlossenen, unmittelbar reproduktiven Tätigkeiten eine gewisse Naturwüchsigkeit, Unmittelbarkeit (sinnlich intuitive Erkenntnis) und vor allem eine Ganzheit, d.h. eine persönliche Synthesisleistung der Frau in ihrer Arbeitsaufgabe. Dennoch muß man bedenken, daß sich die Arbeit der Frau isoliert

1) vom umfassenden gesellschaftlichen Produktionsprozeß

2) von anderen, unmittelbar reproduktiv Tätigen vollzieht;

das Wissen der Frau um ihren Beitrag zum gesamtgesellschaftlichen Arbeitsprozeß ist damit nicht unmittelbar mit der Arbeitsaufgabe gesetzt, (meist nicht einmal mittelbar).

Es ist schon für den Berufstätigen schwierig, wenn nicht unmöglich, seine jeweilige Detailarbeit sinnlich-konkret in Beziehung zum Arbeitsprozeß des gesamten Betriebes, erst recht in Beziehung zum gesamtgesellschaftlichen Arbeitsprozeß zu bringen. Die "Synthesis" ist bei beruflicher Arbeit abstrakt in der Arbeitsorganisation aufgehoben. Aber die weiblich-reproduktive Arbeit besitzt zusätzlich das Problem einer "tauschfreien" Institutionalisierung. Die Frau muß ihre Arbeit erst als gesellschaftlich notwendige Arbeit begreifen, und das trotz des Bias', der Beruf als eigentliche Arbeit, weil für den Tausch, bevorzugt. Sie muß dann diese notwendige gesellschaftliche Arbeit in einen verobjektivierten, von unmittelbarer Existenz für das Bewußtsein und die Alltagspraxis abgehobenen gesellschaftlichen Arbeitsprozeß reintegrieren.

d) Zum Rationalisierungsprozeß als Kriterium der Formbestimmtheit:

Hausarbeit läßt sich nicht völlig in Berufe auflösen. Einer völligen Verberuflichung (hier: auch Rationalisierung) der Reproduktionsarbeit sind Grenzen gesetzt. Zwar erscheinen auf den ersten Blick die Aufgaben, die der Frau heute noch als Hausarbeit bleiben, eher zufällig und willkürlich. Viele dieser Aufgaben existieren auch in verberuflichter Form. So bleibt z.B. Kochen immer auch noch Hausarbeitstätigkeit, obwohl es längst Großküchen und Kantinen, Imbißstuben etc. gibt. Diese konnten bislang - ebensowenig wie Fertiggerichte u.ä. - die Kocharbeit in der Familie ersetzen, wobei finanzielle Gründe sicher nur ein Erklärungsmoment darstellen. Kindergärten und Schulen machen nicht die Arbeit der Mutter, Krankenhäuser und Ärzte nicht die Pflege der Frau, Kneipen und Kinos nicht die Zuwendung der Ehefrau überflüssig. Außer dem Namen - "Kochen", "Reinigen", "Erziehen", "Pflegen", "Nähen" - hat die verberuflichte Tätigkeit nichts mehr mit der ursprünglich reproduktiven gemeinsam. Alles hat sich geändert: Arbeitsinhalt, Arbeitsweise, "Wissen" und Art der Ausbildung, auch die subjektive Wahrnehmung des Berufes und die individuelle Praxis.

Unter der Perspektive einer sich zunehmend perfektionierenden

Naturbeherrschung wären einer Verberuflichung der noch verbleibenden weiblich-reproduktiven Tätigkeiten eigentlich aber keine Grenzen gesetzt: Mutterfunktionen können an Ammen, Kinderfrauen etc. abgegeben werden, Ernährung, Wohnen, Schlafen etc. kann in gesellschaftlichen Einrichtungen erfolgen. Eine derartige Vergesellschaftung (Verberuflichung) aller menschlichen Bedürfnisse sind zumindest auf den ersten Blick keine Grenzen gesetzt, sie können unter bestimmten Umständen sogar erstrebenswert erscheinen.

Aber Berufsarbeit wurde im Kontext dieser Arbeit mit einer Abstraktion von konkreten menschlichen Lebensäußerungen (Hunger, Müdigkeit, Emotionalität, Alter und Krankheit) näher bestimmt. Erst wenn man bedenkt, daß diese Rationalisierung beruflicher Arbeit, damit auch die Abstraktion von konkreten Besonderheiten der Arbeitskraft fortschreitet, wird die Bedeutung privater noch ungebundener Reproduktionsarbeit und Arbeitsweise deutlich. Die Formbestimmtheit privater Reproduktionsarbeit liegt gerade in ihrer Aufgabe, ohne Rücksicht auf einen fortschreitenden gesamtgesellschaftlichen Rationalisierungsprozeß natürlichen Bedürfnissen entgegenzukommen.

Die Besonderung des Reproduktionsbereiches, bzw. der weiblich-reproduktiven Tätigkeit ist daher auch nicht unmittelbar naturwüchsig, sondern resultiert aus einer historisch-gesellschaftlichen Ausdifferenzierung. Durch diese Besonderung erst kommt der verbleibenden, nicht unmittelbar tauschbezogenen weiblich-reproduktiven Arbeitsaufgabe wieder eine gewisse subsistenzwirtschaftliche Qualität zu (dies war mit "Simulation" (quasi) subsistenzwirtschaftlicher Lebensverhältnisse im Reproduktionsbereich gemeint).

Diese besondere Qualität trägt:

a) die Formdetermination und
b) schwindet im Verlauf des fortschreitenden Rationalisierungsprozesses, der sich über die Köpfe der handelnden Individuen vollzieht, zunehmend, wenn nicht "von unten", also durch eine Aktualisierung

gebrauchsorientierter Verhaltensweisen, diesem Rationalisierungsprozeß Grenzen gesetzt werden.

4.3. "Hausarbeit" - Voraussetzung und Grundlage der Verinnerlichung von Normen beruflicher Arbeit [13]

Was macht nun eine Ausdifferenzierung bzw. die Beibehaltung von quasi tauschfreien, immer noch unmittelbar reproduktiven Arbeitsstrukturen notwendig?

4.3.1. Die Herstellung eines breiten und unspezifischen Arbeitsvermögens in der privaten Reproduktionsarbeit

Das Problem einer besonderen, tauschfreien Ausdifferenzierung bestimmter Arbeitsaufgaben innerhalb industrieller Warenproduktion kann zunächst auf einer logischen Ebene angegangen werden. Es beinhaltet im weiteren nichts anderes als eine endgültige Ableitung der These, daß jeder Produktionsweise die Sicherung der unmittelbaren Reproduktion, da wo die Produktionsweise nicht sowieso schon mit dieser identisch ist, vorgeschaltet sein muß. Dies läßt sich sehr einfach zeigen, wenn man bedenkt, daß ein spezialisierter hocharbeitsteiliger Arbeitsprozeß, der zugleich aus einer Zerlegung unter Abstraktion von dieser Vielfalt und Besonderheit etc. hervorgegangen ist, erst diese Vielfalt und Komplexität voraussetzt. Dem industriellen Arbeitsprozeß müssen mehr und andere Fähigkeiten entgegenstehen, als dann wirklich eingesetzt werden.

Dahinter steckt noch einmal die logische und zugleich historische Tatsache, daß jede Ausdifferenzierung auf einem Mehr an Wissen, praktisch-sinnlichen etc. Fähigkeiten und Bedürfnissen erfolgt; dies galt ja schon für die geschlechtsspezifische Arbeitsteilung in Subsistenzwirtschaften: Die Arbeit der Frau (in der Regel: Unterschiede vgl. Mead 1955) hat den Mann (in der Regel) frei von der Last unmittelbarer Daseinsvorsorge, damit frei für die Erhaltung des Mehrprodukts gemacht, das am Anfang dieser historischen Entwicklung mehr als zufällig, also recht ungewiß war.

Weshalb braucht der spätindustrielle Arbeitsprozeß (industrielle Tätigkeiten und die dazugehörigen Arbeitstätigkeiten in unproduktiven Wirtschaftsbereichen) mehr und andere Fähigkeiten, als realiter eingesetzt und vor allem durch betriebliche Investitionen ausgebildet werden?

"Verberuflichung" von Arbeitsvermögen und Arbeitstätigkeiten soll hier eine "Reduktion von Komplexität" genannt werden und zwar unter einem quantitativen und qualitativen Gesichtspunkt:

a) Unter einem quantitativen Gesichtspunkt, weil die angebotenen lebendigen Arbeitsvermögen weit und unspezifisch genug sein müssen (trotz der Einschränkung durch ein formdeterminiertes Reproduktionsmilieu), um für verschiedene und sehr unterschiedliche Arbeitsprozesse einsetzbar, tauschadäquat verwendbar zu sein.

b) Unter einem qualitativen Gesichtspunkt, weil aus dem beruflichen Arbeitsprozeß objektiv alle Lebensäußerungen des Arbeitenden ausgeschaltet sind, die nicht unmittelbar zur Warenform des Arbeitsvermögens (Beruf) gehören. Dies geht in den Begriff einer "Sachlichkeit" zwischenmenschlicher Beziehungen im Berufsbereich u.a. ein. Die Abstraktion von diesen natürlichen Lebensäußerungen variiert je nach Beruf: Sie ist scheinbar maximal in der Massenarbeitersituation, minimal in den Professionen und in den Berufen, wo z.B. sinnlich intuitive Fähigkeiten "prozeßabhängig", d.h. funktional notwendig sind, also zur "Warenform" (Beruflichkeit) des Arbeitsvermögens gehören.

Es liegt nicht ohne weiteres im Interesse eines tauschorientierten (kosten- = zeitökonomischen) Arbeitsprozesses, mehr Fähigkeiten als unmittelbar für den Einsatz an einem bestimmten Arbeitsplatz notwendig sind, durch eigene Ausbildungsinvestitionen auszubilden. Andererseits muß ein qualitatives Mehr ausgebildet werden. Berufliche "Fähigkeitsbündel", Kompetenzen und Spezialisierungen - die "Warenform" des noch diffusen und unspezifischen Arbeitsvermögens - bauen auf diesem qualitativen Überschuß an konkret sinnlichen (hier: extrafunktionalen, "prozeßunabhängigen") Fähigkeiten des Arbeitenden auf. Betriebliche Einsatzformen von Arbeitskraft können erst aus dem Dilemma zwischen Reduzierung der Kosten für Arbeit und Notwendigkeit eines qualitativen Arbeitskräftepotentials richtig begriffen werden.

Eine wesentliche Aufgabe der privaten Reproduktionsarbeit ist die Bereitstellung und Garantie jenes qualitativen Überschusses an konkret sinnlichen Fähigkeiten, die noch nicht unmittelbar identisch mit der beruflichen Warenform sind.

Letztlich kann nicht einmal im Beruf, und da nicht einmal in extrem restringierten Arbeitssituationen, über längere Zeit von konkreten menschlichen Lebensäußerungen abstrahiert werden. Dennoch müssen diese soweit wie möglich ausgeschaltet werden. Deshalb kommt dem Reproduktionsbereich die ganze kompensatorische Last unmittelbarer Bedürfnisbefriedigung zu. Die Arbeit der Frau muß die sinnlich-konkreten naturwüchsigen unmittelbar reproduktiven Strukturen (kompensatorische Qualität des Reproduktionsbereichs) aufrechterhalten.

Im Kontext dieser Arbeit - im Hinblick auf die Besonderheit weiblich-reproduktiver Arbeit - erscheint vor allem die Bereitstellung und Aufrechterhaltung qualitativ und quantitativ komplexer Reproduktionspotentiale von gesellschaftstragender Bedeutung.

Die Bereitstellung solch eines Arbeitskräftepotentials, das breit und unspezifisch genug für eine Ausdifferenzierung und Spezialisierung nach Tauschprinzipien ist, gewährt dann erst eine quantitative und qualitative Reduktion dieser Komplexität, als Voraussetzung der Steigerung der Arbeitsproduktivität.

Was heute als immer lauter werdende Forderung von Flexibilität und Disponibilität an die Produktion von Arbeitsvermögen gestellt wird, ist nichts anderes als eine Forderung, die auf die strukturelle Notwendigkeit dieser qualitativen und quantitativen "Reduktion von Komplexität" hinweist. Damit kommt der weiblichen privaten Reproduktionsarbeit eine Bedeutung (Besonderheit) zu, die sie von der unmittelbaren Daseinsvorsorge subsistenzwirtschaftlicher Gesellschaftsformationen unterscheidet. Die alltägliche Sorge für Essen, Schlafen, Wohnen etc. bleibt ihr ohnehin. Unter Bedingungen fortgeschrittener Warenproduktion erhält weiblich-reproduktive Arbeit ihre Besonderheit auch durch die Bereitstellung und Erhaltung eines Potentials von Arbeitsfähigkeiten, die es durch Konstitutionsprinzipien warenproduzierender Arbeit einerseits verhindert, zugleich benötigt wird.

Ziel des Reproduktionsprozesses, damit der Arbeit der Frau in der Familie, wäre nach den vorausgegangenen Überlegungen

- die Aufrechterhaltung einer sozusagen "kompensatorischen" Struktur, die die Abstraktion von Qualität, Besonderheit etc. im beruflichen Bereich, damit den Verlust an "Naturwüchsigkeit", an qualitativer Zeit etc. ausgleichen kann:

" Arbeitsvermögen muß also einerseits mit beruflichen Arbeitsprozessen "kompatibel" sein, die davon abstrahieren, was der Mensch sonst noch kann, will und braucht. Und das Arbeitsvermögen muß andererseits mehr und andere als berufliche Qualitäten aufweisen, es muß diese Abstraktion wieder einholen können, damit der Arbeitende sich langfristig am Leben erhalten kann" (Beck-Gernsheim/Ostner/Pieper 1977, S. 185).

- zum anderen, was mit dem ersten zusammenhängt - muß unmittelbare Reproduktionstätigkeit nicht nur mehr und andere Fähigkeiten hervorbringen und aufrechterhalten (um eben auch wieder der kompensatorischen Aufgabe gerecht werden zu können), sondern auch eine antizipatorische Verinnerlichung beruflicher Strukturen (Verhaltensweisen, Fähigkeiten ...) ermöglichen und vollbringen.

4.3.2. Einige Hinweise auf den Prozeß der Verinnerlichung beruflicher Normen in der Familie

Das Zusammenspiel von Beruf und Hausarbeit vollzieht sich alltäglich in der Familie, meist ohne Wissen der Beteiligten, oft sogar gegen ihren besten Willen ...

Den allmählichen Übergang von einer zunächst unmittelbar bedarfs-/bedürfnisbezogenen zur tauschorientierten Arbeitsweise (ein geschichtlicher Prozeß) muß jedes Kind in der Familie bis zu Schule, zum Berufseintritt - und da oft noch einmal, wenn auch nur in abgeschwächter Form - durchmachen. Es ist der lebensgeschichtliche Prozeß der Aneignung tauschorientierter Verhaltensweisen, den ein ursprünglich unmittelbar selbst- bzw. bedürfnisbezogenes Kind dann auch noch als Erwachsener zu durchlaufen hat: in der Terminologie von Freud ist damit der Übergang vom Lust- zum Realitätsprinzip angesprochen.[14]

Dieser Prozeß einer Abstraktion von der primären Natur des Menschen und deren Überformung durch Prinzipien beruflicher Arbeit vollzieht sich innerhalb und mit Hilfe unmittelbarer privater Reproduktionsarbeit. In diesem Prozeß primärer Sozialisation -

> " Sozialisation wird als Vorgang der Integration in bestehende Rollensysteme verstanden. Auf dem Wege des Sozialisation genannten Lernprozesses verinnerlichen potentiell handlungsfähige Subjekte die Wertorientierungen und bilden die Motive aus, die sie instandsetzen, soziale Rollen zu spielen. (Z.B. berufliche - I.O.)" (Habermas o.O. J., S. 2)

vollzieht sich die primäre Verinnerlichung der Normen beruflicher Arbeit und zwar gerade auf der Basis einer zunächst hinreichenden Befriedigung unmittelbarer natürlicher Bedürfnisse. In diesem Prozeß der kindlichen Aneignung gesellschaftlicher Wirklichkeit wird qua Befriedigung unmittelbarer Bedürfnisse, eigentlich durch deren Befriedigung über sukzessive Befriedigungsverweigerung oder durch den Aufschub der Befriedigung etc. der Übergang kindlicher Arbeits-/Lebensweisen aus der unmittelbaren Identität von innerem und äußerem Milieu zu instrumentalem Handeln und seinen Normen vollzogen. Das Lustprinzip als die kindliche Phase beinhaltet durch unmittelbares Imponieren der eigenen Körperlichkeit, Sinnlichkeit etc. noch eine Identität des Kindes mit sich selbst (primärer Narzißmus analog "Subsistenzwirtschaft"). Der Übergang vom Lust- zum Realitätsprinzip, also zu den vielfältigen Formen der Ausbildung und abschließenden Virulenz von Über-Ich-Instanzen, als Instanzen, die die Verinnerlichung und Aktualisierung formadäquater Normen prüfen, ist in der Form, wie er heute vorliegt, kein natürlicher Vorgang.

Durch die Trennung von Familie und Betrieb, durch die Institutionalisierung der unmittelbar reproduktiven Tätigkeit in der Rolle der Frau, durch die Abwesenheit des berufstätigen Mannes vom Hause und durch eine fühlbare Diskriminierung der unmittelbaren Reproduktionstätigkeit, die dem Selbstwertgefühl der Frau nicht ohne weiteres zuträglich ist, "wird die Erziehungstätigkeit für die Mutter zum hauptsächlichen Profilierungsfeld" (Ziehe 1975, S. 116). (Dies gilt auch noch im Falle von Berufstätigkeit der Frau, die von den Frauen selbst in der Regel als "Zuverdienst" definiert wird.) Im übrigen trägt auch die Frau jenen "Bias" mit sich, der die eigenen Fähigkeiten als irrelevant, weniger "wert" etc. erscheinen läßt.

Ziehe entwickelt im Anschluß an die Schizophrenie-Forschung von Bateson u. a. 1969 zwei typische Verhaltensweisen von Frauen in ihrer unmittelbar reproduktiven Arbeit. Im ersten Fall dient das Kind der Stabilisierung der eigenen "Ich-Schwäche", oder besser der relativ großen Hilfslosigkeit der Frau im abgekoppelten Arbeitsbereich, der Verhaltenserwartung gegenüber, daß sie nun Strukturen aufrecht erhalten soll, die sie selbst nur "gebrochen" gelernt hat, die sonst kaum ansatzweise existieren und zudem im Gegensatz zu den "überlegeneren" beruflichen Strukturen stehen.

Fall 1 stellt Ziehe etwa so dar ...

" Die Geburt eines Kindes gibt nun jedoch der Mutter die Gelegenheit, dieses für ihre eigene psychische Stabilisierung zu funktionalisieren. Im Sinne einer narzißtischen Projektion wird hier das Gefühl der eigenen ohnmächtigen Hilflosigkeit auf das Kind projiziert, das es nun vor allen Gefahren zu schützen gilt. Die Mutter operiert hinter einer "Fassade übertriebener Tüchtigkeit" (Bowen, in Bateson), die zunächst den primär-narzißtischen Bedürfnissen des Kindes entspricht. Diese Möglichkeit, "übertüchtig" zu sein, stabilisiert ... die Mutter, die sich von ihren eigenen Ohnmächtigkeits-Ängsten entlastet sieht."

Diesem Phänomen übertriebener Tüchtigkeit steht nun Fall 2 gegenüber:

" Die Mutter ist in diesem Fall außerstande, eine positive affektive Beziehung zu ihrem Kind herzustellen, da sie sich aufgrund ihrer psychischen Struktur in einer tiefergehenden Objektbeziehung überfordert fühlt und vor ihr Angst empfindet; sie ist also durch die Tatsache der hohen emotionalen Erwartungen des Kindes in ihrer erreichten Stabilität bedroht. Die durch diese Ängste verursachte Ablehnungshaltung läßt bei der Mutter massive Schuldgefühle entstehen, die durch eine Reaktionsbildung abgewehrt werden: sie legt ein betont liebevolles Verhalten an den Tag, das es in seiner (angstvoll aufrechterhaltenen) Intensität dem Kind in seiner primär-narzißtischen Situation erschwert, den Übergang zur weiteren phasenspezifischen Entwicklung ohne traumatische Versagungserlebnisse zu vollziehen. Beide Interaktionsmodelle haben aufzeigen sollen, daß eine Mutterschwäche die Prädisposition dazu schafft, daß sich die biopsychisch notwendige Mutter-Kind-Dyade als Bindungszwang auswirkt." (Ebenda).

Von der Frau wird zugleich eine sukzessive Auflösung der Beziehung zu ihrem Kind verlangt. Dies geschieht in der Regel abrupt und von außen durch den Eintritt des Kindes in die Schule.

Die Mutter ist - ohne es zu wissen übrigens - die primäre Agentin jenes für industriell warenproduzierende Gesellschaften typischen Mechanismus', der das Kind zur kaum reflexiven Anpassung an berufliche Strukturen zwingt. (Vgl. die Reinlichkeitserziehung, Beschränkung der motorischen Aktivitäten des Kindes, Beschränkung seines Bedürfnisses, seine Kräfte zu messen). Die Mutter, wie dann auch alle anderen Bezugspersonen des Kindes, wiederholen die gesellschaftliche Abstraktion von Konkretheit noch einmal in der Alltagspraxis. Dies läßt sich vielleicht dadurch verdeutlichen, daß auch die subjektive und objektive Befindlichkeit der Frau nicht von Tauschbeziehungen, von den Verkehrsformen warenproduzierender Gesellschaften, unberührt bleibt. Auch die Mutter hat ein Bild von ihrem Kind, das in Ansätzen einer "Warenform" gleichkommt (der richtige Junge, der leistungsfähig werden muß, das richtige Mädchen, das immer noch zuerst geheiratet werden muß). Die Mutter behält recht in ihrem Handeln, sie kann dem Kind gar nicht anders begegnen.

Eine "entfremdete", keineswegs symbiotische Mutter-Kind-Beziehung ist zugleich dadurch gegeben, daß die Eingriffe der Frau in den kindlichen Rhythmus bei aller verbleibenden und unumgänglichen Empathie, in der sich auch diese Eingriffe vollziehen, auch nach Maßgabe "beruflicher" Imperative erfolgt: Sehr vereinfacht kann man sagen, daß auch das Kind so etwas wie eine zunächst der Mutter gefällige adäquate "Warenform" entwickeln muß, in der bereits alle für eine Verberuflichung geeigneten Elemente, allerdings auch die dysfunktionalen, enthalten sind.

Auch dieser mütterliche Mechanismus kann als sukzessive Abstraktion von kindlichen Bedürfnissen begriffen werden, nämlich da, wo der Befriedigung kindlicher Lebensäußerungen, seinem Zeitrhythmus, durchaus entgegengekommen werden könnte. Die tauschfrei ausdifferenzierte, vom Lohn, damit aber auch von einer tauschadäquaten Warenform und entsprechenden Verkehrsformen abhängige Familie ist der äußere Rahmen, in dem sich die Verinnerlichung beruflicher Normen vollzieht. Die innere Struktur des Arbeitsbereiches Familie wird durch die nicht ganz zu verdrängende Naturgebundenheit des Arbeitsgegenstandes "Herstellung und Wiederherstellung des Arbeitsvermögens" bestimmt. Diese besondere Qualität des Reproduktionsbereiches in ihrer für Warenproduktion konstitutiven Widersprüchlichkeit ist nun die Folie, in der durch Eingehen auf kindliche Bedürfnisse - durch die Art und Weise des Umgangs mit dem Kind - die Warenform des Arbeitsvermögens zuerst ausgebildet wird. Während des Prozesses der Verinnerlichung der Normen beruflicher Arbeit - bzw. der Annahme des elterlichen Bildes vom kindlichen Selbst, der elterlichen Projektionen der Vorstellung von beruflicher Tüchtigkeit etc. werden die primär naturwüchsigen Ansprüche des Kindes auf die Realität hin geprüft und geformt. Gerade weil der einzelne - Mann oder Frau - in der Familie nicht zwischen Berufsarbeit und ihren Anforderungen und denen der Reproduktion trennen kann, existiert im kindlichen Sozialisationsprozeß ein Widerspruch zwischen der primären Naturwüchsigkeit des Kindes und einer fortschreitenden Abstraktion von anderen als zeitökonomischen Strukturen und empathischen Verkehrsformen. Das Kind steht vor dem Dilemma: Es soll Regeln lernen, die ihm nicht ohne weiteres, oft gar nicht, greifbar und sinnvoll erscheinen, - die zudem meist seinen virulenten Lebensäußerungen entgegenstehen. Da die Familie aber keine Arbeitsgemeinschaft aller für eine gemeinsame Sache - Sicherung des alltäglichen Lebens - mehr ist, die Sinnfrage für das Kind wie für die anderen Familienmitglieder nicht mehr in einem naturwüchsigen Arbeitszusammenhang unmittelbar aufgehoben ist, bleibt ihm nichts anderes übrig, als sich adaptiv an die Verhaltensforderungen der Erwachsenen, vor allem der Mutter anzupassen. Die ausschließlich emotional, nicht mehr bzw. nicht vorrangig "arbeitsinhaltlich" argumentierende Mutter wird für das Kind alleinige Orientierung und Substitut für die verloren gegangene Einheit von Arbeit und Leben. Ein wesentliches Moment der weiblich-reproduktiven Arbeit liegt auch genau darin, so etwas wie sozialen Optimismus und Vertrauen beim Kind zu entwickeln, - ein Vertrauen, das dann die Adaption an Normen beruflicher Arbeit vorbereitet.

Nur die Einheit von Mutter und Kind bietet zunächst die Gewähr, daß das Kind das nötige Vertrauen und die daraus nötige Folgebereitschaft entwickelt, womit auch der Weg zur Verinnerlichung gleich welcher Normen bereitet wird. Dies gilt - Neidhardt (1973) sieht sehr wohl die Inkonsistenz warenproduzierender Gesellschaften, - wenn zumindest diese isolierte Frau in der Lage ist, konsistentes Verhalten zu entwikkeln. Sie soll ohne Doppeldeutigkeit dem Kind empathisch, sinnlich-intuitiv begegnen (ebenda). Die Inkonsistenz der Welt, wie sie dem Kind nach Neidhardt (1973) erscheinen muß, resultiert jedoch nicht aus einem Versagen der Mutter "bei den schwierigen Lernprozessen, denen sich der Säugling zu unterwerfen (sic!) hat" (ebenda, S. 206), - sondern aus einer multiplizierten Naturwüchsigkeit des Reproduktionsbereichs und der zunehmenden objektiven Unfähigkeit der Mutter, dem Kind unmittelbar entgegenzukommen; diese Unfähigkeit kann für das Kind zum Trauma werden.

Die Wahrscheinlichkeit der Ausbildung von Vertrauen etc. beim Kind, also der für die Entwicklung des Kindes wichtigen Bereitschaft zu kooperieren, gelingt in einer inkonsistenten Welt dadurch, daß einer Person in einem isolierten Bereich die nötige Konsistenz sozusagen institutionell vorbereitet wird. Deshalb liegt die "besondere Stärke der Familie in der Baby-Phase" (ebenda, S. 231).

Der weitere Mechanismus, der kindliche Entwicklung zur Verinnerlichung beruflicher Strukturen werden läßt, ist bekannt. Das Kind besetzt seine Mutter libidinös, sie ist die einzige (!) Befriedigungsquelle seiner Ansprüche. Sie definiert Zeitpunkt von Essen, Schlafen, ja sogar Zeitpunkt von sozialem Kontakt, von Umweltreizen (das Kind liegt in der Regel allein in einem stillen isolierten Winkel; bleibt im Laufstall eingesperrt; darf nicht in bestimmte Zimmer; darf meist nur sitzen, nicht krabbeln; darf nur anfassen, was die Mutter erlaubt; sich nicht schmutzig machen; nicht laut sein). Die Anpassung des Kindes an seine Umwelt ist nicht mehr notwendige Folge eines noch unmittelbar naturgebundenen Arbeitszusammenhangs, sondern vor allem Folge seiner einseitigen, nur emotionalen Abhängigkeit von der Mutter. Das Kind hat sich so zu verhalten, wie die Mutter im besten Willen und Wissen seine "Warenform" (Beruflichkeit) antizipiert. In dieser Einseitigkeit liegt dann auch Neidhardts Antwort auf die Frage, warum es sich für Eltern immer noch lohnt, Kinder zu haben. Der Ausgleich erfolgt gewissermaßen intrinsisch durch die "Gehorsamsbereitschaft des Kindes", durch einen "Herrschaftsvorteil der Eltern" den Kindern gegenüber.

Dieser Herrschaftsvorteil wird, wie die Statistiken zur Kindesmißhandlung zeigen, trotz der sozialen Ächtung, die Neidhardt als deren Barriere ansieht, ausgenutzt - zum Teil auch als Kompensation eigener erlittener Bedürfnisbeschneidungen in der lebensgeschichtlichen Erfahrung. Er kann ausgenützt werden, weil Kinder den Eltern nun tatsächlich unmittelbar nichts - es sei denn intrinsisch - einbringen, zugleich die

Privatheit der Familie jeden Eingriff der Eltern in kindliche Lebensäusserungen vor sozialer Ächtung schützt.

Generell jedoch ist diese Anpassung an vorgegebene Strukturen und nicht deren reflexiv gewendete Verinnerlichung der Flexibilitätsforderung an Arbeitsvermögen strikt entgegengesetzt. Mit anderen Worten, war die Mutter-Kind-Beziehung zu konsistent, zu eindeutig - sei es positiv, als wirkliche Empathie, Zeit lassen, Gewährenlassen / oder negativ, als eindeutige Verweigerung vielfältiger Ansprüche oder Dominanz des Anspruchs der rigiden Mutter - so ist das daraus resultierende Arbeitsvermögen entweder so unspezifisch, daß es sich jeder Festlegung durch berufliche Rhythmen (Strukturen) entzieht, oder so rigid, daß es keine Veränderung der sich permanent verändernden Arbeitssituation mitmachen kann.

Das Dilemma, das mit der weiblich-reproduktiven Arbeit verbunden ist, liegt hypothetisch darin, daß zusammen mit empathisch und sinnlich intuitiven Qualitäten, wie sie nur die Isoliertheit und Tauschferne des Reproduktionsbereichs unter Warenproduktionsbedingungen noch zustandebringen kann, auch dem Kind klischeehaft begegnet wird: D.h., daß die Frau ihre sinnlich-intuitive Fähigkeit auch dazu verwendet, ihm eine Warenform zu ermöglichen. Auf der Basis von Ur-Vertrauen, wie es durch solche weiblich-reproduktiven Fähigkeiten ermöglicht wird, und unter der Voraussetzung der Ausschließlichkeit der Mutter-Kind-Beziehung gelingt der Frau in der Regel eine Reifikation dieser beruflichen Strukturen im kindlichen Verhalten, auch der Strukturen, die dann ein Mädchen veranlassen, sich wiederum eher mit weiblich-reproduktiven Fähigkeiten zu identifizieren. Gleichwohl bleiben dem Kind, wie dem Erwachsenen, sinnlich-konkrete Erkenntnisweisen, Arbeitsweisen, wenn auch latent erhalten.

Die Anerkennung des Kindes als gleich, wenn auch nicht identisch, aber in seiner Unterschiedlichkeit, wieder auch gleich im Hinblick auf die gleiche Eingebundenheit in natürliche Rhythmen etc., von daher seine Anerkennung in seiner Bedürftigkeit, ist unter Bedingungen fortgeschrittener Warenproduktion nicht ohne weiteres gegeben.

4.4. Zusammenfassung

In diesem Kapitel wurde versucht, noch einmal Strukturprinzipien beruflicher Arbeit mit denen von weiblich-reproduktiver Arbeit im "Arbeitnehmer-Haushalt" zu konfrontieren. Die Elemente weiblich-reproduktiver Arbeit schienen nicht nur auf einer formalen Ebene in einem engen Zusammenhang mit Beruf unter Bedingungen fortgeschrittener Warenproduktion zu stehen. Jede Weiterentwicklung von Subsistenzwirtschaft basiert in der einen oder anderen Form auf der Sicherung unmittelbarer Reproduktion. Die typische Art der Sicherung unmittelbarer Reproduktion und ihre Formadäquatheit, d.h. die Art und Weise wie sie auf berufliche Arbeit bezogen bleibt, wurde näher bestimmt. (Bereitstellung eines qualitativ und quantitativ komplexen, weder zu spezifischen noch zu weit gefaßten Potentials an Arbeitsfähigkeit ...)

Anschließend wurde die Komplementarität unmittelbarer Reproduktion als Prozeß dargestellt, wie er vor allem durch die weiblich-reproduktive Arbeit initiiert wird.

Am Ende dieses Kapitels wäre nun zu überprüfen, inwieweit folgende Fragen beantwortet wurden:

1. Kann von einer Komplementarität von weiblich-reproduktiver Arbeit und "Beruf" derart gesprochen werden, daß durch die weiblich-reproduktive Arbeit eine formadäquate, also für "Verberuflichung" geeignete Reproduktion von Arbeitsvermögen garantiert ist?

2. Kann in diesem Fall (1.) weiblich-reproduktive Arbeit überhaupt noch sinnvoll als andere als berufliche Arbeit, als besondere Arbeit, begriffen werden - oder wiederholt und/oder antizipiert sie nur Prozesse, wie

sie mit Verberuflichung einhergehen?

Der Reproduktionsbereich erhält quasi subsistenzwirtschaftliche Merkmale schon allein dadurch, daß sich hier eine "Produktion" vollzieht, die bei einem konkreten Bedürfnis unmittelbar ihren Ausgangspunkt nimmt und erst mit der unmittelbar konkreten, meist anschaulich nachvollziehbaren Befriedigung endet. Solche organisch-ganzheitlichen Tätigkeiten, die immer auch unmittelbar natürliche Lebensäußerungen betreffen, brauchen auch andere Fähigkeiten als Tätigkeiten, die sich in einem hochspezialisierten beruflichen Gesamtarbeitsprozeß vollziehen. Diese besonderen weiblichen Fähigkeiten waren mit sinnlicher Intuition, Empathie, Verharren können etc. umschrieben worden. Diese Fähigkeiten werden aber inzwischen auch auf einer abstrakteren Ebene Voraussetzung eines automatisierten Produktionsprozesses oder auch von Berufen, die sich sehr unmittelbar mit den Folgelasten einer zum Teil abstrafizierenden Produktionsweise zu befassen haben (Psychotherapie, Medizin, Sozialarbeit). Wie ist es aber nun mit der besonderen Qualität der weiblich-reproduktiven Arbeit, wie sie ihr nach Ausdifferenzierung eigentlich "produktiver" Tätigkeiten geblieben ist?

Die Aufgabe, die der Frau vor allem und zunehmend verbleibt - was zugleich ein Grund für ihre Versagensangst ist [26] - ist die Herstellung eines emotionalen Milieus, in dem Reproduktion vonstatten gehen kann, ist in erster Linie die Sorge für das Kind, für die Familie. Das ist die gesellschaftlich anerkannte Leistung der Frau, nicht ihre Berufsarbeit.

Ist die berufliche Arbeit der Hintergrund, auf dem sich spontan sinnlich konkretes Handeln trotz der Abstraktion von dieser Handlungsqualität äußern kann, so ist der Reproduktionsbereich, vor allem die an sich sekundär naturwüchsige Atmosphäre der Mutter-Kind-Beziehung, der Hintergrund, vor dem die mehr oder weniger gelingende Verinnerlichung von beruflichen Strukturen - über das Bild der Mutter von der Wirklichkeit - sich vollziehen kann.

Trotz ihres besonderen Arbeitsgegenstandes: unmittelbar körperbezogene Bedürfnisse ist Hausarbeit mehrfach formbestimmte Arbeit, also nur eine historische Form von Arbeit unter Bedingungen industrieller Warenproduktion:
formbestimmt, weil nur eine, wenn auch notwendige und komplementäre Form neben Berufsarbeit;
formbestimmt, weil in der Form - emotionale Ausschließlichkeit und Abhängigkeit vom beruflich verdienten Lohn - erst mit industrieller Warenproduktion entstanden;
formbestimmt, weil hier Arbeitsvermögen in seiner Warenform und über diese Form hinaus reproduziert wird;
formbestimmt, weil in einem Gegensatz zu Beruf, der den Frauen mehr noch als den Männern die Verbindung von Beruf und privater Reproduktion erschwert - Frauen also in eine Ghettosituation hineinzwingt, in der erworbene Fähigkeiten für Berufsarbeit meist untauglich zu sein scheinen;
formbestimmt, weil das Problem der "Synthesis", der Herstellung eines sinnvollen Zusammenhangs zwischen Handeln in der winzigen Reproduktionseinheit und gesamtgesellschaftlicher Praxis erst jetzt auftritt; weil die Frau vielleicht noch innerhalb ihres Gesichtsfeldes sinnvoll handeln kann, ihre Praxis jedoch blind gegenüber ihren Konsequenzen jenseits dieser Bornierung bleibt.

Deshalb kann Hausarbeit heute im Gegensatz zu archaischen Arbeitsweisen, wo eine unmittelbare Identität zwischen Bedürfnis und Praxis bestand, die Sinnfrage als nicht auftauchte, nicht einmal rudimentär archaisch, also unmittelbar gebrauchsbezogen, bezeichnet werden.

Das weibliche Arbeitsvermögen ist (idealtypisch und unter Abstraktion der jeweiligen lebensgeschichtlichen Besonderheit) deshalb ambivalent zu begreifen: Es wird hergestellt durch die Auseinandersetzung mit einem naturwüchsigen Arbeitsgegenstand - eine Konfrontation, die jede Frau in irgendeiner Weise durchmacht - und durch die Erfahrung der

Geringschätzung und Ghettosituation von Hausarbeit unter Bedingungen einer naturbeherrschenden Produktionsweise; in ihm sind daher Erfahrungswissen, Intuition, Fürsorglichkeit ebenso eingebunden, wie eine Blindheit gegenüber der eigenen Praxis oder eine Ohnmacht gegenüber einer nur unzureichend bekannten beruflichen Wirklichkeit, die dennoch "übergreift".

Eine Auflösung der privaten Kleinfamilie scheint gerade unter Bedingungen entwickelter Warenproduktion nicht möglich: die spezifische Konstitution von Beruf bedingt die besondere Konstitution von Hausarbeit, von Reproduktion nach der Berufsarbeit und für diese. So deutet sich auch keine Auflösung dieser privaten Form der Reproduktion an. Das nur sekundär hergestellte naturwüchsige Arrangement der Familie scheint immer noch die beste Gewähr für eine formadäquate Reproduktion von Arbeitsvermögen zu bieten. Aber je mehr versucht wird, die Distanz zwischen Familie und Beruf zu vergrößern, die Naturwüchsigkeit der Familie zu steigern. um so größer wird die "Berufsabhängigkeit" der Familie - ein Paradox nur auf den ersten Blick. Beides zehrt die Reproduktionsfunktion der Familie auf: eine Annäherung an Beruf, etwa in Form der geforderten Vergesellschaftung im Sinne von Verberuflichung von Reproduktionsaufgaben, und die Beschränkung von Frauen auf den Schein naturwüchsiger Produktionsverhältnisse trotz gesellschaftlicher Dominanz des Tauschprinzips. Schon wehren sich die Frauen und fordern das Unding: "Lohn für die Hausarbeit", begreifen ihre eigens tauschfrei definierte Arbeit nach Maßgabe von Tausch. Mit dem Protest gegen die unbezahlte Hausarbeit, in einer Gesellschaft, in der Arbeit bezahlt wird, erkennen die Frauen die Formbestimmtheit ihrer Arbeit, und verwerfen den nur scheinbaren Naturcharakter ihrer Arbeit als anachronistisch. Ein Eingehen auf diese Forderung bedeutet jedoch Verzicht auf das notwendige Korrelat einer tauschfreien Familie. Ich glaube, die Forderung nach Lohn für die Hausarbeit enthält in ihrer Unsinnigkeit ein entlarvendes Moment.

5. Der Gegensatz von Beruf und Hausarbeit als Bestimmungsmoment weiblicher Berufsarbeit - einige Thesen zur Konstitution weiblicher Berufsarbeit

Dieses Kapitel handelt von der "Reproduktionsbezogenheit" weiblicher Berufsarbeit und der Besonderheit des weiblichen Arbeitsvermögens (vgl. dazu auch Beck-Gernsheim, 1976). Ich möchte zeigen, daß die Identifikation von Frauen mit einer besonderen Arbeitsform und Arbeitsweise - mit Hausarbeit - daß die lebensgeschichtliche Auseinandersetzung mit dieser besonderen gesellschaftlichen Arbeitsform nicht ohne Konsequenzen für das Arbeitsvermögen von Frauen, also auch für ihr berufliches Verhalten sein kann. Die folgenden Thesen zu "Frauen im Beruf" [1] können daher als konsequente "Anwendung" der vorausgegangenen Überlegungen zur Eigenart und zum Verhältnis von Beruf und Hausarbeit auf ein konkretes gesellschaftliches Problem begriffen werden. Eine Erklärung konkreter Formen weiblicher Berufstätigkeit aus der Eigenart von Hausarbeit in einer warenproduzierenden Gesellschaft ist nicht nur relativ ungewöhnlich - sie rückt auch politisch praktische Maßnahmen zur Verbesserung der gesellschaftlichen Lage in ein anderes Licht.

Ich möchte eine Verbindung herstellen zwischen weiblicher Berufspraxis und der Besonderheit des weiblichen Arbeitsvermögens, beides gesellschaftlich hervorgebracht. Ich unterstelle also eine Besonderheit des weiblichen Arbeits- und Lebenszusammenhanges unter Bedingungen industrieller Warenproduktion - eine Besonderheit, die durch eine weitere Integration von Frau in Beruf nicht aufgehoben werden kann.

Damit sollen aber weder die Frauen ans Haus gefesselt bleiben, noch der Arbeitsbereich Familie idealisiert werden. Jede Form von Arbeit ist gebrauchsorientiert. Es ist daher nicht richtig zu behaupten, weibliche Arbeit sei im großen und ganzen "gebrauchs(wert)orientiert, die Berufsarbeit "tausch(wert)orientiert".

Ich will vermeiden, daß die Aussagen dieser Arbeit so interpretiert werden können, daß jede Form weiblicher Arbeit, also auch Berufsarbeit von Frauen, immer auch gebrauchs(wert)orientiert sein müsse. Das Thema "Frau" erhält dann eine gegenkulturelle Färbung, das ihm realistisch betrachtet gar nicht zukommen kann. Frauen arbeiten nicht gebrauchsbezogener als Männer, wie ja auch Hausarbeit in ihrer Formbestimmtheit nicht Beruf überlegen, sondern ebenfalls borniert und einseitig begriffen werden muß. Die Ausblendung der Ambivalenz der Hausarbeit heute, die Idealisierung von Familie, "Haus", als Bereich, in dem man noch ganz zu sich selbst kommen kann, führt häufig zu der Annahme, daß mit der Frau im Beruf auch solch nicht-beruflichen Qualitäten zur Geltung kommen können. So schätzt man die Frau im Parlament - wie manche männliche Politiker sagen - soweit sie nicht-aggressiv, nicht-konkurrierend, eben verständnisvoll ist und angenehm anzusehen: die Frau als "emotionale Klimaanlage". In diesem Sinn wäre es dann auch, wenn man in jeder beruflichen Arbeitssituation den Spuren von Weiblichkeit, von Fürsorge, Schöngeisterei, Altruismus, Karriereverzicht etc. nachgehen, sie mit dem Etikett "typisch Frau" belegen würde, ohne zu fragen, was denn diese Verhaltensweisen hervorbringt und welch andere auch noch existieren.

Die Qualität weiblicher Berufsarbeit ist mit solch vorschnellen Assoziationen - z. B. zum Begriff "Gebrauchsorientierung" - nicht erfaßt. Ich will deshalb im nächsten Abschnitt noch einmal zusammenfassen, was ich unter "weiblichem Arbeitsvermögen" verstehen möchte. Welche objektiven Momente weibliche Berufspraxis bestimmen können, soll kurz angedeutet werden. Abgeschlossen wird dieses Kapitel durch einige typische Bilder zur Frauenberufsarbeit.

5.1. Konstitution und Qualität des weiblichen Arbeitsvermögens

Eine These dieser Überlegung war, daß einem besonderen Arbeitsgegenstand - z. B. der Hausarbeit - auch besondere Aneignungsweisen (= Praxis, Arbeit) entsprechen. Arbeitsvermögen wird in der Auseinandersetzung mit diesem Arbeitsgegenstand hergestellt, modifiziert, weiterentwickelt und weitergegeben. ARBEIT ist also das Bestimmungsmoment des weiblichen Lebenszusammenhanges, des weiblichen Arbeitsvermögens und der gesellschaftlichen Stellung der Frau heute - und nicht die weibliche "Biologie", auch nicht Wertvorstellungen über Ideologien. Letztere verweisen wieder zurück auf ARBEIT. Weibliches Arbeitsvermögen wird durch die historische Beschränkung von Frauen auf Hausarbeit, deren reale größere Naturgebundenheit und durch die lebenslange Verinnerlichung des "Leistungszieles" private Reproduktion hervorgebracht.

5.1.1. Die Naturgebundenheit der Arbeit als ein Bestimmungsmoment des weiblichen Arbeitsvermögens

Im 3. Kapitel war bereits die im Vergleich zu Beruf größere Naturgebundenheit des Gegenstandes der Hausarbeit herausgearbeitet worden. Diesem Arbeitsgegenstand entsprechen typische Qualitäten des Arbeitsvermögens - Fähigkeiten, Verhaltensweisen, Ideologien etc., die eine konkrete Person je nach Nähe oder Distanz zum Arbeitsbereich Familie unterschiedlich entwickelt hat. So sind z. B. eine Orientierung an der Gegenwart, am Konkreten, Vorfindbaren, am Erfolg, der unmittelbar aus jeweiligen Aufgaben kommt, eine Meisterschaft im Konkreten, Bewährten, ein Desinteresse am Expansiven, Zukünftigen, soweit es den Rahmen der augenblicklichen Aufgabe sprengt, so sind Empathie und Intuition, Erfahrung und divergentes Denken vor allem Qualitäten des weiblichen Arbeitsvermögens auch in der Berufsarbeit. Sie weisen zurück auf Hausarbeit. Warum?

Zunächst kann man von einer Enge, einer Bornierung der Arbeitsweise in der Familie sprechen: Der Arbeitende bleibt abhängig vom Rhythmus innerer und äußerer Natur, dem Willen des Kindes, Hunger und Müdigkeit, Tag- und Nachtwechsel - diese Naturabhängigkeit läßt ihm kaum Möglichkeit zur Eigeninitiative, individuellen Tüchtigkeiten, wie sie z. B. für die Berufsarbeit teilweise noch gelten. Der "Hausarbeitende" muß abwarten können.

Die Arbeit wird unmittelbar durch die innere Logik eines Bedürfnisses in ihrer Methode bestimmt. Die Bornierung der Arbeitsweise drückt sich daher in einer beschränkten Verfügbarkeit über abstrakt gewonnenes, also losgelöst vom konkreten Problem entwickeltes Wissen aus. Der Arbeitsgegenstand kann erst in der konkreten Situation, also direkt angeeignet, erfahren etc. werden, nicht vorherberechnet, geplant, es sei denn, man hat bereits Erfahrung gemacht. Verlangt wird also eher Erfahrung und ihre Methode (vgl. Kap. 3), die Fähigkeit, eine Situation schnell und richtig zu deuten, zu verstehen, Meisterschaft und Erfolg liegen daher weniger in der Erfindung neuer Techniken und Methoden, sondern eher in der meisterlichen Deutung und Erfahrung der dem Gegenstand angemessenen Lösung.

Die Arbeitsweise ist also eher auf Erhaltung und Sicherung des Vorfindbaren, Augenblicklichen gerichtet als auf Vergrößerung, Gewinn. Vielleicht läßt sich ein Teil weiblicher Verweigerung beruflicher Mobilität und Flexibilität, das fehlende berufliche Statusdenken von Frauen und das, was als besondere "arbeitsinhaltliche" Orientierung (Beck-Gernsheim 1976) berufstätiger Frauen erscheint, auf den im Arbeitsbereich Familie erfahrenen Vorrang des unmittelbar Vorfindbaren, Aktuellen zurückführen.

Ein weiteres Moment des Arbeitsvermögens ergibt sich aus der scheinbaren Unsystematik einer ganzheitlichen, nur bedingt rationalisierbaren, zeitlich manipulierbaren Hausarbeit. Gerade diese scheinbare Unsystematik und Diffusheit verlangt vom "Hausarbeitenden" Erfahrungswissen, Intuition und manchmal originelle, d. h. nicht wiederholbare Problemlösungen. Weil aber unter Bedingungen industrieller Warenproduktion und durch die Trennung von Beruf und Hausarbeit die Arbeit der Frau nicht mehr aus sich heraus naturwüchsig ist - die Naturwüchsigkeit vielmehr auch gesellschaftlich hergestellt und auch teilweise wieder verhindert wird - läßt sich die Qualität des weiblichen Arbeitsvermögens auch nur idealtypisch aus der Naturgebundenheit des Arbeitsgegenstandes herleiten. Ich möchte daher viel allgemeiner von einer "Reproduktionsbezogenheit" des weiblichen Arbeitsvermögens sprechen: Reproduktion wurde ja in ihrer Ambivalenz dargestellt.

5.1.2. Die Reproduktionsbezogenheit des weiblichen Arbeitsvermögens

Vielleicht wurde bis hierher deutlich, daß das, was man gern zum Unterschied von Mann und Frau erklärt, aus der jeweils besonderen Konstitution von Beruf und Hausarbeit unter Bedingungen industrieller Warenproduktion resultiert. Was man sehr schnell mit typisch weiblich oder typisch männlich etikettieren möchte, hängt letztlich mit unterschiedlichen Aneignungsweisen eines naturgebundenen bzw. eines tauschvermittelten Gegenstandes zusammen. Ein eher naturwüchsiger Arbeitsgegenstand - agrarische Produktion oder Hausarbeit z. B. - verlangt geschlechtsunspezifisch entsprechende Arbeitsweisen, Arbeitsvermögen. Typisches weibliches Verhalten ließe sich dann aus der jahrtausende währenden gesellschaftlichen Beschränkung von Frauen auf unmittelbare Reproduktion erklären.

Die Fähigkeit zur Hausarbeit wird den Mädchen nicht automatisch mit der Geburt in die Wiege gelegt: Es gibt keine geborenen Mütter und Ehefrauen, noch entsprechende angeborene Fähigkeiten. Die der Hausarbeit entsprechenden Qualitäten des weiblichen Arbeitsvermögens werden durch bestimmte gesellschaftliche, vor allem durch besondere auf das Mädchen gerichtete erzieherische Arrangements hergestellt. Empathie, Erfahrungswissen, divergentes Denken, wesentliche Aneignungsweisen eines naturwüchsigen Arbeitsgegenstandes, entstehen erst in der mehr oder weniger "arrangierten" Auseinandersetzung der Tochter, der heranwachsenden Frau mit Anforderungen privater Reproduktionsarbeit (Belotti 1975, Scheu 1977).

Es ist ohnehin schwierig, wenn nicht sogar falsch, von d e m w e i b l i c h e n A r b e i t s v e r m ö g e n zu sprechen. Jedes Arbeitsvermögen - jeder Mensch - verändert sich; bestimmte Qualitäten des Arbeitsvermögens werden im Laufe des Lebens aufgebraucht, modifiziert, oft aber auch erst spät durch bestimmte Erfahrungen oder erst in bestimmten Situationen, durch z. B. völlig neue Anforderungen etc. hervorgebracht.

Aber ich glaube dennoch, daß "dem weiblichen Arbeitsvermögen" eine Besonderheit zukommt, die ich hier "Reproduktionsbezogenheit" nennen will. Frauen sind nicht nur beim Eintritt ins Berufsleben, in ihrer Berufspraxis, besonderen Problemen konfrontiert, die sich von denen der Männer durchaus unterscheiden. Ein wichtiger Grund hierfür liegt - oberflächlich betrachtet - darin, daß unsere Gesellschaft "Vaterschaft" rein formal juristisch betrachtet, "Mutterschaft" jedoch inhaltlich und umfassend begreift; daß Frauen in dieser Gesellschaft daher allein die ganze Last des Mutter-Daseins zukommt und noch die kompensatorische der Familienarbeit. Ich gehe davon aus, daß die Besonderheit des weiblichen Arbeitsvermögens in der Auseinandersetzung von Frauen mit einem noch naturgebundenen Arbeitsgegenstand - körpergebundene Bedürfnisse der eigenen Person, der Kinder, des Ehemannes - hergestellt wird. Diese "Auseinandersetzung" trifft in irgendeiner Form jedes Mädchen und jede Frau; sie bestimmt ihre SELBST-Findung und -Wahrnehmung, schließlich ihren Lebensweg, auch wenn sich eine Frau gegen Familie oder Ehe entscheidet.

Die Identifikation mit Hausarbeit im weitesten Sinn kann durchaus erzwungen und schmerzlich begriffen werden: Weiblicher Lebenszusammenhang, weibliche Kultur, heißt ja jenseits aller ideologischen Verklärung durchaus realer Erfahrung von Fürsorglichkeit, Zärtlichkeit, Geduld, Verstehen, auch Erfahrung von Bornierung, Zwang, Geringschätzung, Ausbeutung und Unterdrückung, perpetuiert durch Geschichte. Frausein bedeutet auch Angriff auf das ohnehin kaum entwikkelte SELBST-Bewußtsein. Ein SELBST zu besitzen, gilt als weibliche Egozentrik: Die Entwicklung eines SELBST war schon in archaischen, mit natürlichen Vorgängen abstrakt identischen Gemeinschaften schwierig. In der naturwüchsigen Atmosphäre der Familie bleibt der Frau nichts, was wirklich dem SELBST dienen könnte, was angeeignet werden kann, außer Kinder und Wohnung, Waschmaschine und vielleicht das "eigene Äußere". Von daher kommt dem eigenen Haushalt, dem eigenen Mann, der eigenen Waschmaschine, den eigenen Kindern auch jene fatale Anerkennungsdimension zu, die eine Vergemeinschaftung von Reproduktionsaufgaben bisher verhindert hat. Der der Frau unterschobene Masochismus, ihre Tendenz zur Selbstverleugnung, -zurücknahme, kommt zum Teil aus der Schwierigkeit, aus einer noch eher naturgebundenen Arbeit Selbstwert zu ziehen; die Eigenleistung, das Gefühl, etwas selbst vollbracht zu haben, tritt oft hinter den Zwang adaptiv zu reagieren zurück. Das im Arbeitsvermögen eingebundene Gefühl eigener Minderwertigkeit resultiert aber auch aus einer geschlechtsspezifischen Arbeitsteilung, die in historischer Kontinuität den Frauen jene Arbeiten überläßt (aufzwingt?), die wegen ihrer größeren Unmittelbarkeit und Naturabhängigkeit, nicht ohne weiteres zu "verberuflichen" sind: Es ist Arbeit, die dann aber in einer Gesellschaft, deren Maxime fortschreitende Unterwerfung innererer und äußerer Natur (als Motor von Wachstum) ist, geringgeschätzt wird.

Die Besonderheit des weiblichen Arbeitsvermögens verdankt sich aber nicht nur jener schmerzlichen und ambivalenten Identifikation mit privater Reproduktionsarbeit. Vielleicht ist das weibliche Arbeitsvermögen auch mitbestimmt durch die größere Naturgebundenheit weiblicher Existenz - z. B. durch Schwangerschaft, antizipiert oder real erfahren. Ich begreife das im Gegensatz zu einigen Feministinnen (Beauvoir,

Firestone, Scheu) als Chance, nicht als Handicap: als Chance, andere als berufliche (hier: tauschbezogene im umfassenden Sinn) Strukturen zu erfahren, transparent zu machen und weiterzugeben.

Die Eigenart der Hausarbeit, die Übernahme von Elementen dieser Arbeitsweise und ihrer gesellschaftlichen Einschätzung in das Selbstbild wird objektiv zur fundamentalen Bestimmung "des weiblichen Arbeitsvermögens". Hausarbeit wird zur subjektiv und objektiv erwarteten "Leistung" der Frau.

Daß sich Frauen selbst aus dieser Leistung heraus begreifen, zeigen die verschiedenen Formen abweichenden Verhaltens von Mädchen und Frauen, wenn es ihnen nicht gelingt, dieses gesellschaftlich und von ihnen selbst definierte "weibliche Erfolgsziel" (Gipser 1975, S. 33 f) zu erreichen.[2]

Erreicht die Frau ihr Ziel nicht, ihr Ziel, das nicht im beruflichen Bereich liegt, außer da, wo es der unmittelbaren Daseinsvorsorge dient (als Zuverdienst) oder mit dieser in engem Zusammenhang steht, wird ihre Identität und ihr Selbstverständnis, wie sie sich begreift und von anderen begriffen werden will, bedroht. Die Kehrseite dieses weiblichen Selbstverständnisses besteht dann häufig darin, daß sich erfolgreiche berufstätige Frauen in ihrer "weiblichen Identität" bedroht fühlen: Beruflicher Erfolg geht häufig mit der Angst vor einem Identitätsverlust einher (Horner 1971, S. 97 f). Dies gilt um so mehr, weil die Übernahme der weiblichen Geschlechtsrolle konkret und anschaulich am Beispiel der Mutter vor sich geht.[3] Ob die Frau diese Rolle ablehnt oder sie bereitwillig akzeptiert, beide Verhaltensweisen bestimmen ein "weibliches" Ich; immer weiß die Frau um das angenommene oder abgelehnte Erfolgsziel.

" Als Erfolgsziel für Mädchen aus den verschiedensten Bevölkerungsgruppen gilt gleichermaßen: Ehe und Familie stehen im Vordergrund alles Erstrebenswerten oder doch zumindest die Herstellung einer befriedigenden Partnerbeziehung - befriedigend insofern, als sowohl der Partner wie die Beziehung sozial wie individuell anerkannt werden.

Diesem Ziel werden andere Erfolgsziele, die vor allem für Jungen gelten, wie beruflicher Erfolg, sozialer Aufstieg, Erhöhung des Lebensstandards usw. untergeordnet, da ihr Erreichen als abhängig von der Partnerwahl (vom Status des Partners) gesehen wird. ... Als Folge des gesellschaftlich definierten Erfolgszieles stehen in der Sozialisation von Mädchen persönliche Beziehungen im Vordergrund, und die Erwartungen, die an Mädchen herangetragen werden, beziehen sich in erster Linie auf den häuslichen Bereich, und können daher viel leichter als andere Erwartungen in der Familie vermittelt werden." (Gipser 1975, S. 34 f)

Viele Untersuchungen suggerieren, daß Frauen freiwillig jenes Erfolgsziel "Familie", Zweierbeziehung etc. anstreben. Von Freiwilligkeit könnte jedoch nur dann die Rede sein, wenn die einfachsten objektiven Voraussetzungen für eine andere "alternative" weibliche Lebensweise in unserer Gesellschaft existierten. Die Entscheidung, nicht Familienfrau sein zu wollen, ist hier mit so viel Hindernissen und Belastungen verbunden, daß die meisten Frauen vor einem Leben jenseits dieser "Rolle" zurückschrecken. Sie waren bislang besser versorgt, wenn sie darauf achteten, daß der Mann beruflich funktionierte. Das war lange Zeit die affirmative Funktion der Frau als Ehefrau und Mutter. Das Fehlen jener objektiven Voraussetzungen für eine Erweiterung des weiblichen Lebenszusammenhanges erinnert daran, daß Hausarbeit in unserer Gesellschaft, wie in jeder warenproduzierenden, also auch in staatssozialistischen Ländern und selbst noch in China, gesellschaftlich notwendige Arbeit ist. Die vergleichsweise höhere Frauenarbeitslosigkeit, die nicht in der Statistik zu erscheinen braucht, weil die Frauen wieder reibungslos in ihrer Familie untertauchen oder, wie viele arbeitslose junge Mädchen, "gewaltsam" eine eigene Familie gründen, das geringe Angebot und die reale Verfügbarkeit von qualifizierten, längerfristigen Lehrstellen und Berufstätigkeiten für Frauen sind Ausdruck der Abhängigkeit von Beruf von weiblicher Reproduktionsarbeit. Ebenso erklärt sich letztlich die Geschlechtsspezifik der Curricula, der Bücher, der Medien, die unterproportionale Beteiligung von Frauen in den Gremien, wo auch über ihre Belange gesprochen und entschieden wird, in den Medien, in Gewerkschaften, in den Parteien. Die Frauenfrage kann und darf gesellschaftlich und politisch nicht anders als mit einem erneuten Zwang zur Übernahme von privater Reproduktionsarbeit in einer warenproduzierenden Gesellschaft gelöst werden. So sinnvoll zunächst "Babyjahr" und "Hausfrauengeld" erscheinen mögen, es sind doch nur Versuche, "Frauen bei der Stange zu halten", sie zur Mutterschaft, zur Hausarbeit anzuregen. Aber der Hausfrauenlohn würde die Frauen nicht aus der Bornierung und Abhängigkeit befreien, er kann die Arbeit, losgelöst aus dem Gesamtzusammenhang, nicht sinnvoller erscheinen lassen. Frauen wissen das, sie reagieren entsprechend: Sie wissen, es gibt für sie noch keine Existenz außerhalb dieser gesellschaftlich erzwungenen Rolle, die in der weiblichen Sozialisation und in der Identifikation der heranwachsenden Frau nur antizipiert wird. Dies zeigt sich in dem, was man "Doppelrolle" nennt: Hier sind die Nachteile der Arbeit in der Familie mit den Nachteilen der Berufsarbeit multipliziert. Für welche Frau hat sich die angebotende Emanzipation - Berufstätigkeit und Partnerschaft - noch nicht als Bumerang entlarvt? Deshalb und weil die Hausarbeit auch wirklich eine zu Beruf entgegengesetzte Qualität aufweisen kann, wird sie zum Erfolgsziel vieler Frauen. Ich denke hier an das mit Hausarbeit assoziierte Versprechen und die reale Erfahrung von Fürsorglichkeit, Wärme, Schönheit, Ruhe, Glück, Liebe, "Erfolg ohne Arbeit", die ein Mädchen im Elternhaus auch genießen darf - eher als Kampfspiele.

Ich möchte im folgende dieses gesellschaftlich vorgesehene und von den Frauen wie ambivalent auch immer akzeptierte "weibliche Erfolgsziel" private Reproduktion, Ehe und Familie, zum Strukturierungsmoment weiblicher Berufsarbeit machen. Ich will also Frauen im Beruf nur unter der Perspektive "Reproduktionsbezogenheit" betrachten und andere sicher ebenfalls relevante Bestimmungsmomente vernachlässigen (z. B. Struktur des Berufes oder Eigenart des Betriebes).[4]

5.1.3. Weibliches Arbeitsvermögen im Beruf: Orientierung am Arbeitsbereich Familie, Instrumentalisierung[5] des Arbeitsvermögens für Ehe und Familie

Die Verwiesenheit der Frau auf ihr Erfolgsziel Familie strukturiert latent oder manifest ihre Interpretation der beruflichen Situation und die Begegnung der Frau mit anderen Arbeitenden, ihren Kunden und Klienten. Was das bedeuten kann, soll in diesem Abschnitt in einigen Hypothesen formuliert werden.

Nachfolgende Hypothesen sind auf der Basis qualitativen Materials aus Untersuchungen zur Lage der Industriearbeiterin gewonnen.[6] (Hermes 1926, Franzen-Hellersberg 1931, Herzog und Schneider 1970, Dehler 1974, Eckart/Jaerisch/Kramer 1976, Wurzbacher 1958).
Sie können aber, mit einigen Abstrichen, auch für Frauen in Semi-Professionen (Etzioni 1969) und hochqualifizierte Frauen (Fogarty u.a. 1971 und Bock-Rosenthal 1975) gelten. Hinter diesen Hypothesen steht die Frage, die sich sehr schnell bei der Durchsicht des qualitativen empirischen Materials ergibt: Wie ist es erklärbar, daß Frauen mit dem ihnen zugeschriebenen besonderen Arbeitsvermögen, das ja leicht Assoziationen mit "Gebrauchsbezogenheit", "Fürsorglichkeit", "Wärme" etc. anregt, in der beruflichen Arbeitssituation sich nicht nur ausnahmsweise, sondern oft durchgängig als rücksichtslos auf den eigenen Vorteil, auf die eigene Stückzahl, auf das eigene persönliche Verhältnis zum (männlichen) Vorgesetzten etc. bedacht zeigen; daß sie, wie die männlichen Kollegen selbst verwundert bemerken, härter mit den anderen Frauen konkurrieren, Schwächen anderer Frauen für ihre eigene Selbstdarstellung gegen die anderen verwenden? Warum sind Frauen über lange Etappen hinweg (viel längere, als Männer aushalten würden) gleichgültig gegen die konkrete Arbeit oder Arbeitssituation (die sie ja in Solidarität mit anderen zumindest ansatzweise abändern könnten, ohne sofort entlassen zu werden); warum kämpfen sie nicht kollektiv um die gleiche Bezahlung, warum geht ihnen so oft dieses "Gemeinschaftsgefühl", das ja eingentlich ein Element der unmittelbar reproduktiven Tätigkeit ist, in der beruflichen Arbeitssituation ab?

Das weibliche Arbeitsvermögen ist eher reproduktionsbezogen, d.h. es wird durch die Auseinandersetzung der heranwachsenden Frau mit der Qualität von Hausarbeit in unserer Gesellschaft hervorgebracht, wie auch durch die Erfahrung objektiver Schranken einer weiblichen

Existenz jenseits von Hausarbeit. Frauen ziehen daher im allgemeinen häusliche unmittelbar reproduktive Arbeit vor. Hausarbeit wird zur primären Orientierung des weiblichen Arbeitsvermögens, Beruf daher selten zum wesentlichen Element in der Lebensweise einer Frau. Auch die weibliche Berufswahl, die sich signifikant von der männlichen unterscheidet - was sicher auch objektive Gründe hat - kann als Selektion (Auswahl und Bevorzugung) auf der Grundlage des weiblichen Erfolgszieles verstanden werden. Berufliche Arbeitssituationen scheinen von Frauen um so besser "verarbeitet", bewältigt, ertragen, auch instrumentalisiert werden zu können, je größer ihre Affinität (Verwandtschaft) zu typischen Situationen privater Reproduktionsarbeit ist.

Frauen haben vielleicht ein besonderes Arbeitsvermögen. Die Aktualisierung der mit diesem Arbeitsvermögen verbundenen Fähigkeiten, Verhaltensweisen etc. hängt davon ab, ob die jeweils konkrete Berufstätigkeit in ihrer betrieblichen Organisation so strukturiert ist, daß eher "weibliche" Arbeitsweisen zur Geltung kommen können (Berufs- und Betriebsaspekt). In der Regel werden Frauen im beruflichen Selektionsprozeß nach den Kriterien unmittelbar reproduktiver Arbeit ausgesucht (geschlechtsspezifische berufliche Arbeitsteilung). Berufsarbeit, von Frauen ausgeübt, bleibt Arbeit für Tausch - "Erziehen als Beruf" z. B. hat außer dem Namen nicht mehr mit "Erziehen in der Familie" gemein. Feminisierung bestimmter Berufe heißt nicht Ausrichtung der Berufe nach Strukturmerkmalen von Hausarbeit - dies ist ja gerade strukturell ausgeschlossen - Feminisierung heißt nur, daß bestimmte in einem Beruf eingebundene Fähigkeitskombinationen mit dem weiblichen unmittelbar reproduktiven Arbeitsvermögen besonders kompatibel sind.

Die Ausrichtung des weiblichen Arbeitsvermögens auf unmittelbare Alltagssicherung ist die Leistung, die von der Frau erwartet wird und die die meisten Frauen von sich selbst erwarten. Sie entspricht der beruflichen Leistung des Mannes und ist Grundlage weiblicher Identitätsbildung. Zwar ist private Reproduktionsarbeit keine wertbildende Arbeit, sie folgt auch nicht unmittelbar Zeit- und Kostenökonomie. Dennoch ist die Wiederherstellung von Arbeitsvermögen durch die Hausarbeit und ihre wichtigste Trägerin produktive Arbeit, zugleich so etwas wie ein Gebrauchswertversprechen des weiblichen Arbeitsvermögens, sein Tauschwert auf dem Heiratsmarkt und auf dem "geschlechtsspezifischen Arbeitsmarkt" (Beck-Gernsheim 1976). Das weibliche Arbeitsvermögen kann deshalb als "Warenform" bezeichnet werden,

- weil Frauen gezwungen sind, vereinzelt gegeneinander um einen Mann, eine - die eigene - Familie zu konkurrieren, auch
- weil das weibliche Arbeitsvermögen für bestimmte Berufstätigkeiten eine geeignete Merkmalskombination aufweist, und
- weil Frau auch im Beruf zur Absicherung ihrer "Leistung" Strategien verwenden, die ähnlich wie berufliche Strategien als tauschorientiert bezeichnet werden können (z. B. Konkurrenz um Gunst des männlichen Vorgesetzten, "wer leistet mehr, besser" etc).

Weibliches und berufliches Arbeitsvermögen unterscheiden sich durch den jeweils unterschiedlichen Arbeitsgegenstand. Diese unterschiedlichen Arbeitsgegenstände bedingen auch jeweils unterschiedliche Arbeitsweisen innerhalb der jeweils konkreten Arbeit. Die Art aber, wie Frauen als Trägerinnen unmittelbarer Daseinsvorsorge ihren Status repräsentieren, die Art wie sie diese gesellschaftlich durchsetzen, unterscheidet sich nicht unbedingt von den Mitteln beruflichen "bargainings". Der Mann als typischer Berufsträger bedient sich ähnlicher Strategien zur Verteidigung und Durchsetzung des "Marktwerts" seiner "Warenform" (beruflicher Fähigkeitskomplex). Auch Frauen konkurrieren miteinander zur Durchsetzung ihrer "Warenform". Beide, Mann und Frau, instrumentalisieren ihr jeweils spezifisches Arbeitsvermögen für "Eigeninteressen": der Mann (nicht der "Massenarbeiter", dessen Arbeitsvermögen Elemente "weiblicher Kultur" trägt!) instrumentalisiert sein Verhalten in Richtung auf sein berufliches Fortkommen, das seine Identität begründet; die Frau (ähnlich der Massenarbeiter) instrumentalisiert ihr Arbeitsvermögen im Hinblick auf Sicherung der augenblicklichen Existenz, wobei "Erwerbsarbeit" als ein Instrument unter anderen aufgefaßt werden kann. Von dieser Gewährleistung des alltäglichen Überlebens hängt ihre soziale und persönliche Identität ab, ihr SELBST; nicht zu vergessen, jene mehr oder weniger bewußten, durchaus tauschorientierten Strategien um geheiratet zu werden, versorgt zu sein.

Ich möchte daher das weibliche Arbeitsvermögen auch in der Berufsarbeit ambivalent begreifen und zwar unter der Perspektive seiner Reproduktionsbezogenheit: Frauen wählen Berufe, die im Arbeitsgegenstand - allerdings meist nur oberflächlich dem Namen nach - und in den vermuteten Qualifikationen an Hausarbeit erinnern. Ist solche eine Affinität im Beruf und seiner betrieblichen Organisation angelegt, kann mit einem beruflichen Engagement von Frauen oder aber auch mit einer Kompensierung von Belastungen durch den Beruf gerechnet werden. Andererseits verwenden Frauen zur Sicherung alltäglicher Daseinsvorsorge - ihrer "Leistung" - Strategien, wie sie eigentlich typisch für Beruf sein sollen, z. B. Konkurrenz untereinander, Gleichgültigkeit gegen die konkrete Arbeit, ausschließliches Interesse am Lohn, Abstraktion von der eigenen augenblicklichen psychophysischen Befindlichkeit ... Ich werde versuchen zu zeigen, daß die Qualität dieser weiblichen Berufsstrategien keineswegs nur ein Anpassungsprozeß an Überlebensstrategien im beruflichen Alltag darstellen, sondern Ausdruck der Reproduktionsbezogenheit weiblicher Berufsarbeit sind.

5.2. Exkurs: Das Zusammenspiel von weiblichem Arbeitsvermögen, Struktur der Berufstätigkeit und Eigenart des Betriebes in der weiblichen Berufspraxis

In diesem Kapitel soll weibliche Berufsarbeit unter dem Aspekt der subjektiven Seite der Arbeit, des Arbeitsvermögens, und spezifischer unter dem Aspekt der Reproduktionsbezogenheit des weiblichen Arbeitsvermögens betrachtet werden. Solche eine Beschränkung stellt allerdings eine Abstraktion von der Realität dar: Arbeitsvermögen wird im Lebenslauf und in konkreten Situationen erst immer wieder hervorgebracht und weiterentwickelt.

5.2.1. Die Konstitution weiblicher Berufsarbeit - lebensgeschichtliche Erfahrung einer Frau, objektive Eigenart eines Berufes, konkreter Beruf

Jede Berufspraxis, auch die weibliche, entsteht erst durch das Zusammenwirken von Elementen der Person des Berufstätigen, also des weiblichen Arbeitsvermögens in seiner biographischen Ausprägung, von Eigenart und Besonderheiten des Berufstyps und des Betriebes. Diese Konstellation von objektiven und subjektiven Momenten muß analysiert werden, will man realistische Aussagen über eine konkrete Berufspraxis erhalten.

Diese wechselseitige Verschränktheit unterschiedlichster objektiver und subjektiver Bedingungen weiblicher Berufstätigkeit verbietet daher auch eine eindeutige Einschätzung der Möglichkeit und Qualität weiblicher Berufstätigkeit.

Dies wird deutlich in der Untersuchung von Diezinger-Marquardt/Weltz. Sie kommen zum Ergebnis, daß

" ... nicht Berufstätigkeit 'an sich' als bedeutender Erfahrungsbereich von Frauen untersucht werden kann, sondern daß je nach Beruf die Erfahrungsmöglichkeiten spezifisch vorstrukturiert sind und auch der allgemeine Konflikt zwischen Beruf und Familie je verschieden thematisiert wird ... Die unterschiedlichen Erfahrungsmöglichkeiten, die durch einen spezifischen Beruf abgesetzt werden, lassen sich an drei wesentlichen Dimensionen aufzeigen, die je Beruf unterschiedlich ausgeprägt sind ...

Die Qualifikationsanforderungen eines Berufes können Momente enthalten, die Frauen die Identifikation mit diesem Beruf erleichtern und damit Bedeutung für die Berufspläne (Kontinuität, Aufstiegsorientierung etc.) erlangen. Jeder Beruf legt von den Tätigkeitsmerkmalen her bestimmte Belastungsmomente fest, die, besonders die Identifikationsdimension des Berufs, die Vermittelbarkeit von Beruf und Familie mit bestimmen ... die Qualifiziertheit der Tätigkeiten, die man ausüben oder via Aufstieg erreichen kann, (beeinflußt) die Abhängigkeit der Erhaltung dieser Qualifikation von kontinuierlicher Berufstätigkeit ...

Die Ausprägung der drei Dimensionen Identifikation, Belastung und Qualifikation und ihr spezifischer Bezug zueinander bestimmen die unterschiedliche berufliche Situation und stecken damit zugleich den Rahmen ab für berufliche Erfahrungen und die Ausprägung bestimmter beruflicher Verhaltensweisen (Einsatzbereitschaft, Verantwortlichkeit für den Produktionsablauf, Gratifikationsinteressen, Kontinuität der Berufstätigkeit etc.).

Berufliche Orientierungen ... werden aber nicht allein durch diese drei Dimensionen eines jeweiligen Berufs bestimmt, sondern nicht zuletzt durch die Form, wie das 'verberuflichte Arbeitsvermögen' von Frauen im betrieblichen Produktionsprozeß eingesetzt wird ... Betriebe knüpfen beim Einsatz von Arbeitskräften an dem spezifischen Arbeitsvermögen , ... um spezifische Nutzungsinteressen durchsetzen zu können " (Projektpapier Diezinger/Marquardt 1977, S. 16-17).

Man kann die Frage nach weiblicher Berufsarbeit etwa so stellen: Können Frauen ihr unmittelbar reproduktives Arbeitsvermögen in die berufliche Arbeit einbringen (Person-Aspekt), wenn ja, welche Eigenarten der auszuübenden Berufe kommen bzw. stehen diesem besonderen Arbeitsvermögen entgegen (Berufsaspekt) und welche Betriebe bringen überhaupt erst solch ein reproduktionsbezogenes Verhalten hervor, begünstigen oder behindern es?

Die "Reproduktionsbezogenheit" weiblicher Berufspraxis kann also auch durch die Eigenart des Berufs und des Betriebes, nicht nur durch die Frau selbst hergestellt oder begünstigt werden.

Reproduktionsbezogenheit weiblicher Berufspraxis kann bedeuten, daß Frauen als Ehefrauen, Mütter, oder in Antizipation der bereits verinnerlichten unmittelbar reproduktiven Arbeit, auch als Reaktion auf eine "Doppelbelastung" ein besonderes Arbeitsvermögen haben und dieses mit in die Berufsarbeit einbringen. Diese Reproduktionsbezogenheit kann (zusätzlich oder auch nicht) aus betrieblichen Einsatzstrategien resultieren, die immer mit der Diskontinuität weiblicher Berufsverläufe und einem hohen "transfer" (hier: Übertragbarbeit, Verwertbarkeit) unmittelbar reproduktiver Verhaltensweisen für bestimmte Berufe rechnen. Es gibt zugleich ein "gesellschaftliches" Angebot an typischen Frauenberufen (Lehrerin, Krankenschwester, Sekretärin, Näherin ...); hier wäre die "Reproduktionsbezogenheit" strukturelles Merkmal des Berufes selbst, zunächst unabhängig davon, wie die Frau den Beruf begreift ...

Wie eine Frau z. B. als Friseuse ihren Beruf wahrnimmt und ausübt, hängt ab

- von der Eigenart des Friseurberufes, "Handwerk" zu sein. "Handwerk" bedeutet eine "ganzheitliche" Organisation des Arbeitsgegenstandes, d.h. daß - zumindest in kleinen Betrieben - jeder alles machen kann, oft auch macht (also: Putzen, Einkaufen, Waschen, Schneiden ...). Der Beruf ist also nicht "hierarchiekonform" geschnitten, zumindest nicht in dem Ausmaß wie industrielle Berufe oder solche in großen Organisationen. Die Friseuse behält im mittleren Handwerksbetrieb den Überblick über die Arbeit, vom Eintritt der Kundin in den Laden bis zu deren Urteil über die Arbeit. Im Friseurberuf sind also Produzentenstolz, hohe Identifikation mit der Arbeit, Interesse am Gelingen etc. bereits strukturell angelegt. (Dies gilt zunächst für die meisten Handwerksberufe: so für den Beruf der Näherin, solange er nach Handwerkskriterien ausgebildet wird - nicht mehr in der realen Berufsausübung als hochintensivierte Industrietätigkeit);
- von der betrieblichen Organisation des Handwerksberufs: Betriebs-

größe, Kundenzahl, Lage des Betriebes (Stadt, hier: Eigenart des Viertels, Land), Schicht und Alter der Kundschaft. Man kann auch im Friseurberuf zwischen (meist größeren) Betrieben mit arbeitsteilig ausdifferenzierten, hierarchisch ungleichwertigen Spezialfunktionen etc. und in kleinen kundenorientierten Betrieben mit einem eher partnerschaftlichen Verhältnis der Arbeitenden untereinander, die allerdings sich von ihrer Arbeit kaum ernähren können, unterscheiden. (Allerdings sind Betriebsgröße und die Art kollegialer Beziehungen nicht immer in dieser Weise verknüpft). In der Regel verhindert die betriebliche Organisation des Friseurberufes einen beruflichen Aufstieg: Der Meistertitel an sich bringt keine Vorteile; auch deshalb tritt eine instrumentelle Arbeitsorientierung hinter ein Interesse an der Arbeit als solcher zurück ...

- von der persönlichen Erfahrung der Frau mit Berufstätigkeit, sei es der eigenen Eltern oder ihrer spezifischen Verarbeitung des Widerspruchs zwischen Beruf und Hausarbeit. Für viele Frauen ist der Friseurberuf zugleich die Möglichkeit, den Wunsch nach Schönsein, Körperlichkeit, auch die Vorstellung, als Frau für Fragen der Schönheit, des Stils etc. kompetent zu sein, bereits auf einer wenig qualifizierten Stufe in den Beruf einzubringen (ähnlich: Schneiderin): Der Friseurberuf steht auch noch im Zeichen von Jugendarbeitslosigkeit jeder Frau offen. In diesem Kontext - personengebundenes Arbeitsvermögen und lebensgeschichtliche Erfahrung von Mädchen und Frauen, darf nicht die "Fristigkeit" (Marquardt u.a.) der Berufsplanung im Friseurberuf unterschlagen werden, die wiederum die konkrete Berufspraxis beeinflußt.

In der konkreten Berufspraxis treffen also subjektive Bedingungen auf objektive Strukturen der Arbeit: beides - ein Subjektivismus, der die Person allein Beruf machen läßt, und ein Objektivismus, der angesichts betrieblicher Verwertungsstrategien und objektiver Berufsstruktur vergißt, daß konkrete Menschen erst Beruf herstellen, ist falsch. Auch die konkrete Hausarbeit war als Zusammenwirken von Lebensgeschichte der Frau, der des Mannes und der spezifischen Abhängigkeit der Reproduktionseinheit vom "Lohn" begriffen worden.

5.2.2. Einige Hinweise auf den spezifischen Einsatz von Frauen im "Betrieb"

Mit welcher objektiven betrieblichen Wirklichkeit wird nun das weibliche Arbeitsvermögen, jetzt ungeachtet seiner subjektiven Befindlichkeit, konfrontiert?

Zur näheren Kennzeichnung betrieblicher Einsatzstrategien soll auf die Forschungsarbeiten des Instituts für sozialwissenschaftliche Forschung (ISF, Altmann/Bechtle/Düll 1974) zurückgegriffen werden.

Betriebe stellen in dieser Forschungsperspektive den historischen Ort dar,

" an dem konkret die Verfügung über Arbeitskräfte sich vollzieht".

" Der Betrieb ist nämlich ... die historische Form, in der sich Einheit und Gegensatz zwischen den Erfordernissen der Kapitalverwertung und denen der Reproduktion von Gesellschaft ausdrücken. Bezogen auf den Einsatz von Arbeitskraft heißt dies, daß betriebliche Verfügungs-, Nutzungs-, Gratifizierungsformen den Wert des eingesetzten Kapitals erhalten und erhöhen sowie die qualifikatorische, physisch-psychische, soziale etc. Reproduktion der Arbeitskraft ermöglichen müssen." (ebenda S. 2)

Der Wert des eingesetzten betrieblichen Kapitals wird erhalten bzw. erhöht durch die Möglichkeit der Aufrechterhaltung der "Differenz zwischen der Wertschöpfung lebendiger Arbeit im Produktionsprozeß und der Identifizierung des gesellschaftlichen Wertes der Arbeitskraft" (ISF, S. 7).

Die Chance des Betriebes liegt nun genau darin, mit Hilfe bestimmter Arbeitsformen durch die Gestaltung des Produktionsprozesses, bzw. durch betriebliche Strategien an sich, durch Herrschaft, Technologie und Organisation, diese Differenz aufrechtzuerhalten, evtl. zu erhöhen. Die Betriebe haben die Chance,

" die gesellschaftliche Produktionskraft lebendiger Arbeit durch Bereitstellung und Gestaltung der materiellen Bedingungen der Produktion zu entwickeln und den Wert der in den Produkten vergegenständlichten Arbeit der nicht zur psychischen, physischen, moralischen Reproduktion der Arbeitskraft eingesetzt werden muß, sich anzueignen und wiederum in Kapital zu verwandeln. Der Wert der Arbeitskraft ist auf gesellschaftlich notwendige Arbeit reduziert, deren Höhe vom technisch-organisatorischen Entwicklungsniveau der Produktionsprozesse abhängt und davon, daß die aufgewandte Arbeit dem jeweiligen Umfang gesellschaftlicher Bedürfnisse nach verschiedenen Produkten entspricht" (ebenda).

Betriebliches Handeln hat das Ziel, das aus dieser Herstellung und Sicherung der Differenzen zwischen Wertschöpfung und Wert der Arbeitskraft resultierende Machtverhältnis durch Herrschaft, Technologie und Organisation aufrechtzuerhalten, wie im betrieblichen Arbeitseinsatz deutlich wird. Nichts anderes bedeutet betriebliche "Kostenökonomie" (vgl. dazu auch RKW I, 1970, S. 157 f). Der Sicherung dieser Differenz wird nicht nur die Gestaltung des kapitalistischen, sondern jedes Arbeitsprozesses unter Bedingungen fortgeschrittener Warenproduktion unterworfen.

Aus der Sicht des Betriebes wird die möglichst beliebige Verfügbarkeit über ein personengebundenes Arbeitsvermögen zur Bedingung. Die These dieser Arbeit besagt ja, daß die Komplementarität von weiblich-reproduktiver und beruflicher Arbeit auch darin besteht, daß durch die Arbeit der Frau ein Potential an Arbeitsvermögen ausgebildet wird, das unspezifisch einerseits und doch spezifisch genug sein muß, um den Anforderungen der beruflichen Arbeit genügen zu können.

" Maximale Transformationsbreite der lebendigen Arbeit in maximale Bestimmbarkeit für beliebige Zwecke ist eine Grundbedingung kapitalistischer Rationalität, deren Unabhängigkeit von konkreter Arbeitskraft" (ISF S. 14).

Betriebliche Arbeitsprozesse sind deshalb so gestaltet, daß einmal über das konkrete Arbeitsvermögen mit seinen besonderen inhaltlichen Fähigkeiten das Betriebsziel: Ausschöpfen der Differenz von Wertschöpfung und Wert der Arbeitskraft realisiert werden kann, ohne zugleich den Arbeitsprozeß auf seine verschiedenen Bestimmungsmomente derart inhaltlich festzulegen, daß von dieser Besonderheit nicht mehr abstrahiert werden kann.

> " Objektives Gestaltungsprinzip bei der Verwirklichung des Kapitalverhältnisses im Produktionsprozeß ist es in der "besonderen Bestimmtheit" den abstrakten Charakter der Arbeit zu realisieren, ohne die "Gleichgültigkeit gegen jede Bestimmtheit" im gesellschaftlichen Verwertungsprozeß selbst zu gefährden. Variable Bestimmbarkeit der Arbeit ist die Voraussetzung ihrer Verwertung unter verschiedenen konkreten (historischen) Bedingungen" (ebenda).

Der Einsatz von weiblichen Arbeitskräften kann nun als eine besondere Form betrieblicher Kostenökonomie angesehen werden.[7] Dies gilt vor allem für die von Frauen monopolisierten an- und ungelernten Tätigkeiten in der Metallindustrie (Elektrotechnik), Textil- und Nahrungsmittelindustrie, aber auch für die Tätigkeiten mit einer nur geringen Anlernzeit im Angestelltenbereich (Steno-, Datentypistinnen, Locherinnen, Kassiererinnen).

Aus der Sicht des Betriebs ist das weibliche Arbeitskräftepotential unspezifisch genug, um an unterschiedlichsten Arbeitsplätzen in unterschiedlichen Wirtschaftsbereichen disponibel eingesetzt werden zu können. Es ist andererseits doch spezifisch genug, um gerade für bestimmte unqualifizierte Tätigkeiten verwertbar zu sein. Es ist auch spezifisch im Hinblick auf die Besonderheit weiblichen Arbeitsvermögens, einen großen "transfer" von sensumotorischen und sozialen Fertigkeiten in den beruflichen Arbeitsprozeß zu ermöglichen. Auf diesen "transfer", auf diese Übertragbarkeit von sensumotorischen und auch "sozialen" (extrafunktionalen!) Fertigkeiten, wie sie in der Komplexität des weiblichen Arbeitsvermögens als organische Ganzheit enthalten sind, wird beim Einsatz weiblicher Arbeitskraft spekuliert.

Weibliche Arbeitskräfte kommen der betrieblichen Kostenökonomie entgegen z. B. durch folgende Merkmale ihres besonderen Arbeitsvermögens:

- hoher vermuteter "transfer" von sensumotorischen Fertigkeiten der unmittelbar reproduktiven Tätigkeit (Fingerfertigkeit, Geschicklichkeit),

- hoher "transfer" von "sozialen" Fertigkeiten, wie "Verharren-Können", Geduld, Orientierung an der Sicherung unmittelbarer Reproduktion, nicht so sehr an der Qualität des Arbeitsplatzes oder an Aufstieg, "Karriere" etc.
- geringe Reproduktionskosten, von daher niedriger "Preis" der weiblichen Arbeitskraft. In den Lohn gehen in der Regel ja nur die Kosten für eine spezielle betriebliche und überbetriebliche Ausbildung ein. Außerdem entfallen bei Frauen in der Regel die Kosten für Umschulung und Weiterbildung, (Frauenarbeitslosigkeit vgl. Jurczyk 1976 und Kerrner 1976) da ihre Arbeit entweder "fristig" (Sauer/Weltz 1976) ist und/oder auf ein nicht ausgeschöpftes Reservoir an billigen, disponiblen weiblichen Arbeitskräften zurückgegriffen werden kann (vgl. Weltz 1971).

Die nur phasenweise Erwerbstätigkeit der Frau, deren "Diskontinuität", ist ein weiterer Faktor betrieblicher Kostenökonomie ("Diskontinuität bedeutet aber im Regelfall die Akzeptierung einer Marginalrolle am Rande der Berufssphäre") (ebenda, S. 213). Diese Diskontinuität weiblicher Erwerbstätigkeit läßt aus der Sicht des Betriebes ein bloß aktives Training weiblicher Anlernlinge an Arbeitsplätzen, die nur sensumotorische Fertigkeiten verlangen, billiger erscheinen. Es hat sich gezeigt, daß bei Frauen im allgemeinen eine theoretische (mentale, also abstrakte) Einführung in die industrielle Arbeit eher leistungshemmend wirkt. Das kann man vielleicht durch die Orientierung weiblichen Arbeitsvermögens an Sinnlich-Konkretem und durch den Vorrang von empirischem Wissen und "learning-by-doing" in der Reproduktionsarbeit erklären (vgl. Rohmert, Rutenfranz, Ulich 1971, S. 93 f).

Frauenindustriearbeit ist meist arbeitsintensiv, Möglichkeiten weiterer Mechanisierung sind gering (wegen häufigen Produktionswechsels, kleinen Serien z. B. in der Bekleidungsindustrie., dazu: Wegehaupt-

Schneider), meist sind sie auch nicht rentabel für die Betriebe, solange Frauen billiges und disponibles Arbeitskräftepotential darstellen. Da weibliche Industriearbeit von den Frauen selbst und von den Betrieben vor allem als Zuarbeit verstanden wird, brauchen die Folgeprobleme von Arbeitsintensivierung - z.B. schnellerer und rücksichtsloserer Verschleiß von Arbeitskraft - nicht in die Lohnbestimmung einzugehen. Wen interessiert es, daß die Arbeiterin nach zehn Jahren Fließbandarbeit psychisch und physisch kaputt ist?

Andererseits - verläßt man die Ebene der an- und ungelernten weiblichen Tätigkeiten - ist die Spezifität des weiblichen nicht-berufsarbeitsbezogenen, eigentlich unmittelbar reproduktiven Arbeitsvermögens (Diskontinuität und hoher "transfer" sensumotorischer Fähigkeiten, Bevorzugung des "learning-by-doing") für viele Arbeitsorganisationen und da für qualifizierte Tätigkeiten ein wesentliches Moment des Ausschlusses von Frauen aus den Berufen. Hier liegt eine Ursache für die Behinderung, Benachteiligung von Frauen, was Aufstieg, Entlohnung, Inhalt der überlassenen Arbeitsaufgaben etc. betrifft (vgl. Fogarty u.a. 1971). Frauen werden als Hindernis auf dem Weg zur Professionalisierung einer Tätigkeit angesehen, sei es Sozialarbeit (Otto/Utermann 1971) oder der Beruf des Grundschullehrers (Reinhardt 1972, Purvis 1973, Etziono 1969).

Frauen erschweren die Professionalisierung eines Berufes wegen der "Diskontinuität" ihrer Berufstätigkeit, wegen ihres niedrigen "work commitment", d.h., daß Frauen weniger "berufsbezogen" (hier: sach- und aufstiegsbezogen) arbeiten als Männer, daß sie vielmehr "soziale" und reproduktionsbezogene Bedürfnisse auf die Berufsarbeit übertragen.

Kann man im Hinblick auf die betriebliche Kostenökonomie, da wo Frauen bevorzugt und ausschließlich eingesetzt werden, von einer "Kompatibilität des inkompatiblen Verhältnisses" von Strukturmerkmalen weiblicher und beruflicher Arbeit sprechen, so scheinen Frauen doch im Großen und Ganzen den Anforderungen beruflicher Arbeit nicht recht "gewachsen" bzw. von Ausschlußregeln des Berufs betroffen zu sein. Zwar verlangen automatisierte Produktionsprozesse objektiv in steigendem Maße eher intuitive Fähigkeiten der Arbeiten, wie sie für Frauen beschrieben wurden (vor allem im Instandhaltungsbetrieb). Dennoch kann bezweifelt werden, daß Frauen die Chance erhalten, hier tätig zu werden. Dies läßt sich einmal mit der strukturellen Lehrstellenknappheit in den ohnehin bislang von Männern monopolisierten technischen Berufen erklären. Ein weiterer Grund für die Weigerung vieler Betriebe, Frauen für hochqualifizierte Arbeiten zuzulassen, liegt jedoch in der "Diskontinuität" weiblicher Berufstätigkeit.

Faktoren, wie Diskontinuität weiblicher Erwerbstätigkeit, Qualifikationsdefizite etc. verdecken jedoch die Tatsache, daß solange Hausarbeit notwendige Arbeit ist, immer nur ein Teil der Gesellschaft frei für Berufsarbeit ist; sie verdecken auch, daß die meisten männlichen Berufstätigen, gerade weil private Reproduktion unabdingbare Voraussetzung für ihre Berufsfähigkeit ist, kaum an einer Einbeziehung von Frauen in - gerade die besseren - Berufe interessiert sind: dies käme ja einer Mehrarbeit des Mannes, einer Mitarbeit im Haus gleich. Die Geschichte der Vertretung weiblicher Interessen durch die Gewerkschaft zeigt diese "patriarchalische" Seite der Benachteiligung von Frauen in Betrieben ...

5.3. Die Ähnlichkeit zwischen weiblicher Berufsarbeit und Arbeit und Arbeitsweisen in der Familie

Die typischen weiblichen Berufstätigkeiten stehen in einem relativ engen inhaltlichen Zusammenhang zur weiblichen reproduktiven Arbeit. Das gilt unabhängig davon, ob eine wirkliche Berufswahl (meist nur für qualifiziertere Berufe) stattfinden konnte, oder ob die Tätigkeiten Frauen als einzige (Erwerbs-)Möglichkeiten angeboten wurden. Es besteht eine doppelte Affinität von weiblich unmittelbar reproduktiver Arbeitsaufgabe und weiblicher Berufstätigkeit.

Affinität weiblicher Berufsarbeit zur Hausarbeit - objektive Ebene:

a) Auswahl des beruflichen Arbeitsgegenstandes:
Soweit möglich konzentriert sich die weibliche Berufswahl auf die Tätigkeiten des "Dienstleistungsbereichs", die einen direkten Kontakt mit Kindern, Menschen, Kranken, Hilfesuchenden etc. ermöglichen. Hierunter wären Berufe zu fassen, wie z. B.

- die medizinischen Berufe, soweit Frauen alle Hindernisse, die Professionen ihnen entgegenstellen, überwinden können, hier wählen Frauen wiederum weibliche Alternativen - entweder "Kinderärztin", oder medizinisch-ärztliche Hilfsberufe, wie Anästhesie, Laborberufe, wie "Krankenschwester" - Berufe, die aus der Delegation von Arbeitsaufgaben des Arztes z. B. nach "unten" (im Hinblick auf geringere Bezahlung, Stellung in der Hierarchie etc.) entstanden sind (Semi-Professionen!) und in der Regel die männliche Profession von unmittelbar konkreten "patientorientierten" Arbeitsweisen befreien, auch von Zulieferarbeiten ...
- der Lehrerinnenberuf in seiner typischen Ausprägung als Arbeit in der Grundschule; hier hat ebenfalls eine Delegation sinnlich intuitiver Fähigkeiten stattgefunden;
- die Kindergärtnerin, die Sozialarbeiterin;
- aber auch Verkaufs-, Büroberufe (Banken, Versicherungen);
- bestimmte Berufe im Handwerk, z. B. künstlerische Berufe, die sich allerdings in der Realität z. B. für die Grafikerin als stumpfsinnige, schematische, keineswegs kreative Zeichnertätigkeit erweisen können, auch alle Körperpflege- und Dekorationsberufe ...

b) Die Vertrautheit des Arbeitsmittels:
Frauen bevorzugen Tätigkeiten, in denen Arbeitsmittel verwendet oder

gehandelt oder hergestellt werden, die ihnen aus der häuslichen Tätigkeit unmittelbar bekannt sind: Stoff (Textilbereich), Konsumgüter, vor allem Lebensmittel, Kosmetik; hierunter fallen Tätigkeiten in der Verarbeitung und im Verkauf dieser Güter.

c) Ähnlichkeit der Arbeitsorganisation:
Hier kann natürlich nicht eine durchgängige Ähnlichkeit betrieblicher hierarchischer Arbeitsorganisation und der Organisation der Arbeit der Frau in der Familie gemeint sein. Auf der Ebene der Affinität von "Arbeitsorganisation" ergibt sich allerdings eine gewisse Parallele des Verhältnisses Mutter/Kind oder Ehefrau/Ehemann; gedacht wird hier an die "Lehrerin", an die "Kindergärtnerin", die "Säuglingsschwester", auch wenn hier sicher deutlich wird, daß diese Berufe als "Arbeit für Tausch" in keinem Fall die emotionale Ausschließlichkeit der Mutter-Kind-Beziehung herstellen: Auch für die Lehrerin ist das Erreichen des Klassenziels Zweck des beruflichen Handelns, unabhängig von den Bedürfnissen der Schüler ... Eine Parallele zur familialen Zuordnung Mann/Frau findet sich vor allem in der Beziehung der männlichen Profession zur weiblichen Semi-Profession: Ähnlich wie die Ehefrau durch ihre Arbeit den Mann "frei" macht für berufliches bargaining, arbeitet die Sekretärin dem Chef vor, zu usw.

Diese drei Bestimmungsmomente der objektiven Seite der Arbeit, wie sie in die Affinität von unmittelbar reproduktiver Arbeit zur weiblichen Berufstätigkeit eingehen, können wiederum nur analytisch getrennt werden. Oft gehen alle drei Momente gemeinsam in die typisch weibliche Berufswahl ein. Im Beruf der Krankenschwester z. B. sind zwei Bestimmungsmomente enthalten: Krankenpflege ist eine typische Hausarbeitstätigkeit; zugleich nimmt die Arzt/Krankenschwester-Beziehung einige Elemente der Ehemann/Ehefrau-Beziehung an.

Ebensowenig analytisch zu trennen von den vorausgegangenen objektiven Momenten der Berufsaufgabe in ihrer Affinität zur Hausarbeit ist die

Affinität der konkreten Fähigkeiten der Frau zu beruflich geforderten: Die Berufstätigkeiten, die von Frauen selbst gewählt oder ihnen zugewiesen werden, verlangen bis zu einem gewissen Grad Fähigkeiten, wie sie für das weibliche unmittelbar reproduktive Arbeitsvermögen typisch sind.

Solche Fähigkeiten stehen in engem Zusammenhang mit der "Naturwüchsigkeit", "Naturgebundenheit", der "Unmittelbarkeit" und Ganzheit der unmittelbar reproduktiven Arbeit. Diese Fähigkeiten können operationalisiert werden, etwa als

- kontemplative Fähigkeiten (Verharren, Verweilenkönnen, Ausdauer ...)
- Zurückstellen der eigenen körperlichen psychischen etc. Befindlichkeit
- Konzentration auf die Bedürfnisse der anderen (Empathie und Intuition)
- "Sensibilität": Fähigkeit zur Habitualisierung von Handlungsabläufen, sensumotorische Fähigkeiten allgemein, Sensibilität im Bezug auf Material, aber auch im Bezug auf zwischenmenschliche Beziehungen (sinnliche Intuition, "Erfahrungswissen").

Wiederum können solche Fähigkeiten nur analytisch getrennt ausgeworfen werden und wiederum ist klar, daß solchen Fähigkeiten, werden sie in beruflichen Situationen aktualisiert, eine andere Qualität zukommt, als im Reproduktionsbereich. Fast allen von Frauen ausgeübten Berufsarbeiten kommt die Qualität "Fristigkeit" zu: Fristigkeit in dem Sinn, daß die Arbeit entweder so psycho-physisch belastend begriffen werden muß, daß sie nur in Teilzeitarbeit oder nur vor der Ehe ausgeübt werden kann. Nur die Fiktion der Fristigkeit solcher Tätigkeiten hilft Frauen diese Arbeiten ein Leben lang oder längere Zeit auszuhalten; und/oder Fristigkeit in dem Sinn, daß die Entlohnung der Arbeit eine ganze Familie nur knapp am Existenzminimum halten würde - dies gilt auch für qualifizierte Büroberufe und Semiprofessionen. Die nur gerade ausreichende Bezahlung dieser Berufstätigkeiten ist ein weiterer Grund, der Frauen zwingt, ihre eigentliche Arbeit und Versorgung in Ehe und Familie zu suchen. Hier bedingen sich weibliches Arbeitsvermögen und geringe Bezahlung wechselseitig: Dadurch, daß weibliche Berufstätigkeiten Elemente "weiblicher Kultur" enthalten, die zwar funktional für die berufliche Ausübung der Tätigkeit, aber "extrafunktional" erworben sind, gehen diese Elemente sozusagen "gratis" in den beruflichen Fähigkeitskomplex von Frauen ein. Denn extrafunktionale, nicht besonders (eigens) ausgebildete Verhaltens-/Arbeitsweisen sind in der Entlohnung entweder nicht oder nur zu einem geringen Teil enthalten.

Schema 3:
Betrachtet man das Schema 3 (siehe S. 215), so fällt zunächst auf, daß sich die qualifizierteren Berufe von un- und angelernten Berufen dadurch unterscheiden, daß für sie eine Vertrautheit mit dem Arbeitsgegenstand (Erziehen, Heilen, Pflegen, Versorgen) und vielleicht mit den entsprechenden Arbeitsmitteln (falls man den Einsatz bestimmter Techniken der Überredung, Überzeugung usw. unter diese Kategorie fassen will) vorliegt. Damit eng verknüpft ist in diesen Berufen eine Vertrautheit mit quasi familialen Beziehungsstrukturen; die berufliche Arbeit ist derart über "Rollen" organisiert, daß ein Vergleich mit Eltern/Kind- oder Ehemann/Frau- oder vor allem bei der jugendlichen Arbeiterin mit Vater/Tochter-Beziehungen legitim erscheint (vgl. die Angst des Mädchens vor "Liebesverlust" des männlichen Vorgesetzten).

Die typischen qualifizierten Frauenberufe sind durch soziale Kontakte (Verkäuferin) und/oder ein Klientenverhältnis auf der Ebene Mutter/Kind, Mann/Frau gekennzeichnet.

Alle qualifizierten Frauenberufe (Lehrberufe, Berufe mit Fach- und Hochschulausbildung) besitzen Elemente dieser Vertrautheit der Frau mit den objektiven Arbeitsbedingungen (a, b, c,) aufgrund der Nähe der beruf-

SCHEMA 3: <u>Vertrautheit von weiblicher Berufstätigkeit mit der Arbeit in der Familie</u>

Ebenen	Berufe	Industriearbeiterinnen z.B. Näherin		Büroberufe z.B. (Sekretärin)		Semiprofessionen Lehrerin	Kr.schwester	Sozialpädagogin
ARBEIT	VERTRAUTHEIT a) Arbeitsgegenstand	-	-	-	-(+)	+	+	+
	b) Arbeitsmittel (Maschine, Werkzeug, Material)	-(+)	+	-	-	+(-)	+(-)	+(-)
	c) Arbeitsorganisation (Mutter/Kind Mann/Frau)	- -(+)	- -(+)	- +(-)	- +	+ -	+ +	+
ARBEITS-VERMÖGEN	FÄHIGKEITEN a) Kontemplation (Habitualisierungs-vermögen)	+	+	+	-(+)	-(+)	-(+)	-(+)
	b) Ausdauer (Resistenz)	+	+	+	+	+	+	+
	c) Sensibilität (Sensumotorische Fer-tigk., Materialgefühl, Einfühlungsvermögen)	+ + -	+ + -	+ - -(+)	-(+) - +	- - +(+)	- - +(-)	- - +
	FRISTIGKEIT (Zu-/Mitverdienst)	+	+	+	+(-)	-	+(-)	-
	Hohe Beanspruchung	+	+	+	+	+	+	+

lichen Arbeit (Arbeitsgegenstand, ...) zur Arbeit der Frau im Reproduktionsbereich. In einigen Berufen dominiert die Ehemann/Ehefrau-Situation, z. B. bei der Sekretärin, der Arzthelferin, der Krankenschwester usw. Vielleicht ist diese Affinität von "weiblicher Kultur" und feminisierten qualifizierten Berufen ein Grund dafür, warum diese qualifizierten Frauen, so sehr sie auch die Arbeit nur als Mit-/Zuverdienst definieren, an der konkreten Arbeitsaufgabe selbst inhaltlich und emotional interessiert sind: Der Gegenstand der Arbeit ist ihnen vertraut, es besteht in der Regel keine "Statusinkonsistenz". Solche qualifizierten weiblichen Berufe sind ein Kompromiß für Frauen, beruflich zu arbeiten, ohne in ihrer Identität bedroht zu sein, ohne die gesellschaftlichen Erwartungen an die "Rolle der Frau" allzu sehr zu mißachten.

Andererseits wird deutlich, daß die Berufswahl zwar hier von Frauen wegen der inhaltlichen Nähe des Berufs zur Arbeit der Frau im Reproduktionsbereich getroffen wird, was im übrigen manchmal auch für industrielle Tätigkeiten, wie z. B. die der Näherin, auch für weibliche Handwerksberufe zutrifft, daß aber eine Aktualisierung weiblicher Fähigkeiten (vgl. Schema 3) funktional nicht unbedingt notwendig ist (umsoweniger, je weiter "oben" eine weibliche Berufstätigkeit in der Prestigehierarchie der Berufe steht); in manchen Berufen kann eine solche Aktualisierung sogar hinderlich werden.

So hat z. B. der Beruf der Lehrerin eine hohe Affinität zum Arbeitsgegenstand der weiblich reproduktiven Arbeit (Kindererziehung). Aber für die Ausübung des Berufs kann u. U. eine Aktualisierung weiblicher Fähigkeiten hinderlich sein: Bei allzuviel Einfühlungsvermögen, Geduld, Nachsicht etc. wird das Leistungs-/= Klassenziel nicht erreicht. Ähnliche Beispiele gelten für die Arbeit der Krankenschwester etc. im Konflikt zwischen wissenschaftlicher, sachbezogener und ganzheitlicher, patientorientierter Medizin. Man denke nur an die Tendenzen einer Verwissenschaftlichung der Pädagogik, durchaus im Interesse einer Professionalisierung der zugehörigen Berufe, wie Kindergärtnerin, Sozialarbeiterin, Psychagogin etc. Es wäre eine interessante empirische Frage, zu untersuchen, ob und in welchen Konflikt Frauen in ihrer Berufsarbeit geraten, gerade durch die Eigenheit beruflicher Strukturen, von unmittelbar vorgefundenen Lebenslagen zu abstrahieren. Berufe verhindern eigentlich empathische, sinnlich intuitive etc. Fähigkeiten. Der Berufstätige braucht sich nicht die Frage zu stellen (Logopädin), warum ein Kind stottert, Angst hat, sondern kann durch (quasi verhaltenstherapeutische, lerntheoretische) wissenschaftliche Techniken das Kind zum anvisierten Lernziel (nicht mehr zu stottern) - gleich welche Symptomverschiebung folgt - bringen (vgl. die Verwendung von Psychopharmaka in Nervenheilanstalten).

Eine empirische Untersuchung von Frauen in qualifizierten Berufen hätte sich m. E. auf die Frage zu konzentrieren, inwieweit Frauen Beziehungsstrukturen etwa analog der Mutter-Kind-Beziehung (wo sie einigermaßen funktioniert), mit ihrer Empathie, Geduld etc. in der beruflichen Situation realisieren, bzw. realisieren können. Welchen Einfluß haben z. B. Architektinnen, denen man eine Vertrautheit mit der Arbeit der Frau (Hausarbeit, Kindererziehung etc.) unterstellen können müßte (jedenfalls in größerem Umfang als ihren männlichen Kollegen), auf die Gestaltung der Wohnung als Arbeitsbereich der Frau?

Diese Fragen können hier nicht beantwortet werden. Wenn man allerdings spontan sagen würde, daß der Eintritt von Frauen in z. B. eher männliche Berufe diese qualitativ nicht verändert, oft eher im Gegenteil, Frauen instrumentaler an die berufliche Arbeit herangehen als Männer, ist das dennoch keine Widerlegung der These der Besonderheit weiblichen Arbeitsvermögens. Bis zu einem gewissen Grad bestätigt dies diese sogar.

Die These, daß Frauen im Beruf immer noch irgendwie an der Besonderheit privater Reproduktionsarbeit orientiert bleiben, meint für qualifizierte Berufe vor allem eine Nähe zum Arbeitsgegenstand, nicht so sehr Aktualisierung gebrauchsbezogener, empathischer, kontemplativer Verhaltensweisen. In dieser Nähe des Arbeitsgegenstandes und in geringerer Aufstiegsorientierung (im Vergleich zu Männern) drückt sich die Reproduktionsbezogenheit der qualifizierten Frau aus (Fogarty 1971 und Purvis 1973, Epstein 1971).

Im Schema 3 fällt auf, daß im Gegensatz zu den qualifizierten Frauenberufen sich die Affinität der Merkmale weiblich reproduktiver Arbeit zu bestimmten industriellen Tätigkeiten auf dem Komplex der Fähigkeiten konzentriert.

Bestimmte industrielle Tätigkeiten (auch Bürotätigkeiten), die bislang nicht von männlichen Arbeitern übernommen werden, verlangen für ihre Ausübung bestimmte Elemente des weiblichen Arbeitsvermögens, z. B. Geschicklichkeit, die Fähigkeit bestimmte mechanische Handlungsabläufe habitualisieren, Ausdauern und Resistenz, (was die eigene Gesundheit, Befindlichkeit betrifft etc.), "Ökonomie mit dem Material", ein Materialgefühl kombiniert mit jenen sensumotorischen Fertigkeiten, zugleich die Fähigkeit, auch mit schlechtem Material und auch nur hinreichend funktionierenden Maschinen zu arbeiten und dennoch gute Arbeit zu leisten.

Die Tätigkeit der un- und angelernten Arbeiterin verlangt in einem Ausmaß weibliche Fertigkeiten, vor allem jene sensumotorischen (Geschicklichkeit) und auch Fähigkeit wie "Kontemplation" etc. (Habitualisierungsvermögen, Monotonieresistenz etc.), die aus der Vertrautheit des weiblichen Arbeitsvermögens mit der Naturgebundenheit, Naturabhängigkeit der reproduktiven Arbeitsaufgabe resultieren, wie sie männliche Arbeiter nicht erbringen können.

Das Schema 3 zeigt, daß es eine geschlechtsspezifische Ausprägung der Berufsstruktur gibt, die sich aus einer Nähe des Gegenstandes der Berufsaufgaben zum Gegenstand der Hausarbeit oder aus einer Nähe der beruflich geforderten Qualifikationen zu Elementen des weiblichen Arbeitsvermögens ergibt. Elemente des weiblichen Arbeitsvermögens kommen vor allem im Bereich von un- bis gering qualifizierten beruflichen Tätigkeiten zur Geltung, während eine Verwandtschaft des Arbeitsgegenstandes von Beruf und Hausarbeit bei qualifizierten Tätigkeiten hervortritt.

5.4. "Frauen im Beruf" - Instrumentalisierung des Arbeitsvermögens für den Alltag

Unter Instrumentalisierung des weiblichen Arbeitsvermögens für das Überleben im Alltag sollen Verhaltensweisen verstanden werden, wie z. B.

- Kontemplation: Monotonieresistenz, Ausdauer, Gleichgültigkeit gegen die Arbeit

- Orientierung am "Lohn", an der Leistung, gemessen in Geld, nicht so sehr an der Beschaffenheit der Arbeitsaufgabe, der Arbeitsorganisation, außer da, wo diese das Erreichen des Solls verhindert (z.B. schlechtes Material, schlechte Maschinen, langsame "Springerin, Einrichter), wenig Interesse an Gewerkschaft und Politik
- Versuch, die Leistung unter allen Umständen, auch auf Kosten der Gesundheit durchzusetzen, nur für ein Lob des männlichen Meisters (Angst vor "Liebesverlust" bei Versagen, sei es augenblicklich oder längerfristig als identitätsbedrohendes Versagen, die Reproduktion zu sichern)
- Konkurrenz, mangelnde Kooperation, die ja strukturell verhindert wird; jede kämpft für ihr "Soll".

Diese Elemente von Instrumentalisierung der Arbeitssituation sind immer zugleich politische Formen und Verarbeitungsweisen der Konfrontation von Frauen mit beruflichen Anforderungen. Auch in der größten Isolation und Konkurrenz verbindet Frauen nämlich gerade in der industriellen Arbeit die ökonomische Abhängigkeit, die Abhängigkeit ihrer eigentlich unmittelbar reproduktiven Arbeit vom Akkord, vom Lohn. Dies ist ihre gemeinsame Erfahrung. Dabei ist die gemeinsame Erfahrung nur vordergründig Lohn- oder Akkordarbeit. Die meisten un- bis gering qualifizierten Frauen teilen die Erfahrung durch Kinder, Familie oder einfach dadurch, daß sie Frauen sind, bestimmte unattraktive Arbeiten vollbringen müssen.

Die berufliche Arbeit der Frau bleibt für fast alle Frauen auf die Arbeit im Haus, in der Familie hin orientiert. Für diese eigentliche Arbeit können die weiblich reproduktiven Fähigkeiten instrumentalisiert werden:
- Instrumentalisiert dadurch, daß sie "Gebrauchswert" für den Betrieb sind, kompatibel mit bestimmten beruflichen Arbeitssituationen (vgl. Schema 3).
- Instrumentalisiert dadurch, daß Frauen bestimmte Fähigkeiten, um eine bestimmte restringierte Erwerbsarbeit ertragen zu können, für oder gegen sich anwenden (z.B. Vernachlässigung der eigenen Gesundheit, Resistenzverhalten, Habitualisierung selbstnegatorischer

Tätigkeiten, wozu sicher auch die Tätigkeit der Stenotypistin gehört).

- Ein weiteres Moment weiblicher Erwerbstätigkeit soll hier unter Instrumentalisierung gefaßt werden, weil es vordergründig Frauen "tauschorientiert", leistungsorientiert in der Berufsarbeit erscheinen läßt: das Verbot des Eingeständnisses der eigenen Schwäche. Frauen haben einen gemeinsamen Hintergrund, die (vielleicht auch nur antizipierte oder erträumte) Arbeit in der Familie. Gerade deshalb darf dieser für Frauen so wichtige Bereich - (das gilt für alle sozialen Schichten, nicht nur für einige Mittelschichtfrauen) - nicht angetastet werden: man erzählt sich zwar sexuelle Erlebnisse während der beruflichen Arbeit, vielleicht auch, daß man vom eigenen Mann geschlagen worden ist, man erzählt von Streit und Schwierigkeiten ... Aber man leidet nur (passiv!), man bricht in der Regel nicht aus: das hat alles eben so seine Ordnung, wie es im Großen und Ganzen in Ordnung ist, daß der Mann keine "Frauenarbeit" macht, sei es zu Hause oder im Betrieb. Das Gefühl der eigenen Minderwertigkeit, der ungerechten Behandlung wird verdrängt: "Männer können so etwas eben nicht" (vgl. hier zur Selbstironie der Frauen, Schneider 1970 und Herzog 1970). Und wenn Frauen jammern und schimpfen, dann arbeiten sie doch weiter - "an eine Veränderung glauben sie nicht" (Dehler 1974, S. 27). Dies erscheint weniger widersprüchlich, wenn man bedenkt, daß solche Aussagen die logische Konsequenz eines engen, starren, weiblichen Geschlechtsrollenstereotyps sind als Folge der Notwendigkeit privater Reproduktion: Unabhängig von der sozialen und persönlichen Befindlichkeit der Frau bleibt ihr die Sicherung der unmittelbaren Reproduktion überlassen, sie muß arbeiten, wenn der Lohn des Mannes nicht ausreicht, dann auch beruflich als Zuverdienerin.

Jede konkrete Beschreibung des Berufsverhaltens von Frauen wird auf eine Ambivalenz stoßen: Was auf den ersten Blick als typisch weibliche Berufspraxis erscheint, manifestiert sich bald als ein "berufliches bargaining", das männlichem in nichts an Sachlichkeit, Leistungsorientierung, an Härte nachstehen kann. Umgekehrt widersprechen bestimmte Berufsarbeiten radikal der Behauptung der "Schwäche des weiblichen Geschlechts" - wie diese Behauptung ja auch in Kriegszeiten regelmäßig in Vergessenheit gerät. Andererseits erweisen sich die psycho-physischen Beanspruchungen, die mit solchen Arbeiten verbunden sind, doch als weiblich: von Männern können sie nicht ausgeübt werden. Wieder erscheinen Frauen "tauschorientiert", leistungsorientiert, gleichgültig gegen die Arbeit, wie könnten sie sonst dauerhaft diese Arbeiten ausüben.

5.4.1. Semi-Professionen als qualifizierte Berufschance für Frauen - Heilen, Pflegen, Erziehen, Helfen, Dienen

Bereits die Definition einer Semi-Profession verweist auf eine Nähe zur Arbeit der Frau (vgl. Goode in Etzioni 1969, S. 272 f). Semi-Professionen haben wie die Professionen ein besonderes Klientel (Kranke, Kinder, sozial Schwache usw.), sie monopolisieren ein Bündel besonderer Fähigkeiten für sich und verweisen auf ein besonderes Arbeitsethos.

Die Semi-Profession als sozial weniger angesehener Teil der Professionen und als typisch weibliche Berufschance, ist entweder von einer nicht als Beruf ausgeübten Tätigkeit aufgestiegen, wie die Sozialarbeit von "guten Taten für die Armen"; oder eine Semi-Profession weist auf ein spezielles Bündel hochqualifizierter Fähigkeiten hin, allerdings mit einigen Elementen, die sie nicht zur Profession werden lassen (z. B. Abhängigkeit von einer Organisation, oder hoher Frauenanteil!); oder eine Semi-Profession ist dadurch entstanden, daß sich eine Profession spezialisiert und einige Elemente abgegeben hat (Delegation).

Daß eine inhaltliche Nähe zur Arbeit der Frau besteht, ist evident; daß dadurch eine empathische, fürsorgliche Eigenheit weiblicher Arbeit keineswegs zur Geltung kommen muß, wurde bereits gesagt. Zwar wäre die "pädagogische Rolle" (Lange-Garitsen 1972, S. 7 f) des Lehrers für solch weibliche Fähigkeiten offen, denn es gibt im Lehrerberuf keine Orientierung an verbindlichen Normen, keine gesichterte didaktische und pädagogische Theorie (ebenda). So sehr dieser Mangel an "fundiertem Wissen" einer Professionalisierung des Lehrerberufs im Wege steht, so scheint er doch eine Aktualisierung weiblicher Fähigkeiten wie Empathie, Intuition etc. zunächst eher zu begünstigen. Dies gilt aber nur, wenn man übersieht, daß der Lehrerberuf nicht nur und keineswegs primär durch die "pädagogische Rolle" definiert ist, sondern durch die Ausrichtung der pädagogischen Rolle auf das Organisationsziel "Leistung"; auch erwarten die Eltern vom Lehrer nicht pädagogische Kompetenz, sondern "bestimmte Berechtigungen für ihre Kinder als notwendige Voraussetzungen für deren sozialen Aufstieg" (ebenda, S. 20), bzw. eine Ausbildung, die die Kinder in die Lage versetzt, beruflich zu arbeiten. Eine besondere Qualität des Lehrerberufs scheint vor allem zu sein, die "Ambiguität" (Habermas) der unterschiedlichen Rollenerwartungen (Staat, Schüler, Eltern, Organisation), die eigentlich inhaltliches Engagement erschweren, auszuhalten. Diese "Ambiguitätstoleranz" ist für inhaltlich engagierte Lehrer ein kaum lösbares Problem. Dennoch ist dieser Beruf, gerade als Grundschullehrerberuf, höchst kompatibel mit weiblichem Arbeitsvermögen. Frauen sind in der Regel als Trägerinnen des Prozesses primärer Verinnerlichung beruflicher Normen mit mütterlichen Erziehungsmethoden, die auf einem sehr verfeinerten Mechanismus von Lob und Tadel aufbauen, vertraut. Auch den Grundschulkindern ist dieser Mechanismus sehr bekannt. Die Frau bringt sozusagen die "Dialektik" aus der Arbeitsweise privater Reproduktion mit. Diese Tätigkeit kommt Frauen entgegen, verhindert zugleich den Wunsch nach Mobilität. So hat eine Untersuchung ergeben, daß vorwiegend männliche Lehrer mobil sind und als Grund für diese Mobilität den Wunsch nach "höflicheren Kindern, Kindern aus besserem Haus", "Kinder mit größerem Sachinteresse" angeben (Purvis 1973). Der Lehrerberuf ist für Frauen ein privilegierter und qualifizierter dead-end-Beruf: Orientiert an der eigenen Familie, an der Möglichkeit, halbtags eine Unterbringung für die eigenen kleinen Kinder zu finden, nachmittags zu Hause zu sein, verhindert er weiterreichende Mobilität der Frauen, letztlich auch, was in der Literatur beklagt wird, eine hinreichende Professionalisierung des Berufs.

Der Beruf der Krankenschwester zeichnet sich einmal durch den vertrauten Gegenstand "Heilen", "Helfen" usw. aus. Er impliziert zugleich ein Patient/Mutter- und Mann (Arzt)/Frau-Verhältnis, beides konfligiert. Die Zuordnung der Krankenschwester zum Kompetenzbereich des Arztes, ihre Unterordnung unter sein Wissen - oft wider besseren Wissens der Krankenschwester - verhindert unter Umständen eine patientzentrierte ganzheitliche Betrachtung des Kranken auch bei der Krankenschwester (sieht man zusätzlich von der Konkurrenz der Schwestern untereinander und der großen körperlichen Beanspruchung ab).

Daß qualifizierte Berufe in einem engen inhaltlichen Zusammenhang zur Arbeit der Frau im Haus und in der Familie stehen, ist sicher unbestritten. Einige von Frauen besetzte Berufe sind durch die Ausdiffe-renzierung beruflicher Arbeitsaufgaben nach der Achse Emotionalität/ Instrumentalität oder unmittelbar bedürfnisbezogener Arbeit/Arbeit für Tausch entstanden: So soll der Beruf der Krankenschwester jene Komponente des Arztberufs bewahren, die einer Professionalisierung im Wege steht: Fähigkeitsbündel, die nicht auf Wissen, Technik beruhen, sondern auf anderen als beruflichen Qualitäten wie Intuition, Empathie, Geduld. Daß solche Fähigkeiten auch beruflich verhindert werden, ist ein anderes Problem. Ähnliche Prozesse lassen sich bei der hierarchischen Aufspaltung der Funktionen von Lehrer/Grundschullehrerin, Arzt/ Arzthelferin (schließlich auch für Chef/Sekretärin und ganz entfernt für Kaufmann als Eigentümer/Verkäuferin als nichtprofessionalisierte Tätigkeiten) feststellen. Die weiblichen Berufstätigkeiten, die sich historisch aus komplexen Berufen herausdifferenziert haben, haben die

Funktion, dem männlichen Berufsträger zu- und vorzuarbeiten, so daß er ohne Störung, Zeitverlust sich ausschließlich mit seiner Arbeit befassen kann, einer Arbeit, die dann in der Regel Fähigkeiten auf einem durchgängig höheren Qualifikationsniveau aufweist.

5.4.2. Die Sekretärin - Rekonstruktion eines Eheverhältnisses auf betrieblicher Ebene und Strukturierungsmoment eines Berufes

Besonders auffallend am Beruf der Sekretärin ist die Vielfalt und Uneinheitlichkeit der Arbeitsaufgabe, die ihr eine gewisse Ähnlichkeit mit dem Merkmal "Disposition" in der weiblich-reproduktiven Arbeit verleiht. Sie beinhaltet vor allem "vorbereitende", "nacharbeitende" (aufräumen, ordnen), "disponierende Funktionen" (vgl. Chaberny u.a. 1972, S. 240).

"Die Ehefrau"
packt seinen Koffer
schirmt ihn von den Kindern ab
bezahlt die Haushaltrechnungen
schickt die Weihnachtskarten ab
hört seinen Büroproblemen zu

"Die Sekretärin"
reserviert Flugplätze für ihn
schirmt ihn vor seinen Untergebenen ab
führt sein Spesenkonto
schickt die Weihnachtskarten ab
hört seinen Familienproblemen zu
.... je gehobener die Position des Managers, desto ähnlicher sind die Pflichten der Sekretärin denen seiner Ehefrau". (Aus: Benet 1975, S. 113)

Was den Beruf einer "Sekretärin" für viele Mädchen attraktiv macht - die meisten verdrängen, daß es sich hierbei oft um schematische Tipparbeiten handelt - ist gerade diese "eheähnliche" Berufssituation: ohne besondere, eigens ausgebildete Qualifikation - zu welcher abstrakten Fachkompetenz gehört jenes weibliche Einspringen, Aushelfen, Vermitteln, Besänftigen, "Freundlich-Sein", Nacharbeiten, Betreuen etc.?

- bzw. mit einer bestimmten Qualifikation (kaufmännische etc. Ausbildung) werden ganz unterschiedliche und zum Teil "berufsfremde" Arbeitsaufgaben erfüllt. "Berufsfremd" sind sie, weil Tätigkeiten wie Kaffekochen, Ärger und überflüssige Störungen fernhalten, aber auch Dienste, wie Termine vermerken und erinnern, Geburtstage von Kunden beachten etc. eigentlich unmittelbar personbezogene Dienste sind. Als solche sind sie nicht mehr unmittelbar sachbezogen, spezifisch, verweisen sie nicht mehr auf festgelegte Arbeitssituationen, sind sie nicht mehr distanziert und emotional neutral, oder doch?

Es bleibt der jeweiligen Frau überlassen, in der schwierigen, weil nicht eindeutig definierten Arbeitssituation der Sekretärin beides auszubalancieren: eine liebenswürdige, dienstbereite Atmosphäre herzustellen und gleichzeitig Distanz und Sachlichkeit zu wahren. Dies ist ein Dilemma, das es der Frau nicht ohne weiteres ermöglicht, auch noch verheiratet zu sein. Solche Frauen würden in der Terminologie von Marquardt/Weltz eine "Doppelehe" führen, die sie irgendwann zur Entscheidung - entweder Beruf oder Ehe - zwingen wird. Da, wo der "persönliche Dienst" strukturelles Moment eines Berufes (hier: eines Frauenberufes) ist, tritt er in Konflikt mit der persönlichen Dienstleistung der Frau im Reproduktionsbereich: sie kann nicht ohne weiteres "zwei Herren dienen" ... (ähnliches gilt für das Verhältnis Arzt/ Krankenschwester, Arzthelferin). Daß der persönliche "Dienst" hier ein qualitativ anderes Moment besitzt wie in der Hausarbeit, wird an der Tatsache sichtbar, daß man von der berufstätigen Frau erwartet, daß sie zwischen persönlichem Dienst und sachbezogener Distanz ausreichend vermitteln kann.

Für alle qualifizierten Berufe kann behauptet werden, daß eine Aktualisierung unmittelbar reproduktiver Verhaltensweisen, selbst auf der scheinbar persönlichen Ebene des Klienten-/Professional- oder Chef-/Sekretärinnen-Verhältnisses strukturell verhindert wird. Eine kritische Berufspraxis ist für Frauen daher nicht wahrscheinlicher als für Männer, auch wenn Frauenberufe strukturell reproduktionsbezogen sind (z.B. persönliche Dienstleistungen, Körperbezogenheit etc. einschließen). Der Berufstätige hat in jedem Moment in seiner Berufspraxis zwischen der Körper-/Dienst-/Bedürfnisbezogenheit seiner Arbeit und der von ihm geforderten neutralen, sachkompetenten Distanz zu vermitteln. Zugleich ist diese geforderte Distanz im Beruf die Chance, unterschiedlichen Aufgaben, Personen etc. ohne Verlust des eigenen Selbst und ohne Vorurteile gerecht zu werden.

Berufe haben andere Strukturmerkmale, andere Schneidungen von Arbeitsaufgaben, andere Zeitstrukturen etc., die persönliche zwischenmenschliche Beziehungen gar nicht zulassen, auch keine zeitextensive Beschäftigung mit konkreten Problemen, Menschen. Dies gilt für Männer und Frauen im Beruf. Deshalb dürften gerade die Professionen und Semiprofessionen, als typische Frauenberufe, die Fähigkeit verlangen, den Widerspruch zwischen konkretem Problem und beruflich strukturierter Lösung handlungsfähig auszubalancieren.

So würde z.B. die Therapeut/Klient- oder die Krankenschwester/Patient- oder die Sekretärin/Chef-Beziehung bestimmte weibliche Fähigkeiten verlangen, wie z.B. Empathie, Geduld, Freundlichkeit etc. Solche Fähigkeiten werden aber zum Teil bereits in der Ausbildung zurückgedrängt (Kohut) durch das Bewußtsein (abstrakt gelerntes) "Wissen" zu monopolisieren, das Erfahrungswissen, also sinnliche Intuition, oft sogar eine gründliche Anamnese überflüssig zu machen scheint - und das der Klient nicht kontrollieren kann. Auf der anderen Seite müßte gerade bei einer Frau eine Ahnung bleiben, daß es noch andere Möglichkeiten gibt, auf Probleme und Menschen zu antworten, als beruflich verankert sind. Die Berufsarbeit bleibt zugleich durch "Geld" vermittelt - auch für Frauen. Allein das Faktum "Geld" stellt eine Distanz her, die eine Aktualisierung von Empathie, Geduld, Intuition oft erschwert, wo sie nicht ohnehin durch Zeit- und Kostenökonomie strukturell verhindert wird.

Wie dieser Widerspruch verarbeitet oder überhaupt erfahren wird, hängt geschlechts un spezifisch von der Qualität der lebensgeschichtlichen Erfahrungen des Berufstätigen ab. Dabei kann die nach der Berufswahl einsetzende berufliche Sozialisation als allmähliche Anpassung eines wie immer noch-nicht-beruflich-ausgerichteten Arbeitsvermögens an die Berufsrealität begriffen werden: über eine "kritische" Berufspraxis und ihre Qualität kann ex ante nichts ausgesagt werden.

5.4.3. Die Industriearbeiterin - Interesse am Lohn als Interesse am alltäglichen Überleben

Im allgemeinen wird die "Industriearbeiterin" abstrakt "der Arbeiterklasse" zugeschlagen. Ihre Lage sei Klassenlage, nicht geschlechtsspezifisch, es sei z. B. die Spezifik der Technologie, die zwangsläufig so etwas wie weibliche Industriearbeit hervorbringt. Tatsächlich verdeutlicht die Industriearbeiterin den gesamtgesellschaftlichen Reproduktionszusammenhang = Repressionszusammenhang, wie keine andere Frau. Hausarbeit muß gemacht werden: Kommt der Mann gerade so für seine eigenen, nicht abschiebbaren unmittelbaren Bedürfnisse auf, bleibt der Frau der Rest der Hausarbeit für andere und noch die Lohnarbeit. In der Industriearbeiterin manifestiert sich die historische Kontinuität weiblicher Benachteiligung und die Rolle der Arbeit der Frau.

Industriearbeit, unqualifizierte Tätigkeit jeder Art, auch im Angestelltenbereich, ist oft die einzige und schlechteste Möglichkeit für Frauen, die tägliche Existenz mittelbar, also über Beruf, zu sichern. Es gibt hier kein Ausweichen, keine Verbesserung, die Frauen glauben selbst nicht mehr, daß es anders auch gehen könnte.

" ... In der Bekleidungsindustrie überwiegen manuelle, repetitive Tätigkeiten, die vor allem von Frauen ausgeübt werden. (Name) entwickelt eine "geschlechtsspezifische Gruppenpsychologie", nach der Männer ein intrinsisches Interesse an der Arbeit entwickeln, während Frauen ein extrinsisches Interesse an der Arbeit besitzen, das sich als Lohninteresse ausdrücke und bedingt sei durch die Auffassung von Industriearbeit als vorübergehende Erwerbstätigkeit von Frauen während bestimmter Lebensphasen, aber nicht als strukturelles Merkmal der eigenen Existenz bzw. als Lebensinhalt. Man müsse da an der weiblichen Psyche anknüpfen, um eine entsprechende

Arbeitsmoral herzustellen. Z.B. seien Frauen "monotoniefreudiger" als die Männer, d.h. Frauen wollen gar keinen Arbeitsplatzwechsel, sondern verstehen Monotonie und repetitive Teilarbeiten als Entlastung. Nach (Name) sei es belastender, komplexe Arbeitsvorgänge als einfache Arbeitsvorgänge vorzunehmen. Im übrigen seien Frauen auch weniger leistungsbewußt als Männer. Daß Frauen ihre Maschine behalten wollen "und einen Arbeitsplatzwechsel ablehnen", sieht (Name) durch die Erfahrung bestätigt, daß trotz Lohngarantie bei Arbeitsplatzwechsel ein Leistungsabfall festzustellen sei. Dieses paternalistische Frauenbild muß hier wohl nicht weiter mit schönen Zitaten belegt werden, erschreckend ist allenfalls, daß die "Mädchen vom Land", die in diesem Betrieb arbeiten, wahrscheinlich sogar diesem Bild entsprechen. Die Konzeption der "psychologischen Rationalisierung" stellt eine Variante von human-relations-Maßnahmen dar, welche auf spezifisch weibliche Bedürfnisse wie persönliche Anerkennung usw. ausgerichtet sind. Zu diesen Maßnahmen gehört auch die Identifikation mit dem Produkt, welche durch bestimmte Informationsveranstaltungen noch verstärkt wird ..." (Altmann, Binkelmann, Schneller, Düll: Protokoll der Diskussion mit dem Vorstand der Forschungsgemeinschaft Arbeitswissenschaften der Bekleidungsindustrie und Unternehmer, 30. 3. 76, S. 2-3)

Dieses Zitat zeigt die ganze Breite des ambivalenten Arbeitsverhaltens der Frau, extrem in der Industrie, gültig aber auch für andere Wirtschaftsbereiche mit niedrigem Qualifikationsniveau. Was die Verfasser des Protokolls zu wenig berücksichtigen, ist die Tatsache, daß die betriebliche Spekulation auf solch weibliche Verhaltensweisen den Frauen in der Regel erst den Arbeitsplatz eröffnet. Ohne diese spezifische Disposition weiblicher Arbeitskraft würden derartige Tätigkeiten ins Ausland vergeben werden, der notwendige Arbeitsplatz würde den Frauen fehlen. Dies würde sich auch durch eine Höherqualifizierung aller Frauen nicht wesentlich ändern, wie die gegenwärtige Jugendarbeitslosigkeit zeigt.

Nähe des Gegenstandes der Berufsarbeit zur Hausarbeit und Gleichgültigkeit der Arbeiterin der konkreten Berufsarbeit gegenüber schliessen sich nicht aus. Grundsätzlich unterliegt auch der industriellen Frauenarbeit ein Bedürfnis nach Nähe des Arbeitsinhalts zum Arbeitsgegenstand der unmittelbaren Reproduktion. Dies gilt vor allem für den

Textilbereich, wo sich Frauen "schwarz" Kleider nähen (morgens vor der Arbeit), sich sogar manchmal den ganzen Arbeitsgang aneignen, was in der repetitiven Tätigkeit ja strukturell ausgeschlossen ist (vgl. das Interview mit der jungen Arbeiterin in der Arbeiterinnenbefragung von Eckart u. a.). Dahinter steht die Überlegung, daß solche Fertigkeiten später in der Familie nützlich sind, evtl. sogar als Nebenverdienst (vgl. Marquardt/Weltz 1975/76).

Da die angelernte Näherin weiß, daß sie auch als Ehefrau arbeiten muß, träumt sie vom Beruf als "Boutique-Verkäuferin":

" In 'ner Boutique oder so was. Denn wenn einer in 'ner Boutique oder so, das ist für mich keine Arbeit, das ist mehr mit Menschen oder so, sich immer unterhalten ... Wenn man Familie hat, ich weiß net, dann muß man ausgeruht sein. Wenn man denn selbst noch aggressiv oder so ist, das ist nix. Mein Mutter hat mal so nebenbei 'ne Stelle angefangen. Das hat man gemerkt ... Bei mir, wenn ich dann heimkomm', muß einer ausgelassen sein, da darf man net selber noch so sein, dann dreh' ich durch. Also würd' ich irgendwo so 'ne Boutique anfangen, oder des. Als Verkäuferin oder wenn net als Verkäuferin, dann so in irgend 'nem Geschäft, Kleider oder Mode, Textilien halt; aber net in so 'nem Lebensmittelgeschäft, wo man an der Kasse nur sitzt und tippt." (Auszug aus dem Interview der jungen Arbeiterin, Eckart, Jaerisch, Kramer 1975/76)

Diese Nähe zum Gegenstand und Arbeitsmittel der Hausarbeit wird strukturell verhindert während der repetitiven Ausübung von Detailfunktionen. Nähe der Arbeit und/trotz Verhinderung dieser Nähe und Gleichgültigkeit der konkreten Arbeit gegenüber sind identische Ausdrücke für die Rückbezogenheit der Arbeit auf unmittelbare Reproduktion als eigentlicher Leistung der Frau.

" Die Gleichgültigkeit der Arbeiterin, ihre fehlende seelische Bindung an die Arbeitsstätte hat ein Gegenstück in der Gleichgültigkeit gegenüber ihrem Arbeitsprodukt. Die Arbeiterin klagt selten darüber, daß sie arbeitet. Fragt man dann interessiert: was sie arbeite - weil man glaubt, die spezifische Arbeit, die sie ausführt, mache ihr Freude - so ist man immer wieder erstaunt, auf ein gänzlich leeres Loch zu stoßen. Eindeutige klare Betriebsschilderungen oder Beschreibungen des Herstellungsprozesses sind nur von einzelnen zu erhalten ... (35) Wenig Arbeiten werden abgelehnt, eigentlich nur die,

die Hände oder Kleider verderben. Gesundheitsschädigende Arbeiten werden gerade des höheren Verdienstes wegen so lange beibehalten, wie es der Körper überhaupt erlaubt. Hier zeigt sich ein Zug, der für die Arbeiterin charakteristisch ist: Sie ist Augenblicksmensch, bedenkenlos gegenüber allen späteren Folgen. ... In einem eigenartigen Kontrast zu der Fähigkeit, bei mechanischer Fabrikarbeit sich vergessen zu können, eigene Wünsche und Ansprüche zurückzustellen, steht die Tatsache, daß den Fabrikmädchen die Arbeit selbst, außer dem Verdienst, persönlich nichts gibt ..." (Franzen-Hellersberg 1931, S. 34). Jaide (in Wurzbacher 1958) nennt diesen Zug der Arbeiterin, "Augenblicksmensch" zu sein, ihre "Gegenwartsbefangenheit" (119). Gleichgültigkeit der beruflichen Arbeit gegenüber, "Verkürzung der Zeitperspektive und Verdrängung der transitiven Bezüge des Daseins" (Jaide, ebd.) weisen ebenfalls zurück auf die Unmittelbarkeit der reproduktiven Leistung der Frau.

Herr (Name) spricht in der Diskussion von einer fehlenden "Kameradie" der Frauen, sie können daher bei Gruppenarbeiten nicht eingesetzt werden. Solche Äußerungen über die Feindseligkeit der Arbeiterinnen untereinander sind häufig, wie man sie auch von der jungen Arbeiterin in der Frankfurter Arbeiterinnenbefragung hörte: "Vor der Arbeit, vor der Fabrik, sind die Arbeiterinnen ein Herz und eine Seele, in der Arbeit erkennt man sie nicht wieder." Auch die Feststellung Dehlers (1974), daß die häufigste Antwort bei der Frage nach Arbeitszufriedenheit "Freundlichkeit" ist, läßt auf die gespannte Atmosphäre der Fabrik, aber auch u. U. des Büros schließen. Extrem schildert Frau Franzen-Hellersberg diese gespannte Atmosphäre.

" Die eine glaubt, daß die andere besseres Material erhalten habe und sieht darin eine ungerechte Bevorzugung der anderen. Die Furcht, von der Nachbarin übervorteilt zu werden, oder bei den Vorgesetzten weniger gut als die Nachbarin angeschrieben zu sein, beherrscht häufig die Akkordarbeiterin. Gerade die jüngeren, die den Kampf um den Pfennig noch nicht so begriffen haben, beklagen sich heftig über ihre Mitarbeiterinnen. Zuweilen finden sie den Ton an der Arbeitsstätte störender als alle anderen Begleitumstände ihres schweren Lebens..." (1931, S. 23).

Zunächst unterscheidet Frauen und Männer in der Industriearbeitersituation ihre Orientierung auf die unmittelbare Reproduktion, die aus jeder einzelnen eine Einzelkämpferin macht. Daher resultiert auch das oft nicht zu verstehende Phänomen, daß Frauen die Pausen durcharbeiten, sich dadurch gegenseitig die Stückzahl erhöhen etc.:

" Im Akkordsystem selbst liegt ja die Berechnung auf Kampfstimmung, auf Verdienstkonkurrenz. Die Suggestion, die jeder einzelnen gegeben wird, durch Anstrengung zu einem Mehrverdienst zu kommen, spannt jeden Nerv in jedem Augenblick. Zwar ist eine Grenze gesetzt: Die beste Arbeiterin bekommt nicht mehr als das, was für Durchschnittsleistungen vom Betrieb anerkannt wird. Viele sind dumm genug, sich merken zu lassen, daß sie mehr leisten könnten. Das hat nicht den Erfolg, daß nun alle besser bezahlt werden, ... sondern der Erfolg ist: daß die Durchschnittsleistung heraufgesetzt wird und der Verdienst derselbe bleibt." (Franzen-Hellersberg 1931, s. 25).

Ähnlich Schneider 1970:

" Die Männer dagegen einigten sich bei derselben Arbeit (wie sie die Frauen hatten - I. O.) auf 30 Stück pro Tag und machten sechsmal täglich eine Pause. Den Männern gelang es nicht, die Frauen zu einer ähnlichen Verlangsamung ihres Arbeitstempos zu bewegen." (S. 101)

Die oben definierte ökonomische Abhängigkeit der Frau verhindert zunächst eher eine kollektive Orientierung, was nicht heißt, daß die Frau "tauschorientiert" ist, sondern daß ihr "Leistungsziel" anders definiert ist.

Für viele gerade junge Arbeiterinnen wird die Leistung auch angeregt durch eine emotionale Abhängigkeit von der Anerkennung durch den (männlichen) Meister. M.E. ist in der Fabrik die Unterordnung der Arbeit der Frau unter die des Mannes besonders deutlich, anders als in qualifizierten Tätigkeiten, wo diese Unterordnung durch inhaltliches Engagement oder materielle Sicherheit kompensiert werden kann.

Für die Erotisierung der Fabrikatmosphäre "ist wesentlich, daß die Arbeiterin sich der direkten Abhängigkeit von der Männerwelt in jeder Beziehung bewußt ist. Sie behauptet ihre Stellung nicht durch gute Leistung allein. Sie weiß, daß sie nichts gilt und mindere Arbeit tut. Die sachliche Leistung ist für sie nur ein Mittel zum Zweck des augenblicklichen Unterhalts. Sie spürt sich in dem Erwerbskampf mit und unter den Männern absolut unterlegen. Sie reagiert weiblich, d.h. erotisch, weil das ihr die einzige Möglichkeit gibt, in ihrer Situation ein Minimum an Macht in der Hand zu behalten ..." (Franzen-Hellersberg 1931, S. 29).

Die Erotisierung der Berufssphäre (im Arbeiter- und Angestelltenbereich) kann auch als Indiz dafür angesehen werden, daß sich die Frauen bewußt sind, in der Berufsarbeit eine minderwertige soziale Kategorie zu sein.

Man kann beinahe behaupten, daß die Frau gegen Lohn einen Teil von sich selbst eintauscht (das gilt vor allem auch für die Verkäuferin, die bis zu einem gewissen Grad die zu verkaufende Ware zu repräsentieren hat, mit zur "Warenästhetik" gehört).

Daß die Arbeit die nur der Frau eigenen sensumotorischen Fertigkeiten verlangt, muß nicht besonders betont werden. Zugleich aber liefert das weibliche Arbeitsvermögen eine Besonderheit: Diese wurde vorhin "ökonomischer Umgang mit dem Material" oder Materialgefühl genannt, verweist aber auf die Fähigkeit der Frau, spontane Problemlösungen hervorzubringen ...

> " Die Akkordarbeiterinnen reagieren auf schlechtes, sich veränderndes Material mit täglichen neuen Einfällen. Sie schweißen auf Kante, machen mit dem Bändchen Schleifen um die Streben, statt sie wie sonst einfach anzuschweißen. Sie bessern, wenn sie zu stark geschweißt haben, die durchgeschweißten Stellen wieder aus, oder sie verändern die Schweißstärke der Maschine so lange, bis die Bändchen auch mit dem schlechteren Material halten" (Herzog 1970, S. 112).

Abschließend soll noch auf ein Element weiblicher gering qualifizierter Arbeit eingegangen werden, das in engem Zusammenhang mit Habitualisierungsvermögen, Monotonieresistenz, Ausdauer etc. steht: Überdenkt man noch einmal die Ausführungen zur Qualität unmittelbarer Reproduktion (ihre Unabänderlichkeit, Gegenwartsbezogenheit, Naturgebundenheit, weil sie auf unmittelbare lebendige Bedürfnisse verweist) - erinnert man sich noch einmal an die These einer Naturwüchsigkeit des Arbeiter-Daseins wegen seiner "quasi naturgegebenen Unabänderlichkeit" und an die These einer "Perspektivelosigkeit", die ja auch für die Arbeit der Frau in der Familie, aber zum Teil auch in beruflichen Situationen gilt, gewinnt ein Element des weiblichen Arbeitsvermögens besondere Bedeutung. Dieses Element wurde "Kontemplation" genannt. Unter Kontemplation soll hier ein durch die restringierte Arbeitssituation bedingtes Verharren, ein "Blick nach hinten", hinter die vorgefundene Realität verstanden werden - eine "Regression" in psychoanalytischer Sprache.

Regressionen treten auf, wenn die "Zeit stehen bleibt", "man selbst aussteigt", was die Arbeiterin zwar objektiv in der Akkordarbeit nicht kann, aber subjektiv in ihrem Empfinden vollzieht. Eine Analogie zu solch einer Regression findet sich in der Mutter-Kind-Beziehung, in der "Stillsituation" z.B., aber auch jedesmal da, wo die Mutter auf die Stufe des Kindes zurückgehen muß (regredieren), um es zu verstehen (Regressionsfähigkeit bzw, Mimetik, Angleichung gilt ja als eine wesentliche Fähigkeit der Mutter!).

> " ... Eine ... dem Realitätsprinzip entzogene Schonung ist auch das seelische Reich der Phantasie. Die bekanntesten Produktionen der Phantasie sind die sogenannten "Tagträume", ... vorgestellte Befriedigungen ehrgeiziger, großsüchtiger, erotischer Wünsche, die um so üppiger gedeihen, je mehr die Wirklichkeit zur Bescheidung oder zur Geduldung mahnt. Das Wesen des Phantasieglücks, die Wiederherstellung der Unabhängigkeit der Lustgewinnung von der Zustimmung der Realität, zeigt sich in ihnen unverkennbar ..." (Freud XI, S. 386 f).

Der wesentliche Unterschied zwischen der Regressionsbereitschaft der Frau, wenn sie sich als Mutter an eigene Stufen der Entwicklung erinnern muß, und der des Arbeiters, vor allem der Arbeiterin, ist die gesellschaftliche Tatsache, daß bei letzteren die Regression durch die äußere und folglich innere Not hergestellt wird: Die Abstraktion von menschlichen Lebensäußerungen hat hier eine solche Intensität angenommen, daß die Arbeit nur qua Regression erträglich wird. (Dies gilt jenseits von Beruf für alle regressiven Formen abweichenden Verhaltens wie Alkoholismus, Rauschgift).

" Um den Akkord aushalten zu können, flüchten die Frauen während der Akkordarbeit in Träume, in die sie alle Sehnsüchte mithineinnehmen. Frau Winterfeld träumt von einem Eiscafé, in dem sie Besitzerin ist. Sie denkt sich Torten aus und Eisbecher und Namen für die Eisbecher. Frau Lange träumt von den Verhältnissen, die sie vor ihrer Ehe hatte, und wie alles anders geworden wäre, wenn sie nicht ihren, sondern einen anderen Man geheiratet hätte ... Die Träume beim Akkord gehen meistens in die Vergangenheit. Wenn man sie braucht, holt man sie raus, wenn es zur Pause klingelt, verschwinden die Träume. Die erste Zeit nach der Pause geht ohne Träume, dann braucht man sie wieder und holt sie sich und während man träumt und schweißt, kommt einem bei der dritten oder der siebten oder zehnten Röhre eine Stelle bekannt vor und man denkt, ach, hier bin ich wieder, und wieder geht man in die Träume zurück, bis wieder so eine Stelle kommt, oder ein Reihengespräch oder eine Pause" (Herzog im Kursbuch 21, 1970, S. 118).

Meistens stehen diese Träume im Bezug zur unmittelbaren reproduktiven Arbeit der Frau.

5.5. Zusammenfassung

Dieses Kapitel handelte von der Reproduktionsbezogenheit weiblicher Berufsarbeit. Der Unterschied von Beruf und Hausarbeit wurde zum Bestimmungsmoment des weiblichen Arbeitsvermögens gemacht, das sich idealtypisch eher durch eine Affinität zur Hausarbeit auszeichnet. Diese Besonderheit des weiblichen Arbeitsvermögens erklärt wesentliche Aspekte weiblicher Berufspraxis. Frauen bleiben auch in der beruflichen Arbeit immer in irgendeiner Form mit der unmittelbar reproduktiven Arbeit konfrontiert. Diese strukturiert auch ihr berufliches Verhalten. Da weibliche Berufsarbeit auch als allmählicher Prozeß der Anpassung eines eher am Arbeitsbereich Familie orientierten weiblichen Arbeitsvermögens an die berufliche Realität begriffen werden kann - weibliche Berufsarbeit immer beruflich strukturierte Arbeit ist - kann weibliches Berufsverhalten sehr widersprüchlich erscheinen. Man kann auf die für die Lohnarbeiterexistenz so typische Gleichgültigkeit gegenüber der konkreten Detailarbeit ebenso treffen, wie auf geringes Aufstiegsinteresse, Vermeidung von Flexibilität und Mobilität, auf typisch weibliche Fähigkeiten wie Materialgefühl, Ökonomie im Umgang mit den Arbeitsmitteln, divergentes Denken, dann aber wieder auch auf instrumentelles Interesse am Lohn und mangelnde Kooperationsbereitschaft, Solidarität, und beinahe "bürgerlich-liberales" Einzelkämpfertum. Solche Antinomien lösen sich auf, wenn man bedenkt, daß Frauen sich viel mehr als Männer aus dem Reproduktionsbereich hinaus in die Berufsarbeit definieren.

Frauen, das war eine These, setzen ihre eher an Reproduktion orientierten Fähigkeiten da ein, wo die Logik eines Berufes und seine betriebliche Organisation die Artikulation eher reproduktionsbezogener Arbeitsweisen begünstigen oder erzwingen. Man kann aber auch sagen, daß Frauen solche Arbeitsweisen oft nur soweit einsetzen, wie es zur Ausübung der Berufsarbeit unbedingt erforderlich ist. Sonst können diese Fähigkeiten hinter ein nur instrumentelles Interesse an der qua Lohn gesicherten alltäglichen Existenz zurücktreten.

Die Reproduktionsbezogenheit des weiblichen Arbeitsvermögens, die besondere Konstitution der Hausarbeit und die schmerzliche Identifikation der heranwachsenden und erwachsenen Frau mit dieser noch eher naturwüchsigen Arbeit waren Ausgangspunkt der Analyse konkreter Formen der Auseinandersetzung von Frauen mit Beruf. Vielleicht ist durch diesen Ausgangspunkt deutlich geworden, daß weder die im Vergleich zu männlichen Berufstätigen unzureichende Qualifikation von Frauen, weder ihre Doppelbelastung allein, noch die damit verbundene "Diskontinuität weiblicher Erwerbsverläufe" (Weltz 1971) ausreichende Erklärungsansätze zur Lage berufstätiger Frauen sind. Der unter Bedingungen industrieller Warenproduktion nicht auflösbare Unterschied von Beruf und Hausarbeit, deren jeweils unterschiedliche Konstitution, die eine Vergesellschaftung von Hausarbeit, also deren Verberuflichung verhindern, die damit verbundene historisch verlängerte Beschränkung von Frauen auf Hausarbeit - solche Aspekte tauchen in gängigen Untersuchungen zur Lage von Frauen nicht auf. Absicht, Unwissen oder Ausdruck politischer, also auch wissenschaftlicher Hilflosigkeit?

Die meisten Untersuchungen im Rahmen einer Soziologie der Frau im weitesten Sinn, also auch ihrer Berufstätigkeit, definieren diese als "Ausnahme" im Sinne einer Abweichung von gesellschaftlichen Verhaltenserwartungen an die Sozialkategorie "Frau" (Treinen/Brothun 1973, S. 264). Abgewichen wird vom gesellschaftlich vorgesehenen und individuell akteptierten weiblichen "Erfolgsziel" (Gipser 1975, S. 33), das hauptsächlich auf das Leben im Haus für die Familie ausgerichtet ist. "Zuverdienst" als Erweiterung der Sorge der Frau für das Wohlergehen ihrer Familie ist das gesellschaftlich sanktionierte Motiv für außerhäusliche Arbeit. Weibliche Berufstätigkeit wird unter dem Aspekt des "abweichenden Verhaltens", von "Statusinkonsistenz" und "Doppelrollenproblematik" behandelt, ohne daß der materielle Gehalt dessen geklärt wäre, was "Frausein" bedeutet. Teilzeitarbeit und Phasenerwerbstätigkeit (in Anschluß an Myrdal/Klein), zuvor Ausbildungszüge, die immer schon jenem "Erfolgsziel" Rechnung tragen, sind politisch-praktische Angebote an Frauen.

Einen ganz anderen Stellenwert nehmen jene Untersuchungen ein, die von der Gleichheit von Mann und Frau als Arbeitskräfte ausgehen. Untersuchungen, die diesem Gleichheitsprinzip folgen, vernachlässigen zunächst ganz bewußt den Aspekt der Schwierigkeit von Frauen, beruflichen Anforderungen zu genügen. Dies kann vielleicht so erklärt werden: Die langfristige Sicherung industrieller Produktionsweisen mit einer sich ständig verändernden Technologie etc. hängt in zunehmendem Maße von einer allseitigen Verwendbarkeit menschlicher Fähigkeiten ab. Dies ist auch mit der Forderung nach einer "Flexibilisierung" aller menschlichen Verhaltenspotentiale - ungeachtet etwa einer geschlechtsspezifischen Ausprägung - für eine maximale Disponibilität, Verwendbarkeit, gemeint. Die "Flexibilisierung" taucht in systemtheoretisch orientierten Ansätzen unter dem Begriff einer "Institutionalisierung von Handlungsspielräumen" auf (Luhmann). Solch ein flexibles menschliches Verhalten muß offen genug sein, um sich irgendwelchen veränderten Anforderungen anpassen zu können, und doch so eng, daß es den vorfindbaren Bedingungen vereinbar bleibt. Flexibilisierung meint gerade keine inhaltliche Fixierung des Verhaltens, sondern dessen Offenheit, "inhaltsleer" zu agieren (Offe 1975, S. 38); sie bleibt daher abstrakt.

Auf Frauen bezogen geht es in der Gleichheits- und damit auch Flexibilitäts-Debatte oft gar nicht um eine prinzipielle Veränderung ihres Status, an den soziale Benachteiligungen gebunden sind, sondern nur um die"Möglichkeit der Variation des gegebenen Status" (ebenda, S. 42), also doch wiederum um die "Doppelrolle" der Frau, je nach Arbeitsmarktlage.

Die berufliche Sonderstellung von Frauen hat ihre objektive Ursache in der Abhängigkeit beruflicher Arbeit von privater Reproduktionsarbeit, also im qualitativen Unterschied von Beruf und Hausarbeit; eine Aufhebung dieses Unterschiedes würde Abschaffung von Beruf und privater (weiblicher) Reproduktionsarbeit bedeuten - eine Revolutionierung der Produktionsweise und der gesellschaftlichen Verhältnisse, die ihr Ausdruck sind. Subjektiv perpetuiert wird die berufliche Benachteiligung von Frauen durch die Affinität weiblicher Verhaltens- und Arbeitsweisen zur Hausarbeit - eine Affinität, die nicht freiwillig entwickelt wird.

In einer Gesellschaft, in der nur verobjektivierbare Leistung zählt, in der Kinder und Wohnung etc. nur schwer zur quantifizierbaren Leistung erhoben werden können, in einer Gesellschaft, in der das Ergebnis der Hausarbeit von der Frau entweder nicht überblickt, oder nicht wirklich angeignet werden kann, wird Beruf für Frauen eine wichtige Chance, sich selbst als handelnd, leistend, wirklich zu erfahren. Für Frauen bietet Beruf, in seiner spezifischen Konstitution, in der Abgehobenheit von unmittelbar konkreten Problemlagen (Launen, Emotionen der Adressaten der Arbeit z. B.) die Erfahrung alternativer Handlungsmuster. Wer einmal Hausarbeit kontinuierlich, alltäglich erbracht hat, erfährt als Berufstätiger vielleicht, daß Berufsarbeit nicht nur unbefragt einzig gesellschaftlich anerkannte Leistung ist, und daß hier Anerkennung, also auch Selbstwertgefühl, wie selbstverständlich und ohne viel persönliches Zutun Attribute von Beruf sind. Könnten die Frauen die Hausarbeit abschütteln oder mit gutem Gefühl delegieren, sie wären - gerade wegen ihrer Hausarbeitserfahrung - gern berufstätig.

6. Zusammenfassung und Folgerungen

Ausgangspunkt dieser Arbeit war die Frage nach Ursachen einer geschlechtsspezifischen Verteilung von Berufstätigkeiten, sowie nach konkreten Formen weiblicher Berufspraxis: Das weibliche Arbeitsvermögen - Wissen, Verhaltensweisen, Denkformen und der lebensgeschichtliche Hintergrund von Frauen verweisen auf eine besondere nichtberufliche Arbeit bzw. Arbeitsweise, die Hausarbeit. Unter Bedingungen "industrieller Warenproduktion" existieren zwei Arbeitsformen scheinbar unverbunden und gegensätzlich konstruiert, nebeneinander: Beruf und Hausarbeit.

Wie jede Arbeit bleiben Beruf und Hausarbeit auf ein materielles Substrat, auf konkrete Bedürfnisse, Fähigkeiten etc. angewiesen: die Hausarbeit direkt, unmittelbar - die Berufsarbeit vermittelt über Tausch. Es war ein Ergebnis der Diskussion der Bedeutung und Eigenart von Beruf, daß trotz unmittelbarer Tauschbezogenheit auch die berufliche Arbeit entweder auf Wünsche, Bedürfnisse, Probleme der Adressaten der Arbeit ("Käufer": Konsumenten, Klienten ...) oder auf Besonderheiten, Fähigkeiten, Lebensäußerungen der Arbeitskraft angewiesen ist; diese individuellen Besonderheiten kommen allerdings nur in tauschgeeigneter Form zur Geltung. Hausarbeit versucht analog zu einer idealtypisch angenommenen unmittelbar bedarfs-/bedürfnisbezogenen Arbeit direkt und unmittelbar naturgebundenen (körperlichen und psychischen) menschlichen Lebensäußerungen gerecht zu werden: Man kann diese Arbeit deshalb als naturgebunden, naturwüchsig, bezeichnen.

Als naturwüchsige Arbeit verlangt sie andere als berufliche Arbeits-

und Verhaltensweisen, andere Aneignungsweisen. Sie kann sich nicht auf eine abstrakte Fachkompetenz (berufliches Wissen) berufen und verlassen. Eine Distanz zum Arbeitsgegenstand, eine Abstraktion von der konkreten Situation, vom konkreten Problem, Menschen ... wie sie für Beruf konstitutiv ist, würde in der privaten Reproduktion eine erfolgreiche Aufgabenerfüllung verhindern, zumindest verzögern. Die an einen naturwüchsigen Arbeitsgegenstand (typisch: agrarische Produktion, Betreuung des kleinen Kindes) gebundenen Aufgaben sind prinzipiell unberechenbar, nicht planbar, d.h. nicht ohne weiteres losgelöst von der konkreten Situation zu strukturieren und erfolgreich auszuführen. Eine besondere (berufliche, d.h. abstrakte, vom Fall gelöste) Ausbildung ist für Hausarbeit daher kaum sinnvoll. Hausarbeit verlangt ein konkret sinnliches, anschauliches Lernen am Gegenstand, wie es bisher von Mädchen in der Familie mehr oder weniger bewußt vollzogen wurde. Die Methode der Auseinandersetzung mit einem noch unmittelbar naturgebundenen Arbeitsgegenstand war Empathie und Intuition genannt worden: Damit ist die Fähigkeit gemeint, durch Angleichung oder "Hineinfühlen" in ein anderes dieses zu verstehen, richtig zu handeln, ohne den Gegenstand rational analysiert zu haben. Naturwüchsige Arbeit basiert auf Erfahrung und auf der Fähigkeit, Erfahrungen intuitiv zu verwenden; sie verlangt Geduld und Beharrlichkeit.

Diese Besonderheit des naturwüchsigen Arbeitsgegenstandes der Hausarbeit bestimmt nicht nur das weibliche Arbeitsvermögen und eine typisch weibliche Aneignungsweise gesellschaftlicher Wirklichkeit, sie strukturiert auch die weibliche Berufswahl und Berufspraxis.

Das "weibliche Arbeitsvermögen" wird damit keineswegs wie bislang defizitär definiert; eine solch defizitäre Konzeption des weiblichen Arbeitsvermögens - die Frau als eigentlich Nicht-Arbeitende, als "Unqualifizierte" - bedeutet im Extremfall eine Ausblendung der reproduktiven Arbeit in der Familie als gesellschaftlich notwendige Arbeit, womit dann auch dem weiblichen Arbeitsvermögen eine Leerstelle zukommt.

Nimmt man die These von der Besonderheit und Eigenständigkeit der Hausarbeit ernst, geht man weiter davon aus, daß die Eigenart dieser Arbeit weibliches Arbeitsvermögen und Identität bestimmen, so kann die Diskontinuität weiblicher Berufstätigkeit, ein mangelndes berufliches und politisches Bewußtsein und Engagement von Frauen, "die Ohnmacht der Frau in der Öffentlichkeit" (Tömmel 1975, S. 840), ihre mangelnde Streikbereitschaft etc., nicht einfach durch bessere Ausbildung und Ausbildungschancen, auch nicht durch kontinuierliche Berufsarbeit beseitigt werden. Für Frauen werden Antizipation und reale Ausübung privater Reproduktionsarbeit bestimmend für ihre Selbstwahrnehmung und -darstellung. Beides geht subjektiv und objektiv in die gesellschaftliche Perspektive von Frauen ein. Unter gegebenen Verhältnissen heißt für Frauen Aneignung gesellschaftlicher Wirklichkeit und Entwurf eines "Lebensplanes" immer noch Annahme oder Konflikt zwischen Annahme oder Ablehnung der unmittelbar reproduktiven Arbeit.

Der Arbeitsgegenstand von Beruf ist nicht mehr naturwüchsig: Zwischen den Arbeitenden, seine Arbeit und ein konkretes Bedürfnis (Gebrauch etc.) ist Tausch getreten.

Die historische Entstehung von Berufen läßt sich als eine allmähliche Ablösung einer naturwüchsigen, noch unmittelbar bedarfsbezogenen Wirtschaftsweise durch eine tausch-/marktorientierte darstellen.

Man kann das Leben im "ganzen Haus" des traditionellen Bauern noch als Arbeit aller unter einem Dach - ungeachtet Besitz, Geschlecht, Alter, Verwandtschaft - für das alltägliche Überleben begreifen: ein naturwüchsiger Arbeitsgegenstand wird noch unmittelbar angeeignet. Arbeit und Leben bilden hier noch eine Einheit, die zwischenmenschlichen Beziehungen sind noch unmittelbare Arbeitsbeziehungen. Im Haus des zünftigen Handwerkers oder Kaufmanns ist diese Einheit von Betrieb und Familie (Produktion und Reproduktion) bereits aufgebrochen: die Frau arbeitet nurmehr reproduktiv für den Meister, für die Wiederherstellung der Arbeitskraft von Meister, Gesellen und Lehrlingen, die jetzt allein produktiv arbeiten. Aber die Überschaubarkeit des Betriebes, die kundenorientierte Arbeit auf Bestellung (=Bedarf), die "zünftige" Sicherung der "Nahrung" durch Schließung des Marktes etc. rekonstruieren noch einmal jenen archaischen Zusammenhang von Arbeit und Leben.

Erst in der Industrie wird losgelöst vom konkreten Bedarf, nicht mehr nach Qualität, sondern nach Menge produziert. Die Arbeitszeit endet nicht, wenn ein Bedürfnis hinreichend befriedigt ist, sie wird "linear", undendlich. Allmählich verinnerlichen bäuerliche und andere proletarisierte Existenzen in der Industrie die neue Arbeitszeit und andere berufliche Elemente: auch für die Arbeitskraft gilt jetzt Kosten- und Zeitökonomie, Billigkeit und Menge. Für den einzelnen Arbeitenden wird der Zusammenhang zwischen seiner einzelnen beruflichen Detailarbeit und einem konkreten Bedarf oder Bedürfnis (dem eigenen oder eines anderen) nicht mehr ohne weiteres sichtbar. Die private Reproduktion erscheint losgelöst von der beruflichen Arbeitszeit. Berufe entstehen deshalb als "Rekonstruktionen" des Zusammenhanges eines Lebens außerhalb Beruf und von Beruf; mit Beruf sind Lebenschancen verteilt. Berufe sind zugleich die Warenform, die tauschgerechte Form des noch unspezifischen lebendigen Arbeitsvermögens; sie bündeln und schneiden konkrete Fähigkeiten für den Einsatz im beruflichen Arbeitsprozeß.

So sehr Beruf und Hausarbeit getrennt erscheinen, im Alltag sind sie wechselseitig verschränkt. Verschränkt und notwendig verbunden sind beide, weil Beruf immer erst durch eine Person mit einem bestimmten lebensgeschichtlichen Hintergrund, mit bestimmten subkulturellen Verhaltensweisen, also aus einem bestimmten Reproduktionsmilieu heraus hergestellt wird. Eine Einheit bilden Beruf und Hausarbeit auch, weil das Reproduktionsverhalten der einzelnen Individuen, das, was sie außerhalb der Arbeit tun, wie sie sich bewegen und begreifen, als konkrete Verarbeitungsweise beruflicher Erfahrung begriffen werden muß. Erfahren wird Beruf mehrfach: entweder kollektiv als subkulturelle Erfahrungen mit bestimmten beruflich vermittelten Deprivationen oder Chancen, verinnerlicht durch primäre oder sekundäre Sozialisation oder direkt in konkreten Berufssituationen. Im Alltag ist Beruf daher immer real vorhanden.

Der unmittelbar reproduktiven Arbeit der Frau in der Familie kommt keine "vorkapitalistische", vorindustrielle, eindeutig gebrauchsorientierte Qualität zu, sie läßt sich auch nur bedingt als "cultural lag" fassen. Gegen die These einer "Systemfremdheit" der Familie als Ort unmittelbar reproduktiver Arbeit spricht schon die Tatsache, daß nur die gegenwärtige Familie durch einen fehlenden gemeinsamen Arbeitszusammenhang, durch eine fehlende gemeinsame Gegenständlichkeit und deshalb durch eine inhaltsleere Ausschließlichkeit emotionaler Beziehungen gekennzeichnet ist, die dann auch eine wirkliche Gemeinschaft verhindern ("pseudo-mutuality"). Gerade dieses "arbeitszeit-freie", ausschließlich emotionale Milieu der Familie muß als wesentliche Bedingung der Verinnerlichung beruflicher Normen bzw. der Ausrichtung menschlicher Verhaltenspotentiale auf Berufstätigkeit verstanden werden. Auf der Folie der naturwüchsigen Arbeitsweise gewinnt das Kind Vertrauen, sich einer beruflichen Realität anzunähern.

Die weibliche Hausarbeit stellt immer noch ein "arbeitsfreies" persönliches und emotionales Milieu her, in dem die in der beruflichen Arbeit verdrängten Bedürfnisse, Lebensäußerungen etc. zur Geltung kommen können. Deshalb ist die Arbeit der Hausfrau auch nicht Beruf, und deshalb ist eine völlige Verberuflichung unmittelbar reproduktiver Aufgaben ausgeschlossen. Mit einer Verberuflichung tritt nicht nur eine Distanz zwischen Arbeitenden und Arbeitsgegenstand (Problem, Klient etc.), die ein empathisches Eingehen auf dessen naturwüchsige Besonderheit verhindern kann. Berufliche Arbeit baut eher auf einem abstrakten verallgemeinerbaren Fachwissen auf, dem die Besonderheit und Einzigartigkeit einer Person entgehen muß; Berufe unterliegen zusätzlich einer Kosten- und Zeitökonomie, die ein Verweilen und Geduld bei einem Problem nicht gestatten.

Solange deshalb ein Bedarf an privater Reproduktionsarbeit besteht, wird diese Arbeit, die Sicherstellung der Reproduktion der Arbeitskraft, die alltägliche Sorge für psychische und materielle Reproduktion - schon aus einer historischen Kontinuität heraus - die spezifische, subjektive und gesellschaftliche, Leistung von Frauen bleiben. Betrachtet man sich zugleich die historische Entwicklung und Realität weiblicher Berufsarbeit, wird erkennbar, daß Frauen immer schon mit dieser spezifischen Leistung rechnen, sich auf diese einstellen; die typischen Formen weiblicher Berufswahl und -praxis, weisen darauf hin, daß Frauen versuchen, der Doppelbelastung aus dem Weg zu gehen, bzw. wenigstens eine Sache richtig zu machen. Einer weiteren Integration von Frauen in die Berufswelt sind, auch bei sinkender Arbeitslosigkeit und Höherqualifizierung, Grenzen gesetzt und zwar von den Frauen selbst. Die Erfüllung der spezifischen Leistung : "private Reproduktion" und Berufsarbeit sind gerade wegen der gegensätzlichen Eigenart der beiden nur bedingt und nur auf Kosten der Frau vereinbar. Die Unvereinbarkeit von Beruf und Hausarbeit ist nicht nur und nur oberflächlich ein Zeitproblem, sie ist vielmehr ein Problem der unterschiedlichen Konstitution des jeweiligen Arbeitsgegenstandes.

Sollen Frauen also lieber nicht berufstätig sein, Hausfrau und Mutter vor allem bleiben? Es wird zu schnell übersehen, daß die strukturell erzeugte Privatheit der Familie und die damit verbundenen gleichsam symbiotischen Beziehungen der Familienmitglieder, vor allem die von Mutter und Kind und die materielle und emotionale Fixierung der Frau auf den Mann, der Frau ein SELBST verbietet. Die Arbeit der Frau ist nur "Aufopferung"; die Frau "fließt nur aus", sie ist abstrakt identisch mit ihrem Arbeitsgegenstand, ohne ihn jemals aneignen zu können: Kinder und Mann gehören ihr nicht, sie dürfen ihr gar nicht gehören. Für die Frau ist daher Leben und Geschichte immer die der anderen, nicht die eigene.

So sehr Beruf von der Besonderheit und Einzigartigkeit einer Person abstrahiert, diese Abstraktion für Beruf geradezu konstitutiv ist, so dürfte in der Regel erst die eigene Berufsarbeit den Frauen eine Distanz zu sich selbst, zu anderen und damit so etwas wie ein ICH, ein Selbstgefühl verleihen. Berufsarbeit hat für Frauen etwas Emanzipatorisches. Zugleich schafft die Berufsarbeit eine Distanz zur Hausarbeit, so daß diese reflexiv gewendet werden kann. Frauen können hier von einem anderen Standpunkt die Bedeutung, Erfolg und Mißerfolg privater Reproduktionsarbeit beurteilen und diese Erfahrung an ihre Kinder weitergeben.

Frauen werden immer stärker mit diesem Dilemma von spezifisch weiblicher Leistung (private Reproduktion) um dem Bedürfnis nach einem eigenen SELBST konfrontiert. Hieraus erklärt sich der Wunsch vieler Frauen, immer wieder, zumindest phasenweise, berufstätig zu sein und ihr Versuch, die Familie, d.h. die Kinderzahl, möglichst niedrig zu halten. Beides, Wunsch nach Berufstätigkeit und Verzicht auf die "große Familie", auf unbezahlte Aufopferung, sind inzwischen historische Größen, mit denen gerechnet werden muß und die nicht mehr gestrichen werden können.

Anmerkungen zu Kapitel 1 :

1) Die These, daß berufliches Handeln alltäglich durch ein Arbeitsvermögen hergestellt wird, das zunächst und immer wieder in einem bestimmten Reproduktionsmilieu entwickelt, "psychisch und materiell" regeneriert worden ist und wird, bestimmt unser Nachfolgeprojekt "Familiale Reproduktion in ihrer Bedeutung für Berufsarbeit" (Beck-Gernsheim/Ostner/Pieper Projektantrag SFB 101, 1978-80)

2) "Unter den Bedingungen der bürgerlichen Gesellschaft stehtdie Warenproduktion so sehr im Vordergrund, daß sie (einen - I. O.) allgemeinen Begriff der Produktion, der auch die Produktion der Lebensweise umfaßt, verdeckt. Dementsprechend verwendete Marx im Zusammenhang der politisch-ökonomischen Analyse dieser warenproduzierenden Gesellschaft den Begriff Produktion eng im Sinn der Warenproduktion (also nur für Berufsarbeit - I. O.). ... der gesellschaftlichen Produktion (lag) die ganze Zeit über (aber verdeckt durch die absolute Dominanz der Warenproduktion) ein Produktionsbegriff zugrunde ..., der die Produktion der Sozialisationsagenturen, der Sprache, des Aufbaus der Triebstruktur, die Produktion von Erfahrung, von Gemeinwesen und Öffentlichkeit, das heißt: die Produktion von Lebenszusammenhängen, zum Gegenstand hat." (Negt/Kluge 1972, S. 28 f, ähnlich: Levebvre 1972, S. 48 f)

3) Der Begriff "weibliche Kultur" wurde einem Artikel des Journals Nr. 1 FRAUENOFFENSIVE (München 1974) entnommen. Man könnte auch wie Ulrike Prokop 1976 vom "weiblichen Lebenszusammenhang" sprechen. Aber eher als im Begriff "Lebenszusammenhang" ist m. E. im Kultur-Begriff - trotz seiner verhängnisvollen Geschichte in der NS-Zeit - die Tatsache enthalten, daß Frauen a r b e i t e n, daß also Hausarbeit eine Form von A r b e i t ist, die Fähigkeiten, Verhaltensweisen, Werthaltungen und Situationsdeutungen hervorbringt. Mir kommt es vor allem auf diesen Arbeitsaspekt weiblicher Existenz an. Der Begriff "weibliche Kultur" wurde in der deutschen Romantik geprägt - in einer Zeit also, in der wie heute wirtschaftliche und soziale Veränderungen eine neue Interpretation des Verhältnisses Mensch/innere und äußere Natur und damit eine Reinterpretation der Menschheitsgeschichte notwendig machten

4) "Aber in einer Gesellschaft, die ihre Produkte als Waren produziert und ihren Gebrauchswert, ihre bedürfnisbefriedigende und -bildende Qualität zum unterschiedslosen Medium der Wertbildung und -anhäufung macht und darüber hinaus die Produktivkraft des lebendigen Arbeitsvermögens selber als Ware in den Produktionsprozeß einführt, unterliegt er (der Begriff der Produktion - I. O.) dem trivialen Verständnis, weil Produktion nach ihren "niedersten Möglichkeiten" eingeschätzt wird, wiewohl sie doch die "ganze menschliche Größe" bezeichnet ..." (Krovoza 1976, S. 105)

5) Habermas (Erkenntnis und Interesse, Frankfurt 1968) gewinnt seine Trennung von "Arbeit" und "Interaktion" aus einer Metakritik der Marx'schen Kritik der politischen Ökonomie. Aus einer Aussage von Marx, daß die

Arbeit als Bildnerin von Gebrauchswerten "ewige Naturnotwendigkeit" sei, daß der Mensch die Natur (auch seine eigene) nur nach ihren Gesetzen formen kann etc, kommt Habermas zu dem Schluß, daß diese Arbeit des "Werkzeug fabrizierenden Tieres" (= Mensch) (S. 41) das nicht eigentlich Menschliche sein kann. "Arbeit" wird deshalb für ihn zum instrumentalen Handeln, das sich im Laufe der Fortentwicklung der Produktivkräfte durch immer perfektere Anwendung von Naturgesetzen, durch Naturbeherrschung, auszeichnet. "Natur", die materielle Basis jeder Arbeit (des Menschen), bleibt für Habermas etwas Fremdes, das nur durch technische Verfügungsgewalt besiegt werden kann. Habermas versucht nun Marx nachzuweisen, daß dieser "Arbeit" als instrumentales Handeln oder rationale Wahl "invariant", d.h. als anthropologische Konstante setzt. "Arbeit" als technische Verfügung über Natur bedarf nach Habermas sozialer Voraussetzungen - gesellschaftlicher Normen, die nicht unter den Arbeitsbegriff zu fassen sind. Symbolisch strukturierte Interaktionen sind für Habermas eher der Rahmen, in dem sich Arbeit vollzieht; für ihn ist es unzulässig, Interaktion auf Arbeit zu reduzieren (vgl. Wissenschaft und Technik als Ideologie, Frankfurt 1968, S. 62); - hier wird dagegen Interaktion aus dem gesellschaftlichen Arbeitszusammenhang heraus begriffen. Symbolisch strukturierte Interaktionen sind für ihn das eigentlich Menschliche, Invariante, diese Organisation menschlicher Natur - Sprache, Kommunikation - ändert sich bei Habermas nicht (als Kritik: Bilden 1975, Kuhn 1974). Unterstellt Habermas Marx eine Anthropologisierung menschlicher Entwicklung, wo Marx Arbeit Interaktion und Kommunikation begründen läßt, so enthält die Habermas'sche Konzeption ihre anthropologische Wende da, wo menschliches Zusammenleben jenseits von Arbeit als einem gesellschaftlichen Aneignungsprozeß der natürlichen Umwelt begriffen wird. Sprache, Kommunikation, Recht und andere Institutionen sind erst aus der jeweiligen Form von Arbeit begreifbar. Alles, was an Interaktion auf Natur verweist, gewinnt für Habermas den Charakter technischer und adaptiver Verfügung. Arbeit ist für Habermas kein Thema. Arbeitsverhältnisse sind für ihn unwesentlich, da "keiner Humanisierung zugänglich und zum anderen gibt es für den wissenschaftlich-technischen Fortschritt kein Substitut, das humaner wäre" (zit. nach Kuhn 1974, S. 73); wichtig wird kommunikatives Handeln im arbeitsfreien Bereich z.B. der Familie. In der Habermas'schen Version der Trennung von Arbeit und Interaktion (hier: Familie) wird die Vermittlung der getrennten Bereiche vor allem durch die Ich-Identität des Individuums gestiftet

6) "Die primäre und elementare Weise, in der die Ökonomie für den Menschen existiert, ist die Sorge. Nicht der Mensch hat Sorge, sondern die Sorge hat den Menschen. Nicht der Mensch ist besorgt oder sorglos, sondern in der Besorgtheit wie auch in der Sorglosigkeit ist Sorge. Der Mensch kann sich von Sorgen befreien, aber er kann die Sorge nicht ablegen ... Die Sorge ist die subjektiv transponierte Wirklichkeit des Menschen als eines gegenständlichen Subjekts." (Kosik 1973, 2. Aufl., S. 62)
Mit "Sorge" ist der Aspekt von Arbeit gemeint, der sich unmittelbar auf die Erhaltung des alltäglichen Lebens richtet - Arbeit als ewige menschliche Naturnotwendigkeit; als solche scheint "Sorge" die Arbeit der Frauen in der Familie, vielleicht auch die deprivierter lohnabhängiger Schichten zu charakterisieren.

Anmerkungen zu Kapitel 2:

1) So z. B. Kosta/Krings/Lutz 1970, S. 4-6 und Altmann/Kammerer 1970. Beruf wird in beiden Arbeiten immer schon im Hinblick auf eine Kombination von "Tätigkeitselementen" bzw. Veränderungsmöglichkeiten, also als Flexibilitätsproblem operationalisiert, der Berufsbegriff wird daher überflüssig.
Neuloh 1973, S. 12 ff., begründet den Verzicht auf die Berufskategorie mit der "Gleichsetzung von Arbeit und Beruf" mit Aufkommen der Industrie und einer materialistischen, für ihn "monistischen" Lehre von der Arbeit

2) Für viele symbolisiert die Industriearbeit den Verfall des Berufsgedankens (Neuloh 1973, S. 13); Beruf wäre dann das alte Handwerksideal

3) Sombart (Artikel "Beruf" in Vierkandt 1931, S. 25 f) faßt Beruf zunächst soweit, daß auch Hausarbeit Beruf sein könnte.

4) Wird die Gesellschaft komplexer - warum sich was verkompliziert, wird nicht gesagt - "so erfolgt gleichzeitig mit dem Verlust der instrumentellen Funktionen die Kontraktion der größeren Familie zur Gattenfamilie". Die Arbeitsteilung wird dann außer in der Familie beruflich organisiert. (Warum?). "Je komplexer also in einer Gesellschaft die Technologie und je komplexer die Arbeitsteilung, desto mehr soziale Positionen werden beruflich organisiert." (Daheim 1969, S. 363) Nun muß aber weder Arbeitsteilung, noch Technologie, noch deren Komplexität notwendig zu "Beruf" in unserem Sinn führen

5) Eignung und Neigung konstituieren nach Scharmann (1956) im wesentlichen Beruf. "Berufsrevolutionäre" gibt es bei Dunkmann (1922). Sombart meint, daß schließlich auch Kunst, Poesie u. ä. "Beruf" seien ...

6) Das berufstheoretisch orientierte Projekt des Sonderforschungsbereichs 101/München entwickelt Beruf in Analogie zur "Ware": Beruf wird hier als notwendige Erscheinung entwickelter Warenproduktion begriffen, so in: Beck/Brater/Tramsen 1976, Beck/Brater 1976

7) Brunner (1968, 2. Aufl.) bezeichnet die traditionell bäuerliche, bedarfswirtschaftlich orientierte Arbeitsweise als Arbeit im "ganzen Haus". Der Hinweis auf Brunner wurde dem Forschungsantrag des DFG-Projekts zur Situation von Bäuerinnen von Margret Blasche und Heide Inhetveen (Juni 1976) entnommen: sie bezeichnen "den auf die bäuerliche Produktion bezogenen Spezialfall des Ganzen Hauses" ... das "Bäuerliche Haus". (S. 3)

8) Vgl. dazu den Artikel "Zweierlei Maß" in den Mitteilungen für Frauen, IGM, Frankfurt 1/75, S. 14
"Uns wurde berichtet, daß ein Arbeitsamt im westfälischen Raum von Arbeitnehmerinnen mit Klein- und schulpflichtigen Kindern, die sich

arbeitslos melden und Arbeitslosengeld beantragen, zusätzlich verlangt, daß sie die Erklärung einer dritten Person über deren Bereitschaft, sich um die Kinder und den Haushalt der Antragstellerin zu kümmern, beibringen."

9) Die Funktion der Schule als "Aufbewahrungsanstalt" nicht verwertbarer Arbeitskräfte sieht Offe - was realistisch ist bei steigender Arbeitslosigkeit - für die nächsten Jahre noch anwachsen. Er spricht von einem "überschüssigen Potential nicht verwertbarer Arbeitskraft", das dann in "repressiven Institutionen und Situationen wie ... funktionslosem Bildungsaufwand" etc. untergebracht wird. (Offe 1972, S. 183) Zur historischen Entwicklung der Schule vgl. Otten 1973

10) Solch ein Widerspruch zwischen subkulturellen Verhaltensweisen und Situationsdeutungen und beruflicher Realität existiert vor allem für Frauen. Das Moment, das die Berufswahl einmal bestimmt hat - bei Näherinnen z. B. Freude an Stoffen, Farben, schönen Kleidern - fehlt im Beruf oft ganz oder läßt sich kaum verwirklichen (vgl. Marquardt/Weltz 1975/76)

11) Wie sehr der Verlust der Berufsarbeit den Menschen für die Bewältigung alltäglicher Probleme untauglich macht, zeigt sehr eindrucksvoll die Arbeitslosen-Studie "Marienthal": "Die Frauen in Marienthal sind bloß berufs-, nicht arbeitslos geworden ... Es gibt einen interessanten Unterschied, der ... zwischen Männern und Frauen zu beobachten ist, nämlich die Einstellung zur Z e i t. Während nämlich die Frauen in der üblichen Weise Auskunft über ihre Zeitverwendung geben können und über ihre Stunden vernünftig disponieren, haben wir sehr viele Männer gefunden, bei denen das nicht der Fall ist ... Man sieht deutlich, wie ... das Zeitschema völlig verschwommen ist und eine Einordnung des armseligen Tagesinhaltes nicht mehr gelingt. Wir haben solchen "Zeitverfall" wiederholt ... gefunden ... Zuweilen kommt es sogar zu kleinen Konflikten im Haushalt, weil die Männer unpünktlich werden und den Rest von Ordnung, den die Frauen aufrechterhalten, gefährden ..." (Zeisl 1933, S. 103-104)

12) Diese Aussagen sind natürlich überzogen, nicht zuletzt wegen der Diskussion um "Lohn für Hausarbeit" der letzten Jahre und die entsprechenden Vorschläge der Parteien (Erziehungsgeld ...)

13) "Allgemein ist der gesellschaftliche Wissensvorrat danach konstruiert, welcher Teil des Wissens für alle Gesellschaftsmitglieder relevant ist und welcher nur für die Inhaber bestimmter Berufsrollen. Unter der Voraussetzung einer gegebenen Akkumulation von Wissen wird aufgrund der Arbeitsteilung und Differenzierung rollenspezifisches Wissen sich vom allgemein relevanten und verfügbaren Wissen deutlich trennen und gegenüber diesem schneller in seinem Umfang anwachsen." (Luckmann/Sprondel 1972, Einleitung, S. 13)

14) Beck/Brater behaupten deshalb, daß man bei Berufen nicht wirklich von Problemlösungen sprechen kann, sondern lediglich von einem Aufschieben bzw. bloßem Verwalten von gesellschaftlichen Problemen (1976 b)

15) Wenn in dieser Arbeit von Alltag und Alltäglichkeit gesprochen wird, dann im Sinne von Kosik 1973, 2. Aufl. Unter Alltag wird im Gegensatz zu dem Alltagsleben-Theoretiker Levebvre nicht das Privatleben (la vie privée ist das "beraubte" Leben, von lat. "privare = berauben", also das der Arbeit, der Geschichte, der Zeit (veränderlichen und veränderbaren) "beraubte" Leben) verstanden. Auch Ulrike Prokop weist dem Leben der Frau den Begriff von Levebvre zu: Das Leben der Frau ist daher vor allem Alltagsleben, damit "der Arbeit beraubtes" Leben, sinnlos, geschichtslos, statisch, zyklisch, invariant; dem entspricht dann die Sehnsucht der Frau nach Arbeitslosigkeit, nach Erfolg ohne Arbeit. Für Kosik hat dagegen auch Beruf seine Alltäglichkeit, alles, jede menschliche Äußerung kann alltäglich werden: "Was ist also Alltäglichkeit? Sie ist nicht das private Leben im Gegensatz zum öffentlichen, auch nicht das sogenannte profane Leben im Gegensatz zur erhabenen offiziellen Welt ... Die Alltäglichkeit sieht vor allem die Gliederung des individuellen Lebens der Menschen im Rahmen jeden Tages: Die Wiederholbarkeit ihrer Verrichtung ist in der Wiederholbarkeit eines jeden Tages, in der Zeiteinteilung eines jeden Tages fixiert. Das Alltägliche ist die Gliederung der Zeit und der Rhythmus, darin sich die individuelle Geschichte der einzelnen abspielt ... Alltäglichkeit ist also nicht der Gegensatz zur Nichtalltäglichkeit ... die Hypostasierung der Alltäglichkeit als des Alltags gegenüber der Geschichte als des Außergewöhnlichen ist schon die Folge einer bestimmten Mystifizierung. ... die Volksweisheit, daß der Mensch sich auch an den Galgen gewöhne, bedeutet: der Mensch schafft sich auch in dem ungewohntesten, unnatürlichsten und unmenschlichsten Milieu einen Lebensrhythmus ..." (Kosik 1973, 2. Aufl., S. 71-73)
Im Gegensatz zur Annahme einer Dichotomie von Arbeit und Alltag (z. B. der Frau als Hausfrau und Mutter), von Arbeit und Familie, Privatbereich, kommt auch Beruf eine Alltäglichkeit zu, die unbefragt das Bewußtsein der Menschen bestimmt. (Über die Mystifikation des alltäglichen Bewußtseins ... ebenda, S. 73 f)

16) Zum Gegensatz von Ökonomik (Oikos = ganzes Haus) und Chrematistik (Handel und Gewerbe) vgl. Brunner 1968, 2. Aufl., S. 105 und de Grazia in: Scheuch/Meyersohn 1972, S. 56 f. De Grazia weist auf den antiken Gegensatz von Muße (Kontemplation, Kunst, Musik, Arbeit als Selbstzweck, des durch Sklaven von unmittelbarer Arbeit befreiten "Hausvaters", der nur deshalb Bürger sein konnte ...) und "Geschäft", Geschäftigkeit (Gewerbe etc.) hin: Dahinter steckt die Überlegung, daß nur der Mensch, der von eigennützigen Erwägungen - und sei es nur die der täglichen Daseinsfristung - durch Wohlstand und Sklaven (das waren auch Frauen, Ehefrauen!) enthoben ist, frei, unbeschwert und besonnen regieren könne. "Wer die Welt mit ganz bestimmten Absichten betrachtet, ... wer Geld und Ruhm gewinnen möchte (also unsere Werte, wie Status und Erwerb - I. O.), sieht niemals über sein eigenes Gesichtsfeld hinaus ... Nehmen wir als Beispiel den Mechaniker oder sonst einen Menschen, der arbeiten muß, um leben zu können: er muß seine ganze Aufmerksamkeit auf den Beruf, die Werkzeuge, den Chef richten, er muß sich von der Arbeit erholen, er muß ausrechnen, wie er am besten seine Ware und Dienste verkaufen kann ... Wie kann er unter solchen Umständen die Wahrheit erkennen und sie

vertreten bis an die äußersten Grenzen der menschlichen Welt ..." (S. 63). Dieser platonische "chorismos" von "Muße" und geringgeschätztem "Geschäft", Erwerb, von Arbeit, soweit sie der Existenzsicherung dient, verweist schließlich auf die geringe Arbeitsproduktivität, die geringe Entwicklung der Produktivkräfte, bzw. auf die noch wirksame unmittelbare Abhängigkeit der Menschen in der Antike von ihrer natürlichen Umwelt und deren Willkür. Arbeit als Kampf ums alltägliche Dasein, als Kampf des unterlegenen Menschen mit der überlegeneren Natur, wird mystifiziert zur "üblen Materie": Sie erinnert an Hunger und Not (Krahl 1971, Abschnitt "Ontologie und Eros", S. 115-117). Körperliche Arbeit - Körper und Arbeit, soweit sie unmittelbar auf die menschliche Naturbasis verweisen, also z.B. nicht durch Kunst ästhetisch entfremdet wurden - gelten als böse, feindlich, eigentlich nicht menschlich. Dies gilt besonders für weibliche Kultur (vgl. dazu: Kurnitzky 1974, Abschnitt 3)

17) Mit der Entstehung der Stadt kann man dann auch erst von einer Arbeitsteilung im volkswirtschaftlichen Sinn, von einer gesellschaftlichen und nicht mehr eher naturwüchsigen Arbeitsteilung sprechen (Bücher 1893, S. 132-133)

18) "Das ganze mittelalterliche Marktrecht ... läuft auf die beiden Grundsätze hinaus, daß soweit als irgend möglich öffentlich und aus erster Hand gekauft werden müsse und das alles was in der Stadt selbst produziert werden könne, darin auch produziert werden solle ... Bürger und Bauern standen in einem gegenseitigen Kundenverhältnis: was der eine erzeugte, brauchte immer wieder der andere, und ein großer Teil dieses Wechselverkehrs vollzog sich ohne das Dazwischentreten des Geldes ..." (Bücher 1893, S. 51)

19) Der Begriff "einfache Warenproduktion" ist nur eine analytische Kategorie, an sich jedoch ohne jeden historischen Wert: Er wird verwendet, um zu zeigen, daß die zünftige Arbeitsweise ihrem Wesen nach bereits vom unmittelbaren Bedarf als Produktionsziel einer naturwüchsigen Arbeit abstrahiert. Die zünftige Arbeitsweise kann neben dem Lohnwerk und Verlagswesen bereits als radikale Wende von der Arbeit im ganzen Haus zum Markt hin begriffen werden

20) Bücher unterscheidet mehrere Formen der Arbeitsteilung: Zunächst die Produktionsteilung, die Arbeitsteilung im ganzen Haus, eine Teilung der Arbeit in mehrere Produktionsabschnitte, wobei das Ziel für jeden Abschnitt immer zuerst die Deckung des Eigenbedarfs bleibt; klassische Form wäre hier etwa die Teilung der Arbeit zwischen Mann und Frau, wobei jede Wirtschaft - die männliche Außenwirtschaft und die weibliche Innenwirtschaft - selbständig und unmittelbar produktiv ist. Die Berufsteilung wäre die Teilung eines zünftigen Gewerbes in ebenfalls eigenständige "Nahrungen" (hier: Gewerbe), wobei allerdings das Produktionsziel Eintausch der Subsistenzmittel auf dem Markt gegen die hergestellte Ware wäre; klassisches Beispiel wäre hier der Schmied, dessen Gewerbe sich in die Gewerbe der Nagel-, Kupfer-, etc. schmiede teilt (Spezialisation). Übrig bleibt zu nennen die Arbeitszerlegung in der Manufaktur oder in der

Industrie; hier ernährt die einzelne Detailarbeit losgelöst aus dem Gesamtarbeitsprozeß keinen "Mann" mehr. Klassisches Beispiel: die Stecknadelmanufaktur bei Adam Smith (Bücher 1893, S. 124 f)

21) Den Abschnitt: Hegel - Öffentlichkeit und Privatheit; der Ausschluß der Frau von Individualität, in Prokop 1976, S. 176, ferner: Holzkamp 1975, 2. Aufl., zur Bedeutung des "romantic love complex"

22) Haug (1972, 2. Aufl., S. 17) verwendet den Begriff "Gebrauchswertversprechen" zur Kennzeichnung der - wie er meint - Eigenart der Ware, nur für den Moment des Kaufaktes so etwas wie einen Schein der Brauchbarkeit aufweisen zu müssen. Die Betonung dieses Scheines bedeutet aber nicht, daß die Ware nicht doch letztlich sich immer wieder als brauchbar erweisen muß, um kontinuierlich einen Tauschwert erzielen zu können

23) Brunner 1968, 2. Aufl. Was am "ganzen Haus" recht idyllisch anmutet, war den Lebensverhältnissen entsprechend alles andere als bedürfnisbezogen. Das gemeinsame Leben war vor allem ein Leben in Arbeit; wer nicht arbeitsfähig war, war nutzloser Esser. Dies gilt für den Umgang zwischen den Generationen und mit dem Gesinde. Für das "ganze Haus" des Meisters kam zum unmittelbaren Arbeitscharakter aller Umgangsformen eine steigende Ausbeutung der Lehrlinge im Sinn von Kosten- und Zeitökonomie hinzu; vgl. dazu: Probst, J. Handwerksbarbarei (1774 + 75) in Emmerich (Hrsg.) 1975, 2. Aufl., S. 63 f

24) "Der Mensch bildet sich ein (unter Bedingungen vereinzelter privater Warenproduktion - I. O.), allein leben zu können, ohne sich unmittelbar als ein Teil der menschlichen Gesellschaft zu empfinden. Sein persönliches und das gemeinsame Schicksal fallen auseinander. ... Je spezieller die Teilfunktion des Einzelnen ist, umso weniger vermag er den Gesamtzusammenhang zu erkennen, desto fremder wird ihm damit seine Arbeit" (Jakubowski 1968, S. 78)

25) "Das Eingebettetsein in einen übergreifenden Naturzusammenhang kennzeichnet das Bewußtsein wie die sozialen Verhältnisse in den archaischen Gemeinwesen ... Die Verhältnisse des übergreifenden Naturzusammenhangs schlagen in solchen Gesellschaften sozusagen über die fast zwangsläufig aus ihnen resultierenden Produktivkräfte unmittelbar in die Struktur der sozialen Beziehungen durch" (Ottomeyer 1973, S. 62-63)

26) Vgl. dazu vor allem auch: Nowicki 1973, S. 61. "Mit dem Anfange der Manufakturen gleichzeitig war eine Periode des Vagabundentums, veranlaßt durch das Aufhören der feudalen Gefolgschaften ... durch verbesserten Ackerbau und Verwandlung von großen Streifen Ackerlandes in Viehweiden ... Diese Vagabunden, die so zahlreich waren, daß u. a. Heinrich VIII. von England ihrer 72000 hängen ließ, wurden nur mit größten Schwierigkeiten und durch äußerste Not ... dahin gebracht, daß sie arbeiteten ..." (Marx/Engels zitiert in: Krovoza 1975, 2. Aufl., S. 18)

27) Schmidt (1971, S. 80) spricht "von einer ursprüngliche(n) und gerade deshalb

abstrakte(n) Identität des Menschen mit der Natur, die so weit geht, daß der Mensch nicht nur als eine Weise des organischen Daseins der Natur auftritt, sondern die Natur auch als "unorganisches Dasein seiner selbst ..." (vgl. dazu auch Abschnitt 3.3.2.)

28) Die materielle Basis der Arbeit, des Lebens, zu vergessen, an eine Beherrschung der Natur durch den Menschen uneingeschränkt zu glauben, erweist sich daher wieder nur als Mythologie ... Adorno/Horkheimer zeigen die Schranken in dieser Mythologie einer vollkommenen Naturbeherrschung auf; ihre "Dialektik der Aufklärung" ist eigentlich eine Dialektik der Naturbeherrschung ...
"Furchtbares hat die Menschheit sich antun müssen, bis das Selbst, der identische, zweckgerichtete, männliche Charakter des Menschen geschaffen war, und etwas davon wird noch in jeder Kindheit wiederholt." (1973, 2. Aufl., S. 33) Diese Beherrschung der inneren und äußeren Natur des Menschen gelingt immer nur partiell und kurzfristig. Tatsächlich operiert die exakte Naturwissenschaft auch nur mit einer Angleichung an Natur (Adorno's Mimesis)

29) Was für die Wissenschaft als solche gilt, trifft entsprechend auch auf ihre praktische Anwendung zu. Insofern die Beurteilung dessen, was zu tun am "besten" ist, auf wissenschaftlichen Überlegungen beruht - ganz gleichgültig, ob es sich um die Technik oder etwa um die Medizin handelt - kann die bloß traditionelle Verfahrensweise, die der Vorväter, als solche keinerlei normative Autorität beanspruchen (so Parsons: Die akademischen Berufe und die Sozialstruktur, in: Rüschemeyer (Hrsg.) 1968, 2. Aufl., S. 160)

30) Die Gegenüberstellung entspricht in etwa Parsons/Bales/Shils 1953; ähnlich Habermas 1969, 3. Aufl.; zum hier beschriebenen Rationalisierungsprozeß vgl. Marcuse 1965, S. 161 f

31) Berufe - als Komplexe konkret nützlicher Arbeitsvermögen, komplexer Befähigungen einer Person zu bestimmten inhaltlich gebundenen Tätigkeiten, die - zumindest für den Arbeitenden noch in einem mehr oder weniger sinnvollen Zusammenhang stehen, werden weiter rationalisiert (vgl. Kosta/Krings/Lutz 1970). Beruf wird so vereinfacht, daß die Homogenität von Qualifikation und Tätigkeitsstruktur aufgebrochen wird; damit werden die mit Beruf selbstverständlich verbundenen Einzeltätigkeiten und folglich auch das Selbstverständnis des Berufstätigen in Frage gestellt. Berufe werden in diesem Prozeß auf die in ihnen eingebundenen Tätigkeiten und Fähigkeiten abgeklopft; danach werden die isolierten Fähigkeiten und Verrichtungen ohne Rücksicht auf ihre "lebendigen" Voraussetzungen (Arbeitsvermögen in seiner organischen Ganzheit) neu - nach Maßgabe von Zeit-/Kostenökonomie - zusammengesetzt. Der Berufstätige muß fortan flexibel sein. Dieser Rationalisierungsprozeß macht inzwischen auch nicht mehr halt vor den Berufen, in denen bislang noch die Besonderheit des Arbeitenden, z.B. individuelles Können, einen (Innovations-)Spielraum hatte.

32) Gottl weist darauf hin, daß die Baukunst schon sehr früh so etwas wie eine

von traditioneller Alltagsarbeit losgelöste und gegenüber dem Alltagsleben verselbständigte Technik aufwies. Diese bereits rationale Großtechnik, vereinzelte und nur kurzlebige Formen einer Berufstechnik im modernen Sinn, blieben in archaischen Subsistenzwirtschaften - in Ägypten z. B. - allerdings nur Randerscheinungen; sie machten noch nicht die Synthesis der Gemeinschaft aus. Interessant ist allerdings, daß sich solch eine abstrakte - weil vom dominanten, noch unmittelbar naturwüchsigen Reproduktionszusammenhang losgelöste - Technik, ähnlich der abstrakten Fachkompetenz der Professionen, um die Verfügungsgewalt von Herrschaft der Despoten, Tyrannen, Fürsten und Religionsträger herum ausbreitet. Hier begann zum ersten Mal die "Technik sich gegenüber der Produktion zu verselbständigen ... Dabei paarte sich der Arbeitserfahrung schon die zur Wissenschaft geläuterte Erfahrung. An solchen Aufgaben ist die exakte Wissenschaft gewachsen" (Gottl 1914, S. 237). Mit der Industrie und ihrer Rationalität wird die vereinzelte technische Leistung zur "Berufstechnik"

33) "Bei den Inkas oder den Azteken, in Griechenland oder in Rom kennzeichnete ein Stil die geringsten Kleinigkeiten: Gesten, Wörter, Werkzeuge, häusliche Gegenstände, Kleidung usw. ... Mit anderen Worten, die Formen, Funktionen, die Strukturen der Dinge waren weder dissoziiert noch vermischt ... Eine gewisse Einheit von Form, Funktion und Struktur bildete den Stil ..." (Lefebvre 1972, S. 47 f)
Was Lefebvre hier "Stil" nennt, ist in der naturwüchsigen Gemeinschaft Ausdruck ihrer Einheit von Arbeit und Leben, ihrer unmittelbaren Identität mit den natürlichen Lebensbedingungen. Das war ja gemeint, als gesagt wurde, daß die Arbeitsweise unmittelbar auf die Sozialstruktur durchschlägt (Ottomeyer). Die traditionelle, für unser Verständnis fixierte und ritualisierte Arbeitsweise des zünftigen Handwerkers reflektiert noch einmal jene unmittelbare Identität von Form eines Produkts und seiner Verwendung, von Arbeit und Verbrauch, Gebrauch, wie sie sich im Stil äußert. Diese Fixierung auf die Einheit von Material, Form, Verwendung ist noch Rest traditioneller Arbeitsweise

34) Vgl. dazu noch einmal Fußnote 22; Beck/Brater setzen mit ihrer Berufskritik an der nur "verwalteten" - wie sie behaupten - und aufgeschobenen Problemlösung durch berufliche Bearbeitung an; eine wirkliche Problemlösung liege nicht im Interesse der Berufstätigen, da sie nicht für sich selbst, sondern nur für andere arbeiten, - ihre Arbeit also nur Mittel zum Zweck sei

35) M. E. liegt die Schwierigkeit der Marx'schen Begrifflichkeit darin, daß sie zwar als Kritik entwickelter Warenproduktion greift, daß sie aber andererseits die Eigenständigkeit und Besonderheit einer nicht warenproduzierenden Gesellschaft zu wenig berücksichtigt, sie vielmehr immer auf der Folie von Warenproduktion interpretiert (vgl. dazu: Kurnitzky 1974, S. 9 f, Meillassoux 1976)

36) Der Massenarbeiter erscheint gegen Ende des 19. Jahrhunderts als Folge der einsetzenden Intensivierung der Arbeit und der Verwissenschaftlichung

der Produktion (relative Mehrwertproduktion). Der Massenarbeiter löst weite Teile der traditionellen Facharbeiterschaft ab, die in der Industrie noch einmal eine quasi werkorientierte Arbeitsgesinnung rekonstruiert. Es vollzog sich dort eine Neuzusammensetzung der Arbeiterschaft, die bis heute andauert

37) "Die Tatsache, daß zwar ein notwendiger, aber kein notwendig proportionaler Zusammenhang zwischen komplizierter Arbeit (die ja ein hochqualifiziertes, also teures Arbeitsvermögen nach sich ziehen könnte - I. O.) und qualifizierter Arbeit besteht, ermöglicht es den Kapitalen (hier: Betriebe unter industriellen Warenproduktionsbedingungen ganz allgemein - I. O.), die gesellschaftliche Produktivität der Arbeit von der Qualifikation der Arbeitskraft zu trennen, und diese in einem eigentümlichen Verhältnis von Arbeiter und Arbeitsmittel Gestalt gewinnen zu lassen" (Otten 1973, S. 24-15)

38) In der materialistischen Perspektive wird jede Form von Arbeit als Aufhebung der vorangegangenen in einem doppelten Sinn betrachtet; einmal als Auflösung und zugleich als Rekonstruktion auf einer qualitativ anderen Ebene. So erhalten sich bis heute - wenn auch qualitativ verändert - Formen jener organischen Ganzheit der Arbeit im "ganzen Haus" beim Facharbeiter in der Industrie, die wiederum an den Werkgedanken der zünftigen Arbeit erinnern lassen ...

39) In den vorausgegangenen Ausführungen wurde Beruf eigentlich ambivalent entfaltet: Beruf heißt nur Spezialwissen, abstrakt gewonnene, funktional spezifische nicht-alltägliche Fachkompetenz orientiert am Ideal exakter Naturwissenschaft, aber in Wirklichkeit kommt Beruf ohne alltägliches Erfahrungswissen nicht aus. Was als extrafunktional aus der Bewertung des Arbeitsvermögens ausgeklammert wird - eben askriptive (Geschlecht, Alter) und traditionelle (alltägliche, empirische, intuitive und unspezifische) Fähigkeiten und Eigenschaften der Arbeitenden - bildet in Wirklichkeit die Grundlage individueller Praxis im Beruf und außerhalb

40) Die Arbeiten von Beck/Brater bauen auf einem Konflikt zwischen ursprünglich arbeitsinhaltlich und bedürfnisbezogen orientiertem Arbeitsvermögen und inhaltsleerer abstrakter Tauscharbeit auf. Es stellt sich daher für die Autoren die Frage, ob so etwas wie eine kritische Berufspraxis möglich ist

41) Gerade die Professionen proklamieren Gebrauchswertproduktion, pochen auf die Qualität ihrer Arbeit:
"Wer hat denn die ganzen Stadtteile nach Typenplänen aus der Schublade "hochgezogen", die in ihrer Fantasielosigkeit kaum zu überbieten sind? Doch wohl nicht wir! Wer hat denn das Bauen - diese so unglaublich schöne, nach menschlicher Entfaltung drängende Leidenschaft - zur entpersönlichten Produktion einer Ware erniedrigt? Doch wohl nicht wir! ... Wer hat denn die armseligsten Typenplanungen für 1, 10, 100 Stück Haus, Kindergarten, Schule, Supermarkt als Postwurfsendung verschickt, sie ohne Rücksicht auf Verluste an Umwelt, Stadt, Lebensraum in jeden Winkel

Deutschlands geliefert? Doch wohl nicht wir!" (Novotny, F. zum Deutschen Architektentag 1976, S. 830) Also geht es der Profession doch um Bedürfnisse der Wohnbevölkerung? In Wirklichkeit hat die Architektur wenig im Sinn mit den konkreten Bedürfnissen und Vorstellungen desjenigen, der ein Haus bauen will. Ein guter Architekt verwirklicht seine Vorstellung von Haus und Wohnen - Form wird losgelöst vom "Inhalt" = Bedürfnis des Abnehmers entwickelt - das ist seine Berufsstrategie. Der Architekt, der sich auf die Ebene des Laien begibt, kann dann auch kein guter Architekt sein: dieser muß sein Wissen für sich monopolisieren, der Laie wird zum Inkompetenten; vor allem muß er sich einen Namen machen mit etwas Nicht-Alltäglichem; das kann dann nicht den alltäglichen Reproduktionsbedingungen der Menschen adäquat sein

Anmerkungen zu Kapitel 3:

1) Die Bestimmung der Hausarbeit als "materielle und psychische Reproduktion" war Untersuchungsgegenstand des DFG-Projektes 'Die gesellschaftliche Funktion der Hausarbeit als materieller und psychischer Reproduktionsprozeß' (Scharfenorth/Kontos/Walser, Heidelberg/Frankfurt 1975/76). Auch Elisabeth Beck-Gernsheim 1976 nimmt die auf der gesellschaftlichen Notwendigkeit von Hausarbeit aufbauende weibliche Sozialisation zum Ausgangspunkt ihrer Analyse des "geschlechtsspezifischen Arbeitsmarktes"

2) Die Diskussionen des Bundestages zur Lage der Kinder und Familie, die immer zugleich eine Diskussion der Lage der Frau (nicht des Mannes!) darstellen, zeigen vor allem eines: Emanzipation - hier verstanden als Selbstwerdung, als Auflösung der bislang abstrakten, weil unmittelbaren Identität der Frau mit anderen nur nicht mit sich selbst - wird der Frau nur soweit zugestanden, wie dadurch Reproduktionsleistungen nicht "verteuert" werden; was nichts anderes bedeutet, als daß jene so notwendigen Reproduktionsleistungen der Frau bislang naturwüchsig - durch Zwang, weil es keine Alternative gab und gibt - zustande kamen.
Vgl. Frau Wex in einer Bundestagsdebatte über die Einführung von "Erziehungsgeld": "Wir sind allerdings der Meinung, daß wir (?) die Ansprüche aneinander ... nicht überziehen dürfen. Wenn Emanzipation etwa in der Weise entartete, daß nur eine Steigerung des Egoismus übrig bliebe (- der Frauen ganz gut täte - I. O. -) könnten wir das Ende dieser Entwicklung leicht absehen: Dann sind wir nämlich in nicht allzuferner Zeit alle emanzipiert, einsam und ausgestorben. (Der Geburtenrückgang als Egoismus der Frau? - I. O.) ... Selbstverwirklichung geschieht am wirkungsvollsten durch die Fähigkeit zur Hingabe an andere Menschen ..." (dies gilt dann wohl nur für Frauen ?! - I. O.)
(Zitate aus: DEUTSCHER BUNDESTAG, Stenogr. Bericht, 173. Sitzung, 22.5.75, S. 12102 - Hervorhebung von mir - I. O.)

3) Vgl. Fußnote 2. Wie sehr Frauen in ihrer Gebärfähigkeit vergesellschaftet sind und bleiben sollen, zeigen die Diskussionen der letzten Jahre über den Geburtenrückgang. Dabei können die Ursachen keineswegs an einem Egoismus der Frau festgemacht werden - hier vermischen sich Faktoren wie

Wunsch nach Berufstätigkeit, sozialen Kontakten, wirtschaftlicher Lage, Bedürfnis nach mehr Freizeit, Nachlassen des rigiden weiblichen Geschlechtsrollenstereotyps (vgl. dazu: Arbeitsbericht Urdze, A. zu Einstellungen von "Ein-Kind-Familien" München 1977)

4) Egner (1952, 1963, 1967) geht davon aus, daß der Haushalt nicht ein Teil, sondern die Grundlage des Wirtschaftslebens bildet; dies würde der These dieser Arbeit vom Vorrang unmittelbar bedarfsbezogener Arbeitsweisen vor jeder anderen entsprechen. Raffee und Schweitzer betonen eine qualitativ andere Auslegung der Begriffe "Nutzen" und "Rationalität" für den Haushalt (vgl. auch: Raffee 1969, Schweitzer 1968, Schweitzer/Pross 1975)

5) "... das Rationalitätsverhalten der Haushalte, auch als 'materiale Rationalität' bezeichnet, ist dadurch gekennzeichnet, daß die Haushalte zwischen wertorientierten Zielsystemen zu wählen haben und mit Hilfe von Bewertungsmatrizen ihre Entscheidungen für den Einsatz ihrer Mittel bzw. die bevorzugte Realisierung dieser oder jener Zielbündel rational - also nachprüfbar - vornehmen. Dieser Begriff der 'materialen Rationalität' muß nur noch erweitert werden durch ein objektives Maß, so daß wir ein objektives materiales Rationalverhalten - einen objektiven Leistungsstandard - bestimmen müssen, um dann an diesem das tatsächliche Verhalten messen zu können. Je mehr ein Haushalt in seinen haushälterischen Handlungsbereichen den objektiven Leistungsstandard kennt, um so 'objektiv-materialrationaler' (?!) kann sein Verhalten dann genannt werden" (Schweitzer in Pross/Schweitzer 1975, S. 105)

6) Für Hausarbeit sind letztlich die Chancen einer Rationalisierung im Sinn von Zeit- und Kostenökonomie, damit auch die Chance einer Verberuflichung jeder beliebigen Hausarbeitstätigkeit begrenzt; gerade weil eine ökonomische Zeitstruktur im Bereich beruflicher Arbeit von wesentlichen Momenten des Arbeitenden abstrahiert, verlangt solch eine Konstitution von Arbeit ein gegensätzliches Korrelat in einem ausdifferenzierten und formdifferenten Bereich, in dem zumindest ansatzweise andere Zeitstrukturen, Tätigkeitsabfolgen, Objektbeziehungen, Sinnbezüge etc. erfahren werden können

7) Haushalt umfaßt in dieser theoretischen Perspektive zumindest zwei Bestimmungen: die Hauswirtschaft als Produktion, als letzte Produktion der Volkswirtschaft, die das Produkt sozusagen zur Genußreife führt, und den Akt des Konsums selbst; oder die Haushaltung als 'Budgetierung des Haushaltsplans' (Egner) und die Hauswirtschaft selbst, als konkrete Tätigkeiten, die sich aus der Haushaltung ergeben: "Haushalt ist jenes ökonomische Gebilde, dessen Zielsetzung darin liegt, die zu befriedigenden Bedürfnisse der ihm angehörenden Personen mit den vorhandenen oder mittels des Einkommens beschaffbaren Gütern in Einklang zu bringen, wobei oftmals auch zünftige Bedürfnisse in Betracht gezogen werden. Rechenhaft, geldmäßig ausgedrückt, liegt das Wesen des Haushalts in der Kombination von Einnahmen und Ausgaben als Endzweck. Haushalt besteht nur bei der wirtschaftlichen Zielsetzung der Bedarfsdeckung - im Gegegsatz zur Gewinnerzielung" (Fleckenstein 1948, S. 24)

8) Von daher ist es nicht verwunderlich, daß in der umfangreichen Untersuchung von Helge Pross (1975) 'Zur Wirklichkeit der Hausfrau' konkrete Beschreibungen von immer wiederkehrenden oder von jenen für Hausarbeit typischen diffusen Arbeitssituationen, - Beschreibungen von Tagesläufen, die sich ja wirklich von beruflichen unterscheiden, fehlen: was Hausarbeit ist, wird nie gesagt

9) Vgl. dazu die Fußnote 5 der Einleitung (Kap. 1)

10) In der Familien- und Sozialisationsforschung ist der Zusammenhang von intakten (was das auch immer sei!) Familienstrukturen und gelungener Verinnerlichung beruflicher Normen nicht immer so deutlich, wie hier behauptet. Daß solch ein Zusammenhang unterstellt wird, beweisen jedoch wissenschaftliche Untersuchungen, die immer da einsetzen - meist am Versagen der Mutter - wo solch eine Arbeitsfähigkeit bereits in Frage gestellt erscheint

11) Die Frau erhält in der Alltagswirklichkeit, aber auch in der soziologischen Perspektive, zunächst ihren Status über den des Mannes. Sie repräsentiert damit theoretisch, wie auch bis zu einem gewissen Grad durch ihre Abhängigkeit vom Lohn des Mannes, sein Lebensniveau, meist auch wenn sie selbst berufstätig ist. Selbst dann ist ihre Mobilität, ihr berufliches bargaining, durch die Berufstätigkeit ihres Mannes behindert - letztere hat in der Regel selbst bei hochqualifizierten Frauen Vorrang

12) Solch eine Interpretation legt zunächst die traditionelle Familiensoziologie nahe (Schelsky, auch König und Wurzbacher), aber auch Varianten der Frankfurter Schule (Horkheimer), die von "time-lag" oder "Ungleichzeitigkeit" sprechen (Bloch). Mit solch einem Nachhinken wird z. B. die Differenz von Stadt- und Landfamilien bezeichnet, die darin bestehen soll, daß die Landfamilie noch unzureichend nach Standards industrieller Lebensweise ausgerichtet ist - also sozusagen irrational arbeitet, lebt. Übersehen wird der Unterschied in der Arbeitsweise - der Konstitution der bäuerlichen Arbeit - die zwangsläufig andere Existenzformen und Werthaltungen hervorbringt, die nicht ungleichzeitig und durchaus rational sind; auch in der These einer permanenten Phase der "ursprünglichen Akkumulation" im Verhältnis von Hausarbeit und Beruf in einer warenproduzierenden Gesellschaft, scheint die Familie bzw. die Arbeit der Frau "ungleichzeitig" wenn auch notwendig ungleichzeitig begriffen zu werden

13) Die Texte von Engels, Bebel, Kuczynski, selbst von Beauvoir, sind so sehr vom Glauben an eine Befreiung der Frau durch die sozialistische Einbeziehung in den industriellen - nach wie vor warenproduzierenden - Produktionsprozeß erfüllt, daß man über die reale Besonderheit der Arbeit der Frau und ihrer historischen Entwicklung nichts mehr erfährt; Hausarbeit ist nur "ungleichzeitig", resultiert nur aus patriarchalischer Unterdrückung, diese wiederum aus dem Privateigentum des Mannes; im Sozialismus ist dann das Problem gelöst - es gibt ja kein Privateigentum mehr (allerdings immer noch Warenproduktion) - die Frau befreit (?). Für eine Befreiung der Frau wäre aber ein Wissen um die eigene Ge-

schichte - Lebensgeschichte und Geschichte der "weiblichen Kultur" notwendig. Solch eine Sozialgeschichte der Frau, die sich auf weibliche Arbeit konzentriert, müßte aber erst rekonstruiert werden

14) "Das naive Bewußtsein hält die Alltäglichkeit für die natürliche Atmosphäre oder für die bekannte, familiäre Wirklichkeit, während die Geschichte ihm als eine transzendentale Wirklichkeit erscheint, die sich hinter seinem Rücken abspielt und in die Alltäglichkeit einbricht in Gestalt von Katastrophen ... Die Aufteilung des Lebens in Alltäglichkeit und Geschichte wird von diesem Bewußtsein als Schicksal erfahren; ... Die Geschichte ändert sich, die Alltäglichkeit bleibt. Die Alltäglichkeit ist Piedestal und Material der Geschichte: sie trägt die Geschichte und sättigt sie, selbst aber ist sie ohne Geschichte und außerhalb der Geschichte" (Kosik 1973, 2. Aufl., S. 74-75). Frauen sind geschichtslos, weil sie die "Alltäglichkeit" tragen, weil Alltäglichkeit nicht aufgeschrieben, festgehalten zu werden braucht; sie erscheint dem Träger ohnehin mehr als vertraut, ist kein besonderes Thema

15) Ich beziehe mich hier auf die anthropologischen Schriften von Godelier 1973, Kurnitzky 1974, Levi-Strauss 1971, 1973, 1974, Mead 1955, Meillassoux 1976, Ploss/Bartels/Bartels 1927, 11. Aufl., Roheim 1975, Vaerting/Vaerting 1921 und auf Literatur zur Analyse von Mythen, wie z. B. von Abraham 1969, Heinrich 1966, Horkheimer/Adorno 1973, 2. Aufl., Kerenyi 1966, Roheim 1927

16) Einen Versuch, eine Sozialgeschichte der Familie - wenn schon nicht der Frau - zu entwerfen, stellt das Buch von I. Weber-Kellermann dar (1975, 2. Aufl.)

17) Dazu noch einmal Fußnote 6 der Einleitung (Kap. 1)

18) Gerade in Krisenzeiten, in denen häufig gesellschaftlich sanktionierte Handlungsmuster ihre Gültigkeit verlieren, greifen Frauen, um die unmittelbare Reproduktion zu sichern, oft zu "illegalen" spontanen Maßnahmen. So muß z. B. in armen ländlichen Regionen die Frau auf der Basis knapper verfügbarer Subsistentmittel (Hof) einige Phantasie entwickeln, um die Familie zu unterhalten, ohne den Besitz aufzuzehren; dies gilt vor allem für Häusler und Nebenerwerbsbauern. Feustel und Chemnitz schildern, wie Frauen sich in der Kriegsindustrie - immer eingedenk der Tatsache, daß von ihrem Arbeitsvermögen, von ihrer Gesundheit das Überleben ihrer Kinder abhängt - gegen die Ausbeutung in der Fabrik durch negative Arbeitshaltung und Streiks wehrten; wie sie sich selbst durch Plünderungen und Hamsterfahrten Lebensmittel beschafften ... "Die Frauen sind aktiver Mittelpunkt dieser Umbruchs- und Notsituationen: Obgleich die objektiven Schwierigkeiten der Wohnraum-, Heizungs- und Ernährungslage gesehen werden, ist es dennoch Aufgabe der Frau ... das ganze Problem optimal zu lösen ... Die Konsequenzen sind zunächst ein Autoritätsschwund des Mannes" (Jurczyk, 1977, 2. Aufl. S. 77-78), denn Männer versagen, wie die Untersuchungen zum Verhalten arbeitsloser Männer zeigen, in der Aufgabe kontinuierlicher Alltagsvorsorge. (Brockhaus/Brockhaus 1976, Chemnitz 1926, Feustel 1970, Jurczyk 1976, Kocka 1973)

19) Horkheimer/Adorno interpretieren das Essen von Lotosblumen in der 'ODYSSEE' ebenfalls als menschliche Sehnsucht nach einem Leben ohne Mühsal ... "Kaum ist es Zufall, daß die Epopöe die Vorstellung des Schlaraffenlebens an das Essen von Blumen heftet ... Das Essen von Blumen, wie es noch beim Nachtisch des nahen Ostens gebräuchlich, europäischen Kindern vom Backen mit Rosenwasser ... bekannt ist, verheißt einen Zustand, in dem die Reproduktion des Lebens von der bewußten Selbsterhaltung, die Seligkeit des Satten von der Nützlichkeit planvoller Ernährung unabhängig ist. Die Erinnerung des fernsten und ältesten Glücks, die dem Geruchsinn aufblitzt, verschränkt sich noch mit der äußersten Nähe des Einverleibens. Sie weist auf die Urgeschichte zurück" (1973, 2. Aufl., S. 59)

20) Ulrike Prokop stimmt wie Adorno/Horkheimer mit der These dieser Arbeit überein, daß die kulturelle Definition von Weiblichkeit auf diese regressive Sehnsucht nach Arbeitsfreiheit, Muße, Schönheit rückverweist. In diesem Sinn symbolisiert Weiblichkeit im Zeichen einer möglich gewordenen Verringerung notwendiger Arbeit tatsächlich ein emanzipatorisches Moment. "Die Imago der Weiblichkeit war eher ein gesellschaftliches Symbol dessen, was gesellschaftlich verdrängt werden mußte: der Sehnsucht nach Versöhnung, Einheit, Passivität, nach Freiheit von Arbeit und Zwang zur Selbsterhaltung ... Die Schönheit der Frau repräsentierte die Lockung, in Natur zurückzufallen ..." (Prokop 1976, S. 128). M.E. ist diese regressive Sehnsucht ein plausibler Grund für die Unterdrückung der Frau und zugleich ein Zeichen dafür, daß "Natur" auch unter Bedingungen industrieller Warenproduktion noch angstbesetzt ist und mystifiziert werden muß. Wie Interviews mit Friseusen z.B. zeigen, ist das Bedürfnis nach Schönheit, nach Sich-Schön-Machen, nach Körperpflege und Sinnlichkeit, nach Umgang mit schönem Material etc. ein wichtiges Motiv weiblicher Berufswahl; als ob sich Frauen in ihrer Lebensgeschichte mit dem, was Weiblichkeit symbolisiert, womit ihnen auch gesellschaftlich begegnet wird, dann auch real identifizieren (Marquardt/Weltz 1975-1977)

21) Habermas sieht erst Naturbeherrschung als Beginn wirklich menschlicher Existenz an: "Auf dem Wege der Unterwerfung unter die Kausalität der Natur entsteht mir in den Werkzeugen das Resultat einer Erfahrung, durch die ich umgekehrt die Natur für mich arbeiten lassen kann. Indem das Bewußtsein mit den technischen Regeln den nicht intendierten Ertrag seiner Arbeit einholt, kehrt es aus der Verdinglichung zu sich zurück, und zwar als listiges Bewußtsein, das im instrumentalen Handeln die Erfahrung mit Naturprozessen gegen diese selbst wendet: 'Hier tritt der Trieb ganz aus der Arbeit zurück. Er läßt die Natur sich abreiben, sieht ruhig zu und regiert nur mit leichter Mühe das Ganze: List. Die breite Seite der Gewalt wird von der Spitze der List angegriffen'" ("Arbeit und Interaktion" in: Habermas 1969, 3. Aufl.)
Aber Horkheimer und Adorno zeigen die Dialektik der Naturbeherrschung: die Natur rächt sich da, wo Arbeit eben nicht mehr auf ihre Gesetzmässigkeiten eingeht ... "Naturbeherrschung ist grundsätzlich nur möglich vermittels der Beherrschung und Unterdrückung der konkreten Triebnatur des Menschen ... Das gesellschaftlich vermittelte Naturverhältnis, das

auf der Beherrschung und Unterdrückung der äußeren Natur aufbaut, ist zugleich durch die Unterdrückung und Verdrängung der gesellschaftlichen Naturbasis selber gekennzeichnet" (Kurnitzky 1974, S. 146-147). "Die Industrie ist historisch gewordenes Instrument dieser Entfremdung in der Auseinandersetzung mit der Natur, naturwissenschaftliches Laboratorium und damit Teil der Negation. Daraus folgte, daß die menschliche Emanzipation und Wiedergewinnung auch andere Produktionsweisen erfordert, als sie die Industrie verkörpert ..." (ebenda, S. 47-48)

22) Zweierlei drückt sich in diesem "Chorismos" bis heute aus:
1. Die Naturwüchsigkeit der Produktionsweise in der Antike, die Abhängigkeit des Überlebens von der Willkür der noch unbeherrschten natürlichen Umwelt, "Materie als lebensbedrohendes Realitätsprinzip", feindliche, von daher nicht-identische Natur; im Begriff dieser Nicht-Identität von Natur und Mensch ist immer schon eine Verdrängung auch der inneren Natur den Menschen enthalten, wie sie dann vor allem von der christlichen Religion aufgegriffen wird - u. a. auch als Diffamierung der Frau, wo sie nicht Mutter ist; Naturwüchsigkeit der Lebens-/Arbeitsweise als "Verhaftetsein der sozialen Struktur an die erste Natur, an die konkreten Stoffwechselprobleme der äußeren (und inneren!) Umwelt als fremde unangreifliche Macht" (Ottomeyer 1973, S. 61 f)
2. Das andere Moment, das mit diesem chorismos einhergeht, jetzt mit der Akzentuierung von Form, Reinheit, Idee (Platon), deutet auf menschliche Versuche hin, die an sich feindliche Materie, die natürliche Umwelt zu beherrschen! So kann die Magie als erster Versuch der Naturbewältigung gefaßt werden (vgl. Wiederkehr der magischen Aneignung von Welt beim Kind), ebenso wie die Konzeption der Materie als Nicht-Identität

23) Die Hausarbeit hat sich nicht nur historisch herausgebildet - sie nimmt auch je nach Familientyp, d. h. je nach materiellen Reproduktionsbedingungen, unterschiedliche Formen an. Tatsächlich fehlt jedoch bislang eine historische Analyse unterschiedlicher Reproduktionsmilieus; mit Faktoren wie Einkommen, Ausbildung, Beruf werden diese nicht erfaßt. Eine Typologie unterschiedlicher Reproduktionsmilieus und -bedingungen könnte man vielleicht aus einer Rekonstruktion zufälliger und letztlich doch ähnlicher Lebensläufe erhalten: In jedem Lebenslauf sind typische Erfahrungen z. B. mit Berufswechsel, Regionwechsel, Streiks, Krisen etc. mit Zufälligem verbunden ... So steht z. B. der näheren Bestimmung der Hausarbeit in proletarischen Familien im Weg, daß die kollektive Geschichte der Familie, wie die zufällige der Familienmitglieder selbst heterogen und dynamisch begriffen werden muß. Die proletarische Familie kann Elemente bäuerlicher Existenzen enthalten, was häufig zur Erklärung der Passivität des Arbeiters dient; "der entwurzelte bäuerliche Mensch" (Hermes 1926) bringt die Naturergebenheit bäuerlicher Lebensweise in den industriellen Produktionsprozeß ein - ein kritisches Moment. Die proletarische Familie kann Elemente des traditionellen Facharbeiters mit entsprechendem Arbeitsethos, mit Disziplin und Werkstolz enthalten; sie kann die Familie des "affluent worker" sein oder des "Massenarbeiters" mit seiner Perspektivelosigkeit und Apathie seit Generationen. So umfaßt die Mittelschichtfamilie die ganze Breite des Kleinbürgertums, sie ist also auch

heterogen; Erfahrungen mit Auf- und Abstieg, mit bäuerlicher, handwerklicher Arbeitsweise, mit Beamtendasein und Schreibtischarbeit vermischen sich. Die Arbeit der Frau ist in diese unterschiedlichen Reproduktionsbedingungen eingespannt

24) Die Autoren des KURSBUCHes 45 zum Thema "Kleinbürgertum" behaupten, daß die gegenwärtige Gesellschaft in Deutschland in ihrer sozialstrukturellen und kulturellen Ausprägung, in Werthaltungen und Situationsdeutungen, vor allem vom Kleinbürgertum, vom mittelständischen Gewerbe, vom Heer der Angestellten, auch von Intellektuellen und nicht so sehr bzw. nur sehr vermittelt vom Widerspruch von Lohnarbeit und Kapital getragen wird. Dies gilt auch für eine nähere Bestimmung der Hausarbeit der Hausfrau. Die von H. Pross konstruierte deutsche Durchschnittshausfrau trägt alle Merkmale kleinbürgerlicher Existenz. Ihre Sorge ist tatsächlich vor allem die Arbeit mit und für Kinder und die Repräsentation des Status des Mannes

25) De facto hat - wie in der Familie im übrigen - eine Rationalisierung bäuerlicher Arbeitsweise nach Maßgabe von Zeit-/Kostenökonomie längst stattgefunden (z.B. Hühnerzucht!). Allerdings setzen Grenzen dieses Rationalisierungsprozesses, ebenfalls wie in der Familie, viel früher ein, als im beruflichen Arbeitsprozeß; ein Mindestmaß an Naturwüchsigkeit bleibt sowohl in der Hausarbeit wie der bäuerlichen Arbeitsweise (im übrigen auch im Beruf, hier nur latent). Zur bäuerlichen Lebensweise vgl. Bellmann/Hein/Trapp/Zang 1975, Blanckenburg 1960, 1962, 1958, Blasche/Inhetveen 1976, Braun 1960, Maspetiol 1974, Müller 1964, Planck 1974

26) Die erwähnte analytische Trennung von bäuerlicher sowie weiblich reproduktiver und beruflicher Arbeit erinnert zugleich an Tönnies' Unterscheidung von Gemeinschaft und Gesellschaft. Unter einer historisch dynamisierten Perspektive werden damit wiederum Strukturmerkmale von Subsistenzwirtschaften einerseits, wie sie auch für die Arbeit der Frau typisch sein sollen, und sich herausbildenden warenproduzierenden Gesellschaften andererseits angesprochen. Wenn nun Max Weber (1947, 3. Aufl.) diese beiden Begriffe von Tönnies dynamisiert und zugleich dann "Vergemeinschaftung" und "Vergesellschaftung" nicht jeweils nur ausschließlich für eine bestimmte historische Gesellschaftsformation geltend macht, sondern vielmehr behauptet, daß beide Typen sozialen Handelns soziale Beziehungen ausmachen können, - charakterisiert er zutreffend soziale Beziehungen unter Bedingungen fortschreitender Warenproduktion

27) Auch Kramer sitzt dem "Fetisch" einer Befreiung des Menschen von der Unberechenbarkeit seiner eigenen und der äußeren Natur durch "Naturbeherrschung" (die Allmacht von Wissenschaft und Technik) auf

28) Sinnliche Intuition ist Aneignungsweise des Laienwissens: für Laienmedizin gilt sie von ihren archaischen Anfängen bis zur Gegenwart ... "Krankheit, deren Ursache und Wirkung grobsinnlich unmittelbar zu erfassen war, konnte aus der empirisch gewonnenen Erfahrungswelt angegangen werden. Wo die natürliche Erklärung der Krankheitsvorgänge nicht

ausreichte, traten magisch-religiöse Vorstellungen in den Vordergrund ... (vgl. die Rolle der Psychologie bei nicht "objektiv" diagnostizierbaren funktionellen Störungen! - I. O.) ... Empirie und magisch-religiöse Vorstellungen formen Primitivmuster von Heilkunde und Pflege, die durch die gesamte geschichtliche Entwicklung bis in unseren heutigen Alltag hinein üblich und lebendig geblieben sind" (Seidler 1976, 2. Aufl.)

29) Das Schöpferische ist bloß daran erkennbar, wieweit die Anwendung der Gesetze etwas - relativ - Selbständiges oder rein Dienendes ist. D. h. bis zu welchem Punkt das rein kontemplative Verhalten zurückgeschoben wird (Lukacs 1970, S. 191)

30) Tatsächlich wird in der kognitiven Entwicklungspsychologie (Kohlberg, Piaget z. B.) ähnlich der Abwertung Kohuts ein Handeln auf der Basis "voroperationalen Denkens", auf der Basis von Intuition und Empathie z. B., als Versagen zu denken begriffen, bestenfalls als kindliche zu überwindende Entwicklungsphase; daher werden Frauen in ihrer eher intuitiven Arbeitsweise, wie sie einem eher naturwüchsigen Arbeitsgegenstand angemessen ist, manchmal als Kinder bezeichnet

31) Vgl. Fußnote 18

32) Vgl. zur Wirksamkeit der Mimetik im Alltag: Anthony 1973. Anthony bringt ein negatives Beispiel: Die Kinder einer psychotischen Frau mimen noch lange Zeit nach deren Einweisung in eine Anstalt den Gesichtsausdruck der Frau, ohne sich dessen bewußt zu sein. Ähnliche Beispiele wären z. B. die Angleichung in Haltung und Aussehen bei Ehepaaren, aber auch Fähigkeiten, Nonverbales zu interpretieren und weiterzugeben

33) Vgl. dazu Brinkmann 1973, S. 154 f, Krovoza 1975, 2. Aufl., S. 23 f und 1976, sowie Lefebvre 1975; diese Autoren trennen eine gebrauchswertorientierte Produktionsweise von einer tauschwertorientierten "arbeitszeitgenormten" mit Hilfe der Kategorie "Zeit"

34) Auszug aus: Informationen für die Frau, Folge 2, Februar 1976, S. 13, Rückseite eines sowjetischen Abreißkalenders, speziell für Frauen für das Jahr 1976

35) Der Begriff einer "sekundären Naturwüchsigkeit" (Ottomeyer in Anschluß an Marx) bezieht sich zunächst auf die Eigenart beruflicher Produktionsprozesse: dadurch daß der Arbeiter, seine Besonderheit, hier nicht mehr unmittelbar Produktionsbedingung ist, die Arbeitsverhältnisse nicht mehr von ihm selbst hergestellt erscheinen, sich vielmehr ihm gegenüber verselbständigt haben, wird der einzelne blind gegenüber seiner eigenen Praxis - diese nimmt wieder naturwüchsige Züge an, ohne jedoch naturwüchsig im ursprünglichen Sinn zu sein.

Anmerkungen zu Kapitel 4:

1) "Scheinbarer Gegensatz": eigentlich baut Beruf auf Hausarbeit auf, beinhaltet Beruf alle Elemente einer naturwüchsigen Arbeit und entsprechender Verhaltensweisen. Unter Bedingungen industrieller Warenproduktion ist diese Naturgebundenheit nicht mehr erkennbar, da sie tauschadäquat überformt ist, aber die materielle Basis muß erhalten und gesichert bleiben, auch in beruflichen Produktionsprozessen. Die für Warenproduktion typische Abstraktion von unmittelbar körpergebundenen Bedürfnissen ist nur möglich, wenn sie mit der Fähigkeit des Berufstätigen rechnen kann, sich über die beruflich ausgebeutete Form hinaus zu reproduzieren - eine Aufgabe u. a. der Frau im Arbeitsbereich Familie

2) Spätestens an diesem Punkt wird deutlich, daß der Berufsbegriff bereits auf der logischen Ebene dialektisch zu begreifen ist. Beruf ist die Warenform des Arbeitsvermögens und die Form, in der sich Arbeitsvermögen in beruflichen Arbeitsprozessen äußern soll, wenn auch das Arbeitsvermögen niemals identisch mit der beruflich geforderten Form sein kann: Warenform des Arbeitsvermögens beinhaltet ja die Spannung zwischen konkret lebendigen Fähigkeiten und Bedürfnissen und tauschangemessener Formung (vgl. dazu: Projektantrag Beck-Gernsheim/Ostner/Pieper 1977)

3) So Negt/Kluge (1972), aber auch die Arbeiten des Psych. Seminars der TU Hannover von Brinkmann, Krovoza, sowie ansatzweise Beck/Brater und Beck-Gernsheim (1976/77)

4) Das Kriterium der "Überlegenheit" kann m. E. nicht aus der Vergangenheit gewonnen werden. Es fehlt dazu u. a. eine "ökologische" Betrachtungsweise, die ganzheitlich - für heute und für vergangene Zeiten - Leben, Wohnen, Arbeiten als Einheit faßt, also die Gesamtheit der materiellen Reproduktionsbedingungen reflektiert. Was soll also Maßstab für Überlegenheit sein? Was immer auch an der Mutter-Kind-Beziehung von besonderer, vielleicht auch "überlegener" Qualität sein mag, sie bleibt solange Residualkategorie, wie sie nicht für den gesamten Lebens- und Arbeitszusammenhang geltend gemacht werden kann

5) Lorenzer (1972) unterscheidet genau zwischen einem subjektiv vermeintlichen z. B. gebrauchsorientierten Verhalten und dessen objektiven Sinn. Nun sind auch objektive Faktoren wie z. B. materielle Sicherheit, zur freien Disposition stehende Zeit - im Beruf oder in der Hausarbeit - keineswegs eine Garantie dafür, daß eine Mutter oder ein Berufstätiger sich auch "bedürfnisbezogen" verhalten, "Gebrauchswertorientierung" aktualisieren, wie umgekehrt schlechte materielle Reproduktionsbedingungen oft erst die Reklamation von "Sinn", das Bestehen auf Qualität und Bedürfnisbezogenheit hervorbringen. So fehlt z. B. vielen privilegierten, materiell gesicherten Hausfrauen durchaus die Fähigkeit, jene mit Gebrauchswertorientierung umschriebenen Qualitäten wie Empathie, Für-

sorglichkeit, Interesse am anderen etc, zu entwickeln; wie ja auch eine restringierte berufliche Arbeitssituation zwar ein Interesse an der Arbeit strukturell ausschließt, aber viel umfassender zu kollektiven solidarischen Aktionen zur Wiedergewinnung von Reproduktionschancen führen kann; Gebrauchswertorientierung ist also keine Qualität, die nur der Hausarbeit oder nur Frauen zukommen kann

6) Eine symbiotische Mutter-Kind-Beziehung ist alles andere als bedürfnisorientiert; sie verhindert ähnlich wie das buchstäbliche "Sich-Lieben-Um-Nichts" (Holzkamp) oder wie das archaische unmittelbare Ineinssein des Menschen mit seiner Natur (primärer Narzißmus des historischen Menschen) die Entwicklung eines ICH, das sich von anderen unterscheidet, SELBST ist, und deshalb andere als anders, besonders, anerkennen kann. Die Schwierigkeit der Frau, in der privaten Hausarbeit ein SELBST zu entwickeln, verhindert auch die Anerkennung und Achtung des kindlichen SELBST, damit eine Anerkennung des Kindes als eigenständige Person; weder Mutter noch Kind, Mann oder Frau, können ihren primären Narzißmus, die Tendenz nichts anzuerkennen als anders, vielmehr alles einzuverleiben, nicht oder nur schwer überwinden (vgl. dazu: Jacobsen 1973, Kohut 1973, Ziehe 1975)

7) Laslett/Wall (1972) zeigen, daß im mittelalterlichen bäuerlichen ganzen Haus die Familie als Verwandtschaftsgruppe meist auf die Kernfamilie beschränkt blieb; allerdings umfaßte die Großfamilie alle, die im Haus arbeiteten und oft auch "Untermieter"

8) Es ist gerade die Distanz der bürgerlichen Familie zu Hunger und Mühsal (im Gegensatz zu archaischen, bäuerlichen Gemeinschaften und etwa zur proletarischen Familie), die Horkheimer veranlaßt, hier die Chance von "Emanzipation" zu sehen; die Formbestimmtheit der Familie, z.B. der Aspekt, daß die Isoliertheit und nur scheinbare Tauschfreiheit, die fehlende gemeinsame Arbeitgegenständlichkeit zwischen Mann und Frau alle emanzipatorischen Elemente verhindern, wird übersehen. Dabei ist gerade in der bürgerlichen Familie des 19. Jahrhunderts die Frau, als Nicht-Wirklich-Arbeitende, von jeder Selbstbestimmung ausgeschlossen und völlig der Gewalt des Mannes unterworfen

9) Hagemann-White/Wolff (1975, S. 102 f) kritisieren die Tendenz der Forschung und folglich von sogenannten Erziehungsratgebern abstrakt zu definieren, welche Bedürfnisse ein Säugling hat, in welcher Häufigkeit und Reihenfolge

10) Lorenzer (1972, S. 140 f) nennt dies in seinem Kapitel "Systematisch gebrochene Praxis in der primären Sozialisation" die "Blindheit der sozialisierenden Mütter gegenüber ihrer Sozialisationsstrategie"

11) Die Schwierigkeit, die eigene Sozialisationspraxis zu durchschauen, die Reproduktion auf Bedürfnisbezogenheit zu hinterfragen, liegt an der doppelten Naturwüchsigkeit privater Reproduktion; zunächst ist der Arbeitsgegenstand naturwüchsig - die Frau hat naturgebundenen irrationalen, also

nicht planbaren oder aufschiebbaren Bedürfnissen gerecht zu werden; zum anderen wird sozusagen sekundär eine Naturwüchsigkeit durch die Isoliertheit und Arbeitsfreiheit der Familie und ihre quasi naturgegebene Abhängigkeit vom Lohn des Mannes hergestellt; dabei können weder Mann noch Frau ihre Arbeit in einen sinnvollen Zusammenhang bringen

12) Damit ist wieder jene doppelte - primäre und sekundäre - Naturwüchsigkeit angesprochen: die verobjektivierten gesellschaftlichen Verhältnisse erscheinen dem Menschen als zweite Natur, weil sie losgelöst vom konkreten Bedarf und Bedürfnis, von der Praxis der Individuen existieren

13) Hier von "Verinnerlichung beruflicher Normen" zu sprechen, ist eine Abwandlung der Formulierung von Krovoza ("Die Verinnerlichung der Normen abstrakter Arbeit" 1975, 2. Aufl.) und zugleich eine Kritik an dieser Formulierung; tatsächlich werden nicht Normen abstrakter Arbeit verinnerlicht, sondern Normen beruflicher Arbeit in ihrer Ambivalenz, damit in ihrer Chance, gegen Unterdrückung menschlicher Belange zu revoltieren: gerade die Warenform Beruf enthält die Möglichkeit zum Widerstand

14) Gedacht wird z. B. an das, was konkret empirisch als kindlicher Entwicklungsprozeß hinter der Aussage Habermas' steht "... am Anfang (hier: der kindlichen Entwicklung - I. O.) steht nicht die Unterwerfung der Natur unter die selbst erzeugten Symbole, sondern umgekehrt die Unterwerfung des Subjekts unter die Gewalt der äußeren Natur" (1969, 3. Aufl.). Hier wird auf die primäre Naturwüchsigkeit menschlicher Existenz, auf die unmittelbare Abhängigkeit - hier: des Neugeborenen z. B. - von seiner inneren und äußeren Natur, angespielt. Arbeit in der Habermas'schen Version verlangt dann "die Suspendierung der unmittelbaren Befriedigung; sie überträgt Leistungsenergien auf den bearbeiteten Gegenstand unter Gesetzen, die die Natur dem Ich imponiert" (ebenda). So wie Habermas hier und im weiteren "Arbeit" definiert, bezieht sie sich nur auf Arbeit unter Bedingungen von industrieller Warenproduktion: Natur und Arbeit werden auseinanderdividiert und nicht mehr zusammengebracht

Anmerkungen zu Kapitel 5 :

1) Diese Arbeit stellt zugleich den theoretischen Hintergrund für eine kleine empirische Untersuchung konkreter Formen der Auseinandersetzung von Frauen mit Beruf dar im SFB 101 (Krankenschwester-Studie)

2) Daß dies so ist, zeigen die verschiedenen Formen abweichenden Verhaltens von Mädchen und Frauen, wenn dieses gesellschaftliche und von ihnen selbst definierte "Erfolgsziel" (Gipser 1975, S. 33 f) nicht erreicht wird. Mit Statusinkonsistenz wird in der wissenschaftlichen Sprache die objektive Schwierigkeit von Frauen umschrieben, andere "Erfolgsziele" als die Erbringung reproduktionsbezogener Leistung zu erreichen - eben z. B. berufliche Leistung. Wendet man diesen Begriff auf weibliches Verhalten in beruflichen Arbeitssituationen an, so steht hinter Statusinkonsistenz

die institutionell vorgesehene und von Frauen akzeptierte geschlechtsspezifische Arbeitsteilung, die sie primär auf unmittelbare Reproduktion verweist. Statusinkonsistenz heißt dann, daß Frauen von diesem vorgesehenen Ziel "Hausarbeit" abweichen und daß Beruf von Frauen nur unzureichend ausgeübt werden kann ...
"Theoretisch haben alle Männer, besonders aber die weißen, reichen, älteren Männer, mehr Möglichkeiten, viele ihrer "gestörten" (und "nicht gestörten") Triebe auszuleben als die Frauen. Die größere gesellschaftliche Toleranz für "hilfesuchendes" Verhalten der Frau oder für öffentliche Gefühlsausbrüche bedeutet nicht, daß ein solches Verhalten geschätzt ist oder mit Güte darauf reagiert wird. Im Gegenteil. Sowohl Ehemänner als auch Ärzte finden und beurteilen solches Verhalten als ärgerlich, lästig, borniert, kindisch und tyrannisch. Überschreitet es einen gewissen Punkt, so wird es nicht mehr anerkannt, sondern nur noch "geregelt": teils mit Unglauben und Mitleid, teils mit emotioneller Distanz, psychischer Brutalität, ökonomischer und sexueller Deprivation, mit Medikamenten, Schocktherapie und langfristigen Anstaltsaufenthalten ... (Fußnote: Männern wird ganz allgemein eine größere Skala an "akzeptablen" Verhaltensweisen zugestanden als Frauen. Psychiatrische Hospitalisierung und Etikettierung umfassen all jene Verhaltensweisen, die von der Gesellschaft als "inakzeptabel" angesehen werden. Da Frauen weniger akzeptable Verhaltensweisen zugebilligt bekommen und sie durch das weibliche Rollenstereotyp stärker eingeengt sind, ist es klar, daß sie mehr Verhaltensweisen zeigen, die als "krank" oder "inakzeptabel" gelten"); Zitat aus Chesler 1974, S. 38 f

3) Die Übernahme der Geschlechtsrolle beim Mädchen ist mehr als ungeklärt: sie muß auf jeden Fall ambivalent begriffen werden, als Wissen um die Geschlechtsgleichheit mit der Mutter und Nähe des gleichgeschlechtlichen Elternteils, sowie als Ablehnung der mit der Mutter verbundenen gesellschaftlichen Nachteile: die mütterliche Unselbständigkeit; Töchter erfahren - außer vielleicht in proletarischen Familien - sehr bald die Schwäche der Mutter, auch ihre geringe "Wertigkeit"; es bleibt die Frage, wie dann eine Identifikation gelingen kann. Die Ausführungen Freuds sind mehr als zweifelhaft; sie schleppen (auch bei Parsons in Anschluß an Freud) eine Geringschätzung und Verachtung von Weiblichkeit mit sich - vgl. in diesem vorurteilsvollen Sinne Freuds: Chasseguet-Smirgel (Hrsg.) 1974

4) Im DFG-Projekt von Marquardt, F. Weltz und A. Diezinger zur Phase der Berufseinmündung von weiblichen Lehrlingen wird genauer auf betriebliche Einsatzstrategien eingegangen

5) Die These, daß Frauen ihr eigentlich reproduktionsbezogenes Arbeitsvermögen für ihren Lebensunterhalt, sei es im Beruf oder in der Familie "instrumentalisieren", war im Rahmen des SFB 101 sehr umstritten: Sie scheint im Widerspruch zur "Empathie", "Fürsorglichkeit", "Geduld" und "Passivität" etc. von Frauen zu stehen. Mein Anliegen war zu zeigen, daß man Frauen auch "tauschorientiert" arbeiten sehen kann, und daß das Konzept des weiblichen Arbeitsvermögens und seiner primären Ge-

brauchsorientierung überstrapaziert wird, wenn man es nicht modifiziert durch die Qualität der lebensgeschichtlichen Erfahrungen einer Frau begreift. Hinter der These einer Instrumentalisierung des Arbeitsvermögens durch die Frau für ihr Erfolgsziel, das sicher nicht mit dem eines Mannes auf einer Ebene liegt, steht zunächst geschlechts u n spezifisch die S o r g e des Subjekts um seinen Alltag, um Überleben im Alltag; Frauen als primäre Trägerinnen des Alltags (Lefebvre) repräsentieren diese Sorge, vergleichbar vielleicht mit un- und angelernten Arbeitern überhaupt: hier sprechen ja auch Goldthorpe und Runciman von einer "instrumentellen" bzw. ökonomischen (am Lohn orientierten) Interessenorientierung der Arbeiter, von einem Wandel des "traditionellen Arbeiterbewußtseins zum instrumentellen" (Eckart, Herding, Jaerisch u. a. 1975, S. 7 f). Mit einer wachsenden Intensivierung der Arbeit, mit einem sichtbaren Wegrationalisieren von Arbeitsplätzen, wird für den Arbeitenden die S o r g e, den Alltag nicht mehr sichern zu können, oder die S o r g e, daß selbst überproportional erhöhte Löhne den Verschleiß der Arbeitskraft nicht mehr kompensieren können, vorrangig. Instrumentalisierung des Arbeitsvermögend zielt immer auf die Sicherung des alltäglichen Überlebens; das Denken in Eigenprofit (Karriere, Status), wie es der bürgerlich-liberalen Leistungsideologie entspricht, ist nur ein milieuspezifisches Derivat dieser primären S o r g e

6) Die Industriearbeiterin kann sicher typischer stehen für jene S o r g e für den Alltag als andere berufstätige Frauen, obwohl sicher auch weibliche Büroangestellte oder Professionals in irgendeiner Weise mit Hausarbeit identifiziert bleiben. Ich glaube aber, daß die Situation der Industriearbeiterin mehr Möglichkeiten für eine "kritische" Berufspraxis bietet, für Kooperation, Solidarität, kollektive Aktionen, zur Aussprache über gemeinsames Schicksal, also zur Identitätsfindung, als die anderer berufstätiger Frauen

7) Zum Zusammenhang von betrieblicher Kostenökonomie und Struktur der Benachteiligung von Frauen vgl. die ergebnisbezogenen Thesen des Projektes Wegehaupt-Schneider u. a. SOFI Göttingen 1976

Literaturverzeichnis

ABEL, W.: Geschichte der deutschen Landwirtschaft vom frühen Mittelalter bis zum 19. Jahrhundert, Stuttgart 1962

ABRAHAM, K.: Psychoanalytische Studien zur Charakterbildung, Frankfurt 1969

ABRAHAM, K.: Traum und Mythos. Eine Studie zur Völkerpsychologie, in: ABRAHAM 1969

ADORNO, T. W.: (Hrsg.) Spätkapitalismus oder Industriegesellschaft? Verhandlungen des 16. Dt. Soziologentages, Stuttgart 1969

ALTMANN/BECHTLE: Betriebliche Herrschaftsstruktur und industrielle Gesellschaft, München 1971 (ISF)

ALTVATER/HUISKENS: Materialien zur politischen Ökonomie des Ausbildungssektors, Erlangen 1971

ANTHONY, J. E.: Die ansteckende Subkultur der Psychose, in: SAGER/KAPLAN (Hrsg.) Band 3, München 1973

ARBEITERKAMPF in Deutschland, Proletarische Front 10, München 1973

ARIES, Ph.: Geschichte der Kindheit, München 1975

AUTORENKOLLEKTIV (Leitung: J. LOMPSCHER): Theoretische und experimentelle Untersuchung zur Entwicklung geistiger Fähigkeiten, (Berlin DDR) 1972

BACKHAUS, H. G.: Dialektik der Wertform, in SCHMIDT (Hrsg.) 1969, S. 128 f

BAETHGE/GERSTENBERGER/KERN/SCHUMANN/STEIN/WIENEMANN: Produktion und Qualifikation. Eine Vorstudie zur Untersuchung von Planungsprozessen im System der beruflichen Bildung, Göttingen 1973

BAHRDT, H. P.: Erzählte Lebensgeschichte von Arbeitern, in: OSTERLAND (Hrsg.) 1975

BALDWIN, A. L.: Theorien primärer Sozialisationsprozesse, I., Weinheim und Basel 1974

BATESON/JACKSON/LAING/LIDZ/WYNNE: Schizophrenie und Familie, Frankfurt 1969

BAUM, M.: Fabrikarbeit und Frauenleben, Göttingen 1910

BEAUVOIR, S.: Das andere Geschlecht. Sitte und Sexus der Frau, Hamburg 1968

BECK/BRATER/TRAMSEN: Beruf, Herrschaft, Identität, (SFB 101) in: SOZIALE WELT 1/76

BECK/BRATER: Kritik der Berufe, (SFB 101) in: SOZIALE WELT 2/76

BECK/BRATER: Grenzen abstrakter Arbeit, (SFB 101) in: LEVIATHAN 2/76

BECK-GERNSHEIM, E.: Der geschlechtsspezifische Arbeitsmarkt. Zur Ideologie und Realität von Frauenberufen (SFB 101) München/Frankfurt 1976

BECK-GERNSHEIM/OSTNER/PIEPER: Familiale Reproduktion in ihrer Bedeutung für Berufsarbeit, (SFB 101) München 1977 (Projektantrag)

BECKER-SCHMIDT, R.: Die Widersprüchlichkeit der Forderung nach Einbeziehung der Frauen in die Produktion als notwendiger Schritt zu ihrer gesellschaftlichen Emanzipation, DFG-Projekt, Hannover 1975

BELOTTI, E.G.: Was geschieht mit kleinen Mädchen? Ein Beitrag zur rollenspezifischen Sozialisation, München 1975

BELL/VOGEL (Ed.): A Modern Introduction to the Family, Glencoe III, Free Press 1960

BELLMANN/HEIN/TRAPP/ZANG: "Provinz" als politisches Problem, in: KURSBUCH 39

BENEDICT, R.: Urformen der Kultur, Hamburg 1955

BESTERMAN, T.: Men Against Women. A Study of Sexual Relations, London 1934

BETTELHEIM, B.: Liebe allein genügt nicht, Stuttgart 1971

BETTELHEIM, B.: AUTISMUS und Psychoanalyse, Gespräch mit Bruno Bettelheim. Laurie, Psychologie heute 2/1976, S. 12 f

BEZZEL/BRÜCKNER U.A.: Das Unvermögen in der Realität. Beiträge zu einer materialistischen Ästhetik, Berlin 1975, 2. Aufl.

BILDEN, H.: Stellungnahme des Deutschen Jugendinstitutes zur staatlichen Förderung der Mädchenbildung, München DJI 1969

BILDEN, H.: Zur Kritik sozialisationstheoretischer Konzepte bei Habermas, unveröffentlichte Dissertation, München 1975

BLANCKENBURG, P. v.: Bäuerliche Wirtschaftsführung im Kraftfeld der sozialen Umwelt, Hannover 1960

BLANCKENBURG, P. v.: Einführung in die Argrarsoziologie, Stuttgart 1962

BLANCKENBURG, P. v.: Berufszufriedenheit und Unbehagen in der Landwirtschaft, in: SOZIALE WELT 1/1968

BLOCH, E.: Freiheit und Ordnung, Berlin 1947

BLOCH, E.: Erbschaft dieser Zeit, Frankfurt 1973

BLOCH, E.: Gespräch über Ungleichzeitigkeit, in: KURSBUCH 39/1975

BOCK-ROSENTHAL U.A.: Hochqualifizierte Frauen in typischen Männerpositionen, DFG-Projekt Münster 1975

BÖHLE/SAUER: Intensivierung der Arbeit und staatliche Sozialpolitik, in: LEVIATHAN 2/75

BÖNNER, K. (Hrsg.): Die Geschlechterrolle, München 1973

BOLTE, K.M.: Sozialer Aufstieg und Abstieg. Eine Untersuchung über Berufsprestige und Berufsmobilität, Stuttgart 1959

BOLTE/ASCHENBRENNER/KRECKEL/SCHULTZ-WILD: Beruf und Gesellschaft in Deutschland. Berufsstruktur und Berufsprobleme, Opladen 1970

BOLTE/NEIDHARDT/HOLZER: Deutsche Gesellschaft im Wandel, Band 2, Opladen 1970

BOLTE/KAPPE: Struktur und Entwicklung der Bevölkerung, Opladen 1967, 3. Aufl.

BOLTE/SCHMID/URDZE: Gründe für die Einschränkung der Kinderzahl in der Bundesrepublik Deutschland, untersucht an Ein-Kind-Familien im Raume Südbayern, DFG-Einzelprojekt, München 1976

BOSL, K.: Frühformen der Gesellschaft im mittelalterlichen Europa. Ausgewählte Beiträge zu einer Strukturanalyse der mittelalterlichen Welt. München-Wien 1964

BOSS, M.: Der Traum und seine Auslegung, München 1974

BRANDT/KOOTZ/STEPPKE: Frauenfragen im Spätkapitalismus, Frankfurt 1973

BRINKMANN/BRÜCKNER/KRAHL/LAUERMANN: Sinnlichkeit und Abstraktion. Wiesbaden 1973

BROCK/HUND/PREISS/VETTER: Berufliches Verhalten und Sozialisation. Strategien der Auseinandersetzung mit beruflichen Anforderungen (SFB 101), München, Oktober 1975

BROCKHAUS/BROCKHAUS: Die Lebensmittelunruhen in Bremen Ende Juni 1920, in: AUTONOMIE 2/1976

BRUNNER, O.: Adeliges Landleben und europäischer Geist. Leben und Werk Wolf Helmhards von Hohberg 1612-1688, Salzburg 1949

BRUNNER, O.: Stadt und Bürgertum in der europäischen Geschichte, in: BRUNNER 1968, 2. Aufl.

BRUNNER, O.: Neue Wege der Verfassungs- und Sozialgeschichte, Göttingen 1968, 2. Aufl.

BÜCHER, K.: Die Entstehung der Volkswirtschaft. Sechs Vorträge, Tübingen 1893

BÜCHER, K.: Beiträge zur Wirtschaftsgeschichte, Tübingen 1922

BÜHLER/MASSARIK: Lebenslauf und Lebensziele, Stuttgart 1968

CARR-SAUNDERS: Professions, Oxford 1928

CHABERNY/FENGER/KAISER: Substitutionshinweise in Stellenangeboten, MITT(IAB) 1/1971

CHABERNY/FENGER/REITER: "Tätigkeitsschwerpunkt" als Strukturmerkmal der Erwerbsstatistik, in: MITT(IAB) 3/1972

CHASSEGUET/SMIRGEL: Psychoanalyse der weiblichen Sexualität, Frankfurt 1974

CHEMNITZ, W.: Die Frauenarbeit im Kriege, Berlin 1926

CHESLER, P.: Frauen - das verrückte Geschlecht? Reinbek 1974

CLAESSENS/MENNE: Zur Dynamik der bürgerlichen Familie und ihrer möglichen Alternativen, in: LÜSCHEN/LUPRI 1973

CLAESSENS/MILHOFFER (Hrsg): Familiensoziologie. Ein Reader als Einführung. Frankfurt 1973

DAHEIM, H. J.: Soziologie der Berufe, in KÖNIG (Hrsg.) 1969

DAHRENDORF, R.: Industrielle Fertigkeiten und soziale Schichtung, in: KZfSS 8, 1956, S. 540 f

DEENEN, B. v.: Die ländliche Familie unter dem Einfluß von Industrienähe und Industrieferne, Berlin 1961

DEHLER, J.: Jungarbeiterinnen, Starnberg 1974

DEUTSCHER BUNDESTAG: Stenografischer Bericht, 173. Sitzung, Bonn 22. Mai 1975

DUHM, D.: Angst im Kapitalismus, Hagen 1972

DUHM, D.: Der Mensch ist anders, Lampertheim 1975

DUNCKELMANN, H.: Die erwerbstätige Ehefrau im Spannungsfeld von Beruf und Konsum, Tübingen 1961

DUNKMANN, K.: Die Lehre vom Beruf, Berlin 1922

ECKART/HERDING/JAERISCH/JAPP/KIRCHLECHNER: Arbeiterbewußtsein, Klassenzusammensetzung und ökonomische Entwicklung. Empirische Thesen zum instrumentellen Bewußtsein, in: GESELLSCHAFT 4, 1975, S. 7 f

ECKART/JAERISCH/KRAMER: Bedingungen und Barrieren gewerkschaftlicher und politischer Aktivität erwerbstätiger Frauen (für Betriebe im Bereich der elektrotechnischen und Textilindustrie), unveröffentlichte Interviews, Institut für Sozialforschung, Frankfurt 1975

EGNER, E.: Der Haushalt, Berlin 1952

EGNER, E.: Entwicklungsphasen der Hauswirtschaft, Göttingen 1964

EGNER, E.: (Hrsg.) Aspekte hauswirtschaftswirtschaftlichen Strukturwandels, Berlin 1967

EGNER, E.: Epochen im Wandel des Familienhaushaltes, in: OETER 1966, S. 57 f

EHRENREICH/ENGLISH: Hexen, Hebammen und Krankenschwestern, München 1975

EMMERICH, W. (Hrsg.): Proletarische Lebensläufe. Autobiografische Dokumente zur Entstehung der Zweiten Kultur in Deutschland, Anfänge bis 1914, Reinbek 1975, 2. Aufl.

ENGELS, F.: Der Ursprung der Familie, des Privateigentums und des Staates, MEW 21, Berlin DDR 1971

ERIKSON, E.H.: Identität und Lebenszyklus. Drei Aufsätze, Frankfurt 1966

EPSTEIN, C.F.: "Encountering the male establishment: Sex-status limits on women's careers in the professions", AJS, 71 (6), 1970, S. 965-982

EPSTEIN, C.F.: Woman's Place, Berkeley 1971

ETZIONI, A. (Ed.): Semi-Professions, New York 1969

EUCHNER, W.: Freiheit, Eigentum und Herrschaft bei Hegel, in: Politische Vierteljahreszeitschrift 4/1970, S. 532

FEUSTEL, A.: Der Antiimperialismus in der deutschen Arbeiterbewegung im 1. Weltkrieg, unveröffentlichte Zulassungsarbeit zum Staatsexamen, Berlin 1970

FIRESTONE, Sh.: Nieder mit der Kindheit, in: KURSBUCH 24/1971

FISCHER, W. (Hrsg.) Quellen zur Geschichte des deutschen Handwerks, Göttingen 1957

FISCHER, W.: Arbeitermemoiren als Quellen für Geschichte und Volkskunde in der industriellen Gesellschaft, in: SOZIALE WELT 3/1958

FISCHER, W.: Wirtschaft und Gesellschaft im Zeitalter der Industrialisierung, Göttingen 1972

FISCHER/STADELMANN: Die Bildungswelt des deutschen Handwerkers um 1800, Studien zur Soziologie des Kleinbürgers im Zeitalter Goethes, Berlin 1955

FLECKENSTEIN, F.: Die Berufsausbildung der Hausfrau, Zürich 1948

FOGARTY, U.A.: Women in top jobs, London 1971

FRANZEN-HELLERSBERG: Die jugendliche Arbeiterin. Ihre Arbeitsweise und Lebensweise, Tübingen 1932

FREEMAN, J.: The Social Construction of The Second Sex, in: GARSKOF 1971

FRIEDAN, B.: Der Weiblichkeitswahn, Hamburg 1970

FRIEDRICH/LAPPE/ SCHWINGHAMMER/ WEGEHAUPT-SCHNEIDER: Frauenarbeit und technischer Wandel, (SOFI) Göttingen 1973

FÜRSTENBERG, F.: Probleme der Lohnstruktur, Tübingen 1958

FÜRSTENBERG, F.: Normenkonflikte beim Eintritt in das Berufsleben, in: LUCKMANN/SPRONDEL 1972

GARSKOF, M.H.: Roles Women Play: Readings toward Women's Liberation, Belmont (Cal.) 1971

GERDES, H.: Geschichte des deutschen Bauernstandes, Leipzig 1909

GESELLSCHAFT: Beiträge zur Marxschen Theorie, Frankfurt 2/1974, 4/1975

GIESECKE, H. (Hrsg.): Freizeit- und Konsumerziehung, Göttingen 1971, 2. Aufl.

GIPSER, D.: Mädchenkriminalität, München 1975

GLEISS, I.: Verhalten oder Tätigkeit, in: ARGUMENT 91, 5/6/1975

GODELIER, M.: Ökonomische Anthropologie. Untersuchungen zum Begriff der sozialen Struktur primitiver Gesellschaften, Reinbek 1973

GOLDTHORPE/ LOCKWOOD/ BECHHOFER/ PLATT: The Affluent Worker, Vol. I + II Cambridge 1968

GOODE, W.: Community within a Community, in: ASR 22/1957

GOODE, W.: Industrialization and Family Change, in: HOSELITZ /MOORE 1963

GOODE, W.: The Librarian from Occupation to Profession, in: VOLLMER/MILLS 1966

GOSLIN, D.A. (Ed.): Handbook of Socialization Theory and Research, Chicago 1969

GOTTL-OTTILIENFELD, Fr.v./ Wirtschaft und Technik, in: Grundriß der Sozialökonomie II, 1914

GRAHAM, H.: The social Image of Pregnancy: Pregnancy as Spirit Possession, in: THE SOCIOLOGICAL REVIEW, May 1976, S. 219 f

GRAUMANN, C., (Hrsg.): Handbuch der Psychologie 7, Göttingen 1972

GRAVENHORST, L.: Soziale Kontrolle abweichenden Verhaltens. Fallstudien an weiblichen Insassen eines Arbeitshauses, Frankfurt 1970

GRAZIA, S. de: Der Begriff der Muße, in: SCHEUCH/MEYERSOHN (Hrsg.) 1972

GROSSKURTH, P.: "Humanisierung der Arbeit" - inwiefern? in: Psychologie heute, 12/1975

GRUNDRISS der Sozialökonomik II.: Die natürlichen und technischen Beziehungen der Wirtschaft, Tübingen 1914

GUBALKE, W.: Die Hebamme im Wandel der Zeiten, Hannover 1964

HABERMAS, J.: Erkenntnis und Interesse, Fankfurt 1968

HABERMAS, J.: Technik und Wissenschaft als Ideologie, Frankfurt 1969, 3. Aufl.

HABERMAS, J.: Soziologische Notizen zum Verhältnis von Arbeit und Freizeit, in: GIESECKE 1971, 2. Aufl.

HABERMAS, J.: Thesen zur Theorie der Sozialisation. Stichworte und Literatur zur Vorlesung im Sommer-Semester 1968, o. O. o. J.

HACKER, W.: Allgemeine Arbeits- und Ingenieurpsychologie. (Psychische Struktur und Regulation von Arbeitstätigkeiten), Berlin DDR 1973

HACKER, W.: Psychologische Arbeitsuntersuchung, Berlin DDR 1973

HAGEMANN-WHITE/ WOLFF: Lebensumstände und Erziehung, Frankfurt 1975

HARLESS, G. F.: Die Verdienste der Frauen um Naturwissenschaft, Gesundheits- und Heilkunde, Göttingen 1830

HARTMANN, H.: Arbeit, Beruf und Profession in: LUCKMANN/ SPRONDEL 1972

HAUG, W. F.: Kritik der Warenästhetik, Frankfurt 1972

HECKHAUSEN, H.: Einflüsse der Erziehung auf die Mativationsgenese, in: HERRMANN (Hrsg.) 1966

HECKHAUSEN, H.: Förderung der Lernmotivierung und der intellektuellen Tüchtigkeit, in: ROTH (Hrsg.) 1969

HEGEL, G.W.F.: Phänomenologie des Geistes, Frankfurt 1975, 2. Aufl.

HEINRICH, K.: Parmenides und Jona, Frankfurt 1966

HELMS/JANSSEN: Kapitalistischer Städtebau, Neuwied und Berlin 1970

HERKNER, H.: Arbeit und Arbeitsteilung, in: Grundriß der Sozialökonomik II 1914

HERMES, G.: Die geistige Gestalt des marxistischen Arbeiters und die Arbeiterbildungsfrage, Tübingen 1926

HERODOT: Historien 3, München 1961

HERRMANN, H.: Die außerhäusliche Erwerbstätigkeit der verheirateten Frau, Stuttgart 1957

HERRMANN, Th. (Hrsg.): Psychologie der Erziehungsstile, Göttingen 1966

HERZOG, M.: Akkordarbeiterinnen bei AEG/Telefunken, in: KURSBUCH 21/1970

HESS, L.: Die deutschen Frauenberufe des Mittelalters, München 1940

HESSE, H.A.: Berufe im Wandel, Stuttgart 1972

HETZLER, H.W.: Die Bewertung von Bürotätigkeiten, Köln und Opladen 1961

HOFBAUER, H.: Potentielle Berufsfelder für Frauen. Ein Beitrag zur Erforschung der Geschlechterflexibilität in einzelnen Berufen, in: MITT(IAB) 3/1971, S. 336f

HOFBAUER/BINTIG/DADZIO: Die Rückkehr von Frauen in das Erwerbsleben. Ergebnisse einer Untersuchung über Frauen, die nach einer Unterbrechung ihrer Erwerbstätigkeit wieder eine Arbeit aufnehmen wollten, MITT(IAB) 9/1969

HOFBAUER/KÖNIG: Subsistutspotentiale bei Ausbildungsberufen (Lehrberufen) nach dem Urteil der Vorgesetzten, aus einer Untersuchung des IAB über Berufsverläufe bei männlichen Erwerbspersonen, in: MITT(IAB) 2/1972

HOLLSTEIN/ MEINHOLD: Sozialarbeit unter kapitalistischen Produktionsbedingungen, Frankfurt 1973

HOLZKAMP, K.: Sinnliche Erkenntnis - Historischer Ursprung und gesellschaftliche Funktion der Wahrnehmung, Frankfurt 1975, 2. Aufl.

HORKHEIMER/ ADORNO: Dialektik der Aufklärung, Frankfurt 1973, 2. Aufl.

HORN, K.: Gruppendynamik und der "subjektive" Faktor, Frankfurt 1972

HORNER, M.: Feminity and Successful Achievement: A Basis Inconsistency, in: GARSKOF 1971

HOSELITZ/MOORE (Ed.): Industrialization and Society, Unesco-Mouton 1963

HUGHES, M.J.: Women Healers in Medieval Life and Literature, New York 1968

JACKSON, J.A.: Profession and Professionalization, Cambridge GB 1970

JACOBSEN, E.: Das Selbst und Welt der Objekte, Frankfurt 1973

JAERISCH, U.: Grenzen der Frauenlohnarbeit - Entwicklungstendenzen der Frauenlohnarbeit vor dem Hintergrund privater Reproduktionsarbeit in Deutschland, Projektantrag Juni 1976, Institut für Sozialforschung, Frankfurt

JAHODA/LAZARSFELD /ZEISEL: Die Arbeitslosen von Marienthal, Frankfurt 1975 (Leipzig 1933)

JAIDE, W.: Selbstzeugnisse jugendlicher Industriearbeiterinnen, in: WURZBACHER 1958

JAIDE, W.: Junge Arbeiterinnen, München 1969

JAKUBOWSKI, F.: Der ideologische Überbau in der materialistischen Gesellschaftsauffassung, (1935), Frankfurt 1968

JUNG/KERENYI: Einführung in das Wesen der Mythologie, Amsterdam und Leipzig 1941

JURCZYK, K.: Frauenarbeit und Frauenrolle. Zum Zusammenhang von Familienpolitik und Frauenerwerbstätigkeit in Deutschland von 1918 - 1975, (SFB 101), München/Frankfurt 1977, 2. Aufl.

KÄTSCH, E.: Langfristige Bestimmungsgründe für die Erwerbstätigkeit verheirateter Frauen, Köln und Opladen 1965

KERENYI, K.: Die Mythologie der Griechen, München 1966

KERN/SCHUMANN: Industriearbeit und Arbeiterbewußtsein, Teil I, Frankfurt 1970

KERRNER, L.: Arbeitslosigkeit und Krise: Zur aktuelle Diskussion, in: AUTONOMIE 3/4, 1976, S. 2-18

KETT, J.F.: Formation of the American Medical Profession. The Role of Institution 1780-1860, New Haven and London 1968

KOCKA, J.: Klassengesellschaft im Krieg. Deutsche Sozialgeschichte 1914-1918, Göttingen 1973

KÖHLER-WAGNEROVA, A.: Die Frau im Sozialismus - Beispiel CSSR, Hamburg 1974

KÖNIG, R.: Materialien zur Soziologie der Familie, Bern 1946

KÖNIG, R., (Hrsg.): Handbuch der empirischen Sozialforschung, Band II, Stuttgart 1969

KOHLBERG, L.: A Cognitive-Developmental Analysis of Children's Sex-Role Concepts and Attitudes, in: MACCOBY 1966

KOHLBERG, L.: Zur kognitiven Entwicklung des Kindes, Frankfurt 1974

KOHUT, H.: Narzißmus. Eine Theorie psycho-analytischer Behandlung narzißtischer Persönlichkeitsstörungen, Frankfurt 1973

KOSIK, K.: Dialektik des Konkreten. Eine Studie zur Problematik des Menschen und der Welt, Frankfurt 1973, 2. Aufl.

KOSIOL, E.: Leistungsgerechte Entlohnung, Wiesbaden 1962

KOSTA/KRINGS/LUTZ: Probleme der Klassifikation von Erwerbstätigkeiten und Tätigkeiten, Vervielf. Manuskript (IsF) München 1970

KRAHL, H.J.: Konstitution und Klassenkampf, Frankfurt 1971

KRAMER, D.: Freizeit und Reproduktion der Arbeitskraft, Köln 1975

KROVOZA, A.: Die Verinnerlichung der Normen abstrakter Arbeit und das Schicksal der Sinnlichkeit, in: BEZZEL u.a., 1975, 2. Ausf.

KROVOZA, A.: Produktion und Sozialisation. Mit einem Vorwort von Peter Brückner, Frankfurt 1976

KUHN, H.M.: Der lange Marsch in den Faschismus. Zur Theorie der Institutionen in der bürgerlichen Gesellschaft, Berlin 1974

KURNITZKY, H.: Versuch über Gebrauchswert. Zur Kultur des Imperialismus, Frankfurt 1970

KURNITZKY, H.: Triebstruktur des Geldes. Ein Beitrag zur Theorie der Weiblichkeit, Berlin 1974

LANGE-GARRITSEN, H.: Strukturkonflikte des Lehrerberufs, Düsseldorf 1973

LANGKAU/LANGKAU: Der berufliche Aufstieg der Frau, Opladen 1972

LASLETT/WALL (Ed.): Household and Family in the Past Time, Cambridge GB 1972

LEBRUN, F.: Les Hommes et la mort en Anjou aux 17e et 18e siécles, Paris 1971

LEFEBVRE, H.: Perspektiven der Agrarsoziologie, in: SCHMIDT (Hrsg.) 1969

LEFEBVRE, H.: Das Alltagsleben in der modernen Welt, Frankfurt 1972

LEFEBVRE, H.: Kritik des Alltagslebens, Bände 1, 2, 3, 1975 München

LEHR, U.: Die Frau im Beruf. Eine psychologische Analyse der weiblichen Berufsrolle, Frankfurt 1969

LEHR, U.: Das Problem der Sozialisation geschlechtsspezifischer Verhaltensweisen, in: GRAUMANN 7/1972, S. 886 f

LEHR, U.: Die Rolle der Mutter in der Sozialisation des Kindes, Frankfurt 1969

LEMPERT/THOMSSEN: Berufliche Erfahrung und gesellschaftliches Bewußtsein, Stuttgart 1974

LENZ-ROMEISS: Freizeit und Alltag, Göttingen 1974

LEONTJEW, A. N.: Probleme der Entwicklung des Psychischen, Frankfurt 1973

LEOPRECHTING, K. v.: Bauernbrauch und Volksglauben in Oberbayern, (1855), München 1975

LEVI-STRAUSS, C.: Strukturale Anthropologie, Frankfurt 1971

LEVI-STRAUSS, C.: Das wilde Denken, Frankfurt 1973

LEVI-STRAUSS, C.: Traurige Tropen. Indianer in Brasilien, Köln 1974

LINDE, H.: Persönlichkeitsbildung in der Landfamilie, in: ROSENBAUM 1974

LOMPSCHER, J.: Probleme der Ausbildung geistiger Handlungen, Berlin DDR 1972

LORENZER, A.: Zur Begründung einer materialistischen Sozialisationstheorie, Frankfurt 1972

LUCKMANN/SPRONDEL (Hrsg.): Berufssoziologie, Köln 1972

LÜSCHEN/LUPRI: Soziologie der Familie, Sonderheft 17, KZfSS, 1970

LÜTGE, F.: Geschichte der deutschen Agrarverfassung vom frühen Mittelalter bis zum 19. Jahrhundert, Stuttgart 1963

LUKACS, G.: Geschichte und Klassenbewußtsein, (Sonderausgabe), Neuwied 1970

MACCOBY, E., (Ed.): The Development of Sex Differences, Stanford 1966

MACCOBY, E.: Sex Differences in Intellectual Functioning, in: dieselbe 1966

MANDER/RUSH: Frauentherapie. Frauenbewegung als heilende Energie, München 1976

MARCUSE, H.: Über die philosophischen Grundlagen des wirtschaftswissenschaftlichen Arbeitsbegriffs, in: ARCHIV für Sozialwissenschaft und Sozialpolitik, Bd. 69, 1933, S. 259 f

MARCUSE, H.: Zum Begriff des Wesens, in: Zeitschrift für Sozialforschung, 1, 1936, S. 21 f

MARTINY, U.: Prozesse und Bestimmungsmomente in Berufsbiografien weiblicher Büroangestellter, Arbeitsbericht, Juli 1976, Hamburg (DFG-Projekt)

MARX, K.: Grundrisse der Kritik der Politischen Ökonomie, MEW 13, Berlin DDR 1969

MARX, K.: Das Kapital, Band I, MEW 23, Berlin DDR 1971

MASPETIOL, R.: Zur Soziologie der traditionellen Landfamilie in Frankreich, in: ROSENBAUM 1974

Mc CLELLAND, D. C.: The Achieving Society, Princeton 1961

MEAD, M.: Mann und Weib, Zürich 1955

MEILLASSOUX, C.: "Die wilden Früchte der Frau". Über häusliche Produktion und kapitalistische Wirtschaft, Frankfurt 1976

MERTENS, D.: Empirische Grundlagen für die Analyse der beruflichen Flexibilität, MITT(IAB) 5, 1968

MERTENS, D.: Der unscharfe Arbeitsmarkt. Eine Zwischenbilanz der Flexibilitätsforschung, MITT(IAB) 4, 1973

MERTENS, D.: "Schlüsselqualifikationen", in: MITT(IAB) 1, 1974

MICHEL, A.: Handarbeit und Bureauarbeit, in: ARCHIV für Sozialwissenschaft und Sozialpolitik, Band 26/1908

MICHEL, A. (Ed.): Family Issues of Employed Women in Europe and America, Leiden 1971

MILLET, K.: Sexus und Herrschaft, München 1974

MISCHEL, W.: A Social Learning View of Sex Differences in Behavior in: MACCOBY 1966

MITTERAUER, M.: Familiengröße - Familientypen - Familienzyklus. Probleme quantitativer Auswertung von österreichischem Quellenmaterial, in: GESCHICHTE UND GESELLSCHAFT, Heft 2/3, 1975, S. 226f

MOLLE, F.: Definitionsfragen in der Berufsforschung, dargestellt am Beispiel der Begriffe Beruf und Berufswechsel, in: MITT(IAB) 3/1968

MOORE, W.: The Professions, Roles and Rules, New York 1970

MÜLLER, O.: Die Einstellung zur Landarbeit in bäuerlichen Familienbetrieben, Bonn 1964

MÜLLER, L.: Kinderaufzucht im Kapitalismus - wertlose Arbeit. Über die Folgen der Nichtbewertung der Arbeit der Mütter für das Bewußtsein der Frauen als Lohnarbeiterinnen in: PROKLA 22, Berlin 1976

NEGT/KLUGE: Öffentlichkeit und Erfahrung. Zur Organisation von bürgerlicher und proletarischer Öffentlichkeit, Frankfurt 1972

NEIDHARDT, F.: Strukturbedingungen und Probleme familialer Sozialisation, in: CLAESSENS/MILHOFFER 1973

NEIDHARDT, F., (Hrsg.): Frühkindliche Sozialisation. Theorien und Analysen, Stuttgart 1975

NEULOH, O.: Arbeits- und Berufssoziologie, Berlin 1973

NOWICKI, W.: Zur Geschichte der Sozialarbeit, in: HOLLSTEIN /MEINHOLD 1973, S. 63 f

OETER, F. (Hrsg.): Familie und Gesellschaft, Tübingen 1966

OFFE, C.: Strukturprobleme des kapitalistischen Staates, Frankfurt 1972

OSTERLAND, M.: Lebensgeschichtliche Erfahrung und gesellschaftliches Bewußtsein. Anmerkungen zur sozialbiographischen Methode, in: SOZIALE WELT 1973, Heft 4

OSTERLAND, M.: Materialien zur Lebens- und Arbeitssituation der Industriearbeiter in der Bundesrepublik Deutschland, Frankfurt 1973

OSTERLAND, M.; (Hrsg.): Arbeitssituation, Lebenslage und Konfliktpotential, (SOFI), Frankfurt-Köln 1975

OSTERLAND, M., u. a.: Freizeitverhalten von Industriearbeitern, unveröffentlichter Zwischenbericht einer empirischen Studie, (SOFI), Göttingen 1976

OSTNER, I.: Die Interessenwahrnehmung weiblicher Arbeitnehmer - Probleme und Möglichkeiten, unveröffentlichte Magisterarbeit, München 1974

OTTEN, D.: Kapitalentwicklung und Qualifikationsentwicklung, Berlin 1973

OTTO/ UTERMANN: Sozialarbeit als Beruf, München 1971

OTTOMEYER, K.: Soziales Verhalten und Ökonomie im Kapitalismus, Bremen 1973

PARSONS, T.: The Social System, London 1952

PARSONS/BALES/SHILS: Working Papers in the Theory of Action, Glencoe 1953

PARSONS/BALES/SHILS: Toward a General Theory of Action, New York 1965, 3. Aufl.

PARSONS, T.: Beiträge zur soziologischen Theorie. Herausgegeben und eingeleitet von RÜSCHEMEYER, Neuwied/Berlin 1968, 2. Aufl.

PIAGET, J.: Das moralische Urteil beim Kinde, Zürich 1954

PINSCHBECK, I.: Der Einfluß der "agrarian revolution" auf Art und Umfang der produktiven Tätigkeit von Frauen verschiedener Bevölkerungsgruppen in der englischen Landwirtschaft zwischen 1750 und 1850, in: ROSENBAUM 1974

PINDING, M., (Hrsg.): Krankenpflege in unserer Gesellschaft, Stuttgart 1972

PLANCK, U.: Die Lebenslage der westdeutschen Landjugend, München 1956

PLANCK, U.: Der bäuerliche Familienbetrieb, Stuttgart 1964

PLANCK, U.: Die Eigenart der Bauernfamilie und die bäuerliche Familienverfassung, in: ROSENBAUM 1974

PLOSS/BARTELS/BARTELS: Das Weib in der Natur- und Völkerkunde, Berlin 1927, 11. Aufl.

POLOMA/GARLAND/NEAL: Jobs or Careers. The case of the professionally employed married woman, in: MICHEL 1971

POPITZ/BAHRDT/JÜRES/KESTING: Technik und Industriearbeit, Soziologische Untersuchungen in der Hüttenindustrie, Tübingen 1957

POPITZ/BAHRDT/JÜRES/KESTING: Das Gesellschaftsbild des Arbeiters, Tübingen 1957

POTTHOFF, O.D.: Kulturgeschichte des deutschen Handwerks, Hamburg 1938

PROKOP, U.: Weiblicher Lebenszusammenhang. Von der Beschränktheit der Strategien und Unangemessenheit der Wünsche, Frankfurt 1976

PROSS, H.: Die Wirklichkeit der Hausfrau, Reinbek 1975

PURVIS, J.: Schoolteaching as a Professional Career, BJS 1, 1973

RAFFEE, H.: Konsumenteninformation und Beschaffungsentscheidung des privaten Haushalts, Stuttgart 1969

RAPOPORT, R.+R.: Dual-Career-Families, Harmondsworth 1971

RASPE, J.: Zur Sozialisation proletarischer Kinder, Frankfurt 1972

REGINI/REYNERI: Akkord, Lohn, Qualifikation, München 1973

REINHARDT, S.: Zum Professionalisierungsprozeß des Lehrers, Frankfurt 1972

RICHTER, H.-E.: Patient Familie, Hamburg 1970

RIEHL, W.H.: Land und Leute, Suttgart und Berlin 1925, 12. Aufl.

RITSERT, J.: Substratbegriffe in der Theorie des sozialen Handelns, in: SOZIALE WELT 19/1968

RITSERT, J.: Probleme politisch-ökonomischer Theoriebildung, Frankfurt 1973

RKW I: Wirtschaftliche und soziale Aspekte des technischen Wandels in der Bundesrepublik Deutschland, Frankfurt 1970

ROHEIM, G.: Die Panik der Götter, München 1975

ROHMERT/RUTENFRANZ/ULRICH u.a.: Das Anlernen sensumotorischer Fertigkeiten, Frankfurt 1971

ROSENBAUM, H.: Familie als Gegenstruktur zur Gesellschaft. Zur Kritik grundlegender theoretischer Ansätze der westdeutschen Familiensoziologie, Stuttgart 1973

ROSENBAUM, H., (Hrsg.): Familie und Gesellschaftsstruktur, Frankfurt 1974

ROTH, H. (Hrsg.): Begabung und Lernen, Stuttgart 1969

ROTH, K.H.: Die "andere" Arbeiterbewegung, München 1974

RUNCIMAN, W.G.: Relative Deprivation and Social Justice, Harmondsworth 1972

RUTENFRANZ, J.: Überlegungen zur arbeitsmedizinischen Bewertung sogenannter "leichter" Frauenarbeiten, in: Schriftenreihe der IG Metall 54/1970

SAGER/KAPLAN: Handbuch der Ehe-, Familien- und Gruppentherapie, 3 Bände, München 1973

MARQUARDT/WELTZ/DIEZINGER: Die Phase der Berufseinmündung von Mädchen nach Lehrabschluß, unveröffentlichte Papiere und Interviews, München 1975/76/77, DFG

SECOMBE, W.: Hausfrau und Hausarbeit im Kapitalismus, in: DIE INTERNATIONALE, August 1975, S. 11 f

SEIDLER, E.: Geschichte der Pflege des kranken Menschen, Stuttgart 1970

SEIDLER, E.: Zur historischen Entwicklung der modernen Krankenpflege, in: PINDING 1972

SHORTER, E.: Der Wandel der Mutter-Kind-Beziehung zu Beginn der Moderne, in: GESCHICHTE UND GESELLSCHAFT 2/3, 1975

SIGERIST, H.: Anfänge der Medizin, Zürich 1963

SLATER, Ph.: Parental Role Differentiation, in: AJS 1961, 62

SOHN-RETHEL, A.: Geistige und körperliche Arbeit, Frankfurt 1971, 2. Aufl.

SOHN-RETHEL, A.: Warenform und Denkform, Frankfurt 1971

SOMBART, W.: Luxus und Kapitalismus, München und Leipzig 1913

SOMBART, W.: Der moderne Kapitalismus, 3 Bände, München und Leipzig 1928

SOMBART, W.: Beruf in: VIERKANDT 1931

SPITZ, R.: Die Entstehung der ersten Objektbeziehungen, Stuttgart 1973, 3. Aufl.

SCHARMANN, Th.: Arbeit und Beruf, Tübingen 1956

SCHELSKY, H.: Wandlung der deutschen Familie der Gegenwart, Stuttgart 1967, 5. Aufl.

SCHELSKY, H.: Zur Theorie der Institution, Gütersloh 1979

SCHELSKY, H.: Die Bedeutung des Berufs in der modernen Gesellschaft, in: LUCKMANN/SPRONDEL 1972

SCHEU, U.: Wir werden nicht als Mädchen geboren - wir werden dazu gemacht. Zur frühkindlichen Erziehung in unserer Gesellschaft, Frankfurt 1977

SCHEUCH/ MEYERSOHN (Hrsg.): Soziologie der Freizeit, Köln 1972

SCHMIDT, A.: (Hrsg.) Beiträge zur marxistischen Erkenntnistheorie, Frankfurt 1969

SCHMIDT, A.: Der Begriff der Natur in der Lehre von Marx. Überarbeitete, ergänzte und mit einem Postskriptum versehene Neuausgabe, Frankfurt 1971

SCHMIDT, A.: Geschichte und Struktur. Fragen einer marxistischen Historik, München 1972, 2. Aufl.

SCHNEIDER, L.: Arbeits- und Familienverhältnisse in der Hausindustrie, ROSENBAUM 1974

SCHNEIDER, P.: Die Frauen bei Bosch, in: KURSBUCH 21/1970

SCHULZE, W.: Kinderarbeit und Erziehungsfragen in Preußen zu Beginn des 19. Jahrhunderts, in: SOZIALE WELT 4/1958

SCHUSTER, L.: Die Mobilität der Arbeitnehmer, in: MITT(IAB) 7/1969

SCHWEITZER, R. v.: Haushaltsanalyse und Haushaltsplanung, Berlin 1968

SCHWEITZER/ PROSS: Die Familienhaushalte im wirtschaftlichen und sozialen Wandel. (Rationalisierung, Technisierung, Funktionswandel der Privathaushalte und das Zeitbudget der Frau). Vervielfältigtes Manuskript, Mai 1975, Gießen

THURNWALD, H.: Gegenwartsprobleme Berliner Familien, Berlin 1948

TÖKEI, F.: Zur Frage der asiatischen Produktionsweise, Neuwied 1969

TÖMMEL, S.: "Männlicher" Kapitalismus und "weiblicher" Sozialismus, in: ARGUMENT 93/11/1975

TOPITSCH, E., (Hrsg.): Logik der Sozialwissenschaften, Köln/Berlin 1967, 4. Aufl.

TRAMSEN, E.: Was bedeutet Verdinglichung der gesellschaftlichen Verhältnisse in der Warenproduktion? Arbeitspapiere des SFB 101, Projekt A 1, 1974 a und b

TRAMSEN, E.: Revolutionäre Berufspraxis? in: ERZIEHUNG UND KLASSENKAMPF 14/1974

TRAMSEN, E.: Beruf als Sprache der Mittelschicht, Manuskript (SFB 1o1) München/Berlin 1976

TREINEN/BROTHUN: Die Stellung der Frau in Industriegesellschaften, in: BÖNNER 1973

ULICH/GROSSKURTH/BRUGGEMANN: Neue Formen der Arbeitsgestaltung, Möglichkeiten und Formen einer Verbesserung der Qualität des Arbeitslebens, Frankfurt 1973

ULRICH, E.: Deckungsuntersuchungen für Ausbildungsinhalte als Elemente einer beruflichen Substitutionsanalyse, in: MITT(IAB) 10, 1969

VAERTING/VAERTING: Neubegründung der Psychologie von Mann und Weib, 1. Band, Karlsruhe 1921

VAHRENKAMP, R.: Taylors Lehren - ein Mittelklassentraum. Überlegungen zu einem Rätsel, KURSBUCH 43, 1976, S. 14 f

VIERKANDT, A., (Hrsg.): Handwörterbuch der Soziologie, I. II. III. Stuttgart 1931

VOLLMER/MILLS: Professionalization, Englewood Cliff 1966

VOLPERT, W.: Handlungsstrukturanalyse als Beitrag zur Qualifikationsforschung, Köln 1974

WALLER, M.: Zur Kritik der rollentheoretischen Orientierung der psychologischen Sozialisationsforschung, in: WALTER I 1972

WALTER, H., (Hrsg.): Sozialisationsforschung, Bd. I und II, Stuttgart-Bad Cannstatt 1972

WATZLAWICK, P.: Menschliche Kommunikation. Formen, Störungen, Paradoxien, Bern, Stuttgart, Wien, 1967

WEBER/KELLERMANN, I.: Die deutsche Familie. Versuch einer Sozialgeschichte, Frankfurt 1974

WEBER, M.: Zur Psychophysik der industriellen Arbeit, in: ARCHIV für Sozialwissenschaft und Sozialpolitik, Bd. 28, Tübingen 1909

WEBER, M.: Wirtschaft und Gesellschaft, 2 Bände, Tübingen 1956, 4. Aufl.

WELTZ, F.: Bestimmungsgrößen der Frauenerwerbstätigkeit, in: MITT(IAB) 2/1971

WILSNACK, Sh.: Weiblichkeit aus der Flasche? in: Psychologie heute, 4/1976

WURZBACHER, G. u. a.: Das Dorf im Spannungsfeld der industriellen Entwicklung, Stuttgart 1954

WURZBACHER, G. u. a.: Die junge Arbeiterin, München 1958

ZEISL, H.: Zur Soziographie der Arbeitslosigkeit, in: ARCHIV für Sozialwissenschaften und Sozialpolitik, 69/1933

ZIEHE: Pubertät und Narzißmus. Sind Jugendliche entpolitisiert? Frankfurt-Köln 1975 campus

Elisabeth Beck-Gernsheim

Der geschlechtsspezifische Arbeitsmarkt

Zur Ideologie und Realität von Frauenberufen
Arbeiten aus dem SFB 101

Karin Jurczyk

Frauenarbeit und Frauenrolle

Zum Zusammenhang von Familienpolitik und Frauenerwerbstätigkeit in Deutschland von 1918-1975
Materialien aus dem SFB 101

Erika Bock-Rosenthal, Christa Haase, Sylvia Streeck

Wenn Frauen Karriere machen

campus Verlag
Schumannstraße 65
6000 Frankfurt 1